Simone Schlindwein

DER GRÜNE KRIEG

SIMONE SCHLINDWEIN

DER GRÜNE KRIEG

Wie in Afrika die Natur auf Kosten der Menschen geschützt wird – und was der Westen damit zu tun hat

Ch.Links VERLAG

Auch als ebook erhältlich

Die deutsche Nationalbibliothek verzeichnet diese Publikation in der Deutschen Nationalbibliografie; detaillierte bibliografische Daten sind im Internet über www.dnb.de abrufbar.

Ch. Links Verlag ist eine Marke der Aufbau Verlage GmbH & Co. KG

www.christoph-links-verlag.de
Prinzenstraße 85, 10969 Berlin
Umschlaggestaltung: zero-media.net, München,
unter Verwendung eines Fotos von Alexis Huguet © ALEXIS HUGUET / AFP
Lektorat: Birgit Schmitz
Satz: Nadja Caspar
Druck und Bindung: Druckerei F. Pustet, Regensburg

ISBN 978-3-96289-188-6

INHALT

VORWORT

30x30 – so lautet die Formel, mit der die Welt gerettet werden soll. Bis zum Jahr 2030 sollen 30 Prozent der Erdoberfläche unter Naturschutz gestellt werden. Darauf einigte sich die Weltgemeinschaft auf der internationalen Biodiversitätskonferenz im kanadischen Montréal im Dezember 2022. Ein ehrgeiziger Plan zur Rettung des Planeten.

In der Praxis bedeutet dies, dass in den nächsten Jahren bestehende Naturschutzgebiete zügig ausgebaut und neue gegründet werden müssen. Betroffen sind davon nicht die Nationalparks im Schwarzwald oder der Sächsischen Schweiz, also in den Regionen, deren Gesellschaften maßgeblich für den Klimawandel und das Artensterben verantwortlich sind. Im Gegenteil, der Fokus liegt auf denjenigen Schutzgebieten in den tropischen Regenwäldern, wo es die meiste Artenvielfalt zu schützen gibt: dem Amazonasgebiet in Südamerika, dem Kongobecken in Afrika, den Wäldern und Küsten Indonesiens, also im Globalen Süden. Im dortigen Regenwald soll nun bewahrt werden, was die entwickelten Industriegesellschaften andernorts durch ihren Überkonsum zerstört haben. Die westlichen Länder, allen voran Deutschland, sind bereit, das zu bezahlen. Denn, so die Bundesregierung: »Der Erhalt der Wälder des Kongobeckens als globales Gut liegt im Interesse der gesamten Weltbevölkerung.«[1]

Während die 15 000 Konferenzteilnehmer aus fast 200 Staaten in Montréal das »historische Abkommen« feierten, regte sich überall in den Regenwäldern des Globalen Südens Widerstand.

Denn dieser 30x30-Plan ist nicht unumstritten. Seit die Idee im Jahr 2019 zum ersten Mal von Wissenschaftlern und Aktivisten aufgebracht wurde, wehren sich Menschenrechtsorganisationen in den betroffenen Regionen dagegen. Sie bezeichnen dieses Vorhaben als »den größten Landraub der Geschichte«.[2]

Bis zu 300 Millionen Männer, Frauen und Kinder wären von diesem 30x30-Deal betroffen, viele von ihnen Angehörige indigener Völker, warnt eine Online-Petition, die zahlreiche Menschenrechtsorganisationen und Aktivisten aus Afrika und Asien im Vorfeld des Artenschutzgipfels unterzeichnet haben.[3] Denn der Ausbau der Schutzgebiete bedeutet für die lokale Bevölkerung meist Vertreibung von ihrem Land. Naturschutzkonzepte, wie sie bisher diskutiert wurden, folgen vor allem einer Idee: die Menschen aus der zu schützenden Wildnis zu verbannen.

»Dieser zukünftige Landraub muss gestoppt werden«, forderte Ladislas Désiré Ndembet, Ökologe von der Umweltorganisation Synaparcam aus Kamerun am Rande des Gipfels: »30 Prozent des Territoriums, das unter Naturschutz gestellt werden soll, ist viel zu viel für arme oder sich entwickelnde Länder wie in Afrika«, erklärte er. »Dieses Projekt wird die schlechte Regierung, unter der wir bereits leiden, noch verstärken; es wird die Korruption erhöhen und die Armut vergrößern.«[4]

In Deutschland herrscht wiederum die Meinung vor, dass man mit Naturschutz nichts falsch machen kann. Im BMZ (Ministerium für Wirtschaftliche Zusammenarbeit), welches die deutschen Naturschutzanstrengungen im Ausland umsetzt, ist man der Ansicht, dass Naturschutz eine positive Entwicklung für die Menschen automatisch im Schlepptau hat. Deswegen werden die Gelder, die nun im großen Stil für den Artenschutz bereitgestellt werden, aus dem Budget der Entwicklungszusammenarbeit beglichen.

Die Bundesregierung ist ein gewaltiges Kraftzentrum. Sie ist mittlerweile größter Geber für Natur- und Artenschutzprojekte weltweit und finanziert bereits jetzt Schutzgebiete von der sechsfachen Fläche der Bundesrepublik. Die Ampelregierung will in Zukunft jährlich bis zu 800 Millionen Euro für Artenschutz bereitstellen, wie sie in ihrem Haushaltsplan angekündigt hat. Dies wird innenpolitisch als Erfolg gewertet, noch bevor das Geld ausgegeben ist.

Während der zweiwöchigen Verhandlungen in Montréal haben sich die teilnehmenden Staaten auf eine Finanzierung von insgesamt 200 Milliarden Dollar jährlich für Artenschutzvorhaben geeinigt. Darunter fallen Transferzahlungen der reicheren Staaten an die Länder des Globalen Südens, private Investitionen sowie Gelder, die auf den Kapitalmärkten als Rendite großer Fonds eingespielt werden.

An vorderster Front im Kampf gegen den Klimawandel und das Artensterben stehen in Zukunft Staaten wie die Demokratische Republik Kongo. Das Kongobecken ist das zweitgrößte zusammenhängende Regenwaldgebiet der Erde nach dem Amazonas. Ein Großteil dieses Urwaldes liegt in der Demokratischen Republik Kongo, ein Land so groß wie Westeuropa. Es wird damit zum Schwergewicht in den Verhandlungen. Kongos Regierung hat weitreichende Zusagen gemacht, die Quadratmeterzahl der Naturschutzgebiete des Landes in den nächsten Jahren zu verdoppeln. Dies entspräche der Fläche Deutschlands, die dann im Kongo unter Schutz stünde – ein entscheidender Beitrag, das 30x30-Ziel zu erreichen.

Dies setzt Kongos Regierung nun gezielt ein und verlangt dafür Geld in großem Umfang. Fast hätte Kongos Verhandlungsführerin Ève Bazaiba in Montréal den Deal platzen lassen. Der Grund: »Wir können diese Anstrengungen nicht ohne mehr Finanzmittel akzeptieren.« Rückenwind bekam sie dafür von anderen afrikanischen Ländern. Kongos Naturschutzsektor wird schon von jeher fast vollständig aus dem Ausland bezuschusst. Hauptgeldgeber war bislang Deutschland. Seit über 30 Jahren finanziert die Bundesrepublik mit Geldern aus der wirtschaftlichen Zusammenarbeit Kongos Naturschutzbehörde. Dass die Gorillas die zahlreichen

Kriege im Herzen Afrikas überlebt haben, das schreiben sich die Deutschen auf die Fahnen.

Doch den ärmsten Gemeinden der Welt einen Teil ihres fruchtbaren Ackerlandes wegzunehmen und es unter Naturschutz zu stellen, führt unweigerlich zu Konflikten. Gleichzeitig wächst die Bevölkerung rund um die Parks rasant. Die von Jahrzehnten des Krieges gebeutelten Kongolesen haben immer weniger Ackerland für immer mehr hungrige Mägen zur Verfügung.

Sie zahlen nun den Preis, denn in den Augen westlicher Naturschutzorganisationen gelten diese Menschen als Bedrohung, seit Jahrzehnten gibt es enorme Probleme mit Wilderei auf dem Kontinent. Angeblich finanzieren sich afrikanische Terrormilizen durch den Handel mit Elfenbein. Tierschützer hatten vor zehn Jahren schon Alarm geschlagen, dass bald kein Elefant mehr auf dem Kontinent übrig sei, wenn nicht eine radikale Trendwende einsetzt. In Washington wurde daraufhin 2012 der Krieg gegen die Wilderei ausgerufen. Im Zuge des internationalen Kampfs gegen den Terror wurden die Wilderer zu Terroristen erklärt. Die Folge war, dass Afrikas Nationalparks hochgerüstet wurden und sich somit ein radikaler Paradigmenwechsel vollzog.

Kongo ging da mit bestem Beispiel voran: Die Wildhüter wurden von westlichen und israelischen Militärs im Kampf gegen Terroristen fit gemacht und mit Drohnen und satellitengestützter Überwachungstechnologie ausgestattet. In einigen Ländern sind die Parkwächter mittlerweile besser trainiert als die Soldaten der staatlichen Militärverbände. Sie werden zu neuen Macht- und Gewaltakteuren, die mitunter auch Menschenrechtsverbrechen begehen. Unterstützt werden sie von der westlichen Sicherheits- und Verteidigungsindustrie. Deutschlands führende Rüstungsschmiede Rheinmetall entwarf dafür neue Konzepte, mit denen sie Afrikas Naturschutzbehörden und deren Parks als Kunden gewinnen will.

Gleichzeitig werden meterhohe, überwachte Zaunanlagen am Rande des Regenwalds über den Äckern der örtlichen Bauern errichtet, um die Tiere drinnen und die Menschen draußen zu halten. Der Virunga-Nationalpark im Ostkongo wurde mit europäischen Entwicklungsgeldern zur Festung ausgebaut. Geholfen hat dies alles wenig. Im Frühjahr 2022 überrannten erneut Rebellen den Park, die Parkverwaltung und die Wildhüter mussten fliehen. Dabei hatten die Sicherheitsmaßnahmen zuvor einen Großteil des von der EU bereitgestellten Budgets verschlungen, das eigentlich die lokale Bevölkerung am Rande des Parks unterstützen sollte.

Leidtragende sind neben den örtlichen Bauern, deren Äcker nun zum Schutzgebiet ausgebaut werden, die Indigenen wie die Batwa, deren ursprünglicher Lebensraum mit den darin liegenden Kultstätten für sie zur verbotenen Zone wird. In dem von Deutschland finanzierten Kahuzi-Biéga-Nationalpark unternahmen Parkwächter gezielt Terroroperationen gegen die Batwa, um sie endgültig aus dem Wald zu vertreiben. Sie brannten deren Dörfer nieder. Kinder starben in den Flammen, Frauen wurden vergewaltigt – von genau jenen Wildhütern, deren Gehälter mit deutschen Steuergeldern aufgestockt werden.

Die Bundesregierung bezeichnete diese Übergriffe zunächst als »tragische Einzelfälle« und wies jede Verantwortung weit von sich. Nach intensiven Recherchen, unter anderem von der *tageszeitung*, wurde die Finanzierung letztlich eingefroren, weil internationale Menschenrechtsstandards schlichtweg nicht eingehalten wurden. Das passiert, wenn man die Rettung des Planeten Staaten wie dem Kongo überlässt.

Riskante Recherche

Dieses Buch ist das Ergebnis jahrelanger, zum Teil lebensgefährlicher Recherchen rund um die Nationalparks in Uganda und der Demokratischen Republik Kongo sowie zahlreicher Gespräche und Interviews mit Akteuren im Natur- und Artenschutz weltweit, auch in Deutschland. Als in den Jahren 2017 und 2018 die ersten brutalen Übergriffe durch Wildhüter publik wurden, klangen diese Meldungen zunächst tatsächlich wie Einzelfälle. Gleichzeitig meldeten afrikanische Naturschutzbehörden und internationale NGOs immer mehr Erfolge in ihrem »Krieg gegen die Wilderei«, wie sie es nennen. Die Zahl der getöteten Elefanten auf dem Kontinent sank rapide, die Bestände gefährdeter Tiere, auch der Gorillas, erholten sich. In diesem Zusammenhang ließen sich die Übergriffe der Wildhüter gegen lokale Gemeinden als Kollateralschäden betrachten. Aber sie häuften sich. Und damit stellte sich die Frage, ob diese Vorfälle Folgen des militärischen Trainings der Wildhüter waren, die von westlichen Partnern und Naturschutzorganisationen durchgeführt und finanziert wurden. Handelte es sich vielleicht um ein strukturelles Problem?

Ausgestattet mit Stipendien des *Netzwerks Recherche* gemeinsam mit der gemeinnützigen *Olin gGmbH* und dem Kartografen-Stipendium vom Verein *Fleiß und Mut e.V.* sowie mit Reisekostenzuschüssen vom Auslandsrecherchefonds der *tageszeitung* bin ich von Januar 2019 bis März 2020 zum Teil wochenlang rund um die jeweiligen Parks von Dorf zu Dorf gefahren und marschiert, habe zahlreichen Gemeindevorstehern Formulare und Stifte ausgehändigt, um die Übergriffe der Wildhüter gegenüber der Bevölkerung zu protokollieren. Ich stand monatelang in Telefonkontakt mit den Dorfchefs und bin immer wieder vor Ort gewesen, um letztlich die Opfer aufzusuchen und deren Aussagen auch per Video zu dokumentieren.

Im Anschluss habe ich die jeweiligen Parkverwaltungen mit den Vorfällen konfrontiert und versucht, deren Aussagen mit aufzunehmen, ebenso die der Wildhüter. Dadurch wurde aus dramatischen Einzelfällen eine Serie, die im Gesamtzusammenhang eine erschreckende Systematik besitzt. Ein ugandischer Dorfvorsteher fragte sogar, ob die westlichen Militärtrainer den Wildhütern das Töten beigebracht hätten. Auch die Sponsoren dieser Parks, darunter die Bundesregierung sowie die Europäische Union (EU), aber auch private Stiftungen und NGOs habe ich mit den Menschenrechtsverletzungen konfrontiert. Sie zeigen sich zwar entrüstet, bedauern die Vorfälle zutiefst. Eine Verantwortung als Geber, selbst eine indirekte, weisen sie jedoch weit von sich.

Dieses Buch ist eine Bestandsaufnahme der derzeitigen Konfliktlage rund um die Nationalparks. Sie stellt die Basis dar für eine Debatte über die Frage, wie wir Natur- und Artenschutz in der Zukunft gestalten wollen.

Der erste Teil beschreibt die Hintergründe und Entstehung der menschenleeren Nationalparks in Afrika von der Kolonialzeit bis heute, auch den deutschen Beitrag dazu und dessen Folgen.

Im zweiten Teil wird die Finanzierungsproblematik dieser Schutzgebiete nach der Unabhängigkeit der afrikanischen Staaten skizziert. Dabei zeigt sich: Das finanzielle Engagement der westlichen Länder ist nicht neu im Inhalt, aber neu im Umfang. Die Bundesrepublik ist führend, milliardenschwere Fonds zur nachhaltigen Finanzierung von Schutzgebieten an den Kapitalmärkten aufzusetzen. Im Rahmen des Kartografen-Stipendiums hat die *tageszeitung* versucht, auf ihrem Schwerpunkt *Die Grüne Armee* einen Gesamtüberblick über alle deutschen Gelder der wirtschaftlichen Zusammenarbeit im Bereich Natur- und Artenschutz für Afrika herzustellen (Stand: März 2020) und den Geldflüssen zu folgen. Doch, wie dieses Buch zeigt, sind die Wege dieser Transferzahlungen mitunter kaum nachvollziehbar.

Der dritte Teil geht auf die Militarisierung der Naturschutzbehörden ein und erklärt, wie es zum sogenannten Krieg gegen die Wilderei kam, der 2012 in Washington ausgerufen wurde. US-amerikanische und britische Militärs reisten nach Afrika, um die Wildhüter gegen Terroristen fit zu machen. Israelische Söldnerfirmen wurden von Naturschutzorganisationen angeheuert, in den Nationalparks aktiv gegen Milizen vorzugehen. Anhand der Beispiele des Kahuzi-Biéga sowie des Virunga-Nationalparks im krisengeplagten Ostkongo und dem angrenzenden Queen-Elizabeth-Nationalpark in Uganda werden die Folgen dieser militärischen Herangehensweise aufgezeigt und wird der Frage nachgegangen, was dies für die tägliche Arbeit der Ranger bedeutet.

Der vierte Teil zeigt aus der Sicht der lokalen Bevölkerung rund um die Parks, welche gravierenden Konsequenzen diese Militarisierung der Wildhüter für die umliegenden Gemeinden haben, wenn plötzlich überwachte Zaunanlagen auf ihren Äckern errichtet sowie Fischer, Bauern und Bäuerinnen von bewaffneten Wildhütern festgenommen werden, weil sie angeblich in den Park eingedrungen seien. Einige Menschen werden, wie dieses Buch zeigt, sogar angeschossen oder getötet. Indigene Gemeinden wie die der Batwa werden systematisch zu Opfern militärischer Operationen zur gezielten Vertreibung aus den Parks, weil den Rangern beigebracht wurde, in ihnen Feinde zu sehen.

Im fünften und damit letzten Teil wird der Frage nachgegangen, wie die EU und die Bundesregierung und ihre Behörden mit diesen Vorfällen in Afrika umgehen und welche Verantwortung sie tragen. Denn ein Großteil der Gehälter für diese Wildhüter stammt aus deutschen und europäischen Steuergeldern. Die Bundesregierung finanzierte sogar eine Untersuchungskommission, die in den Dschungel reiste und dort die Batwa-Vorsteher einschüchterte – ein absoluter Skandal.

Ein kongolesischer Menschenrechtsanwalt fasste die Lage im Interview für dieses Buch so zusammen: »Wir sehen immer mehr, dass die Ranger die Menschen wie Tiere behandeln – und die Tiere im Kongo besser geschützt sind als wir Menschen.«

I
DIE IDEE VON DER UNBERÜHRTEN WILDNIS

»WIR MÜSSEN DRAUSSEN BLEIBEN«

Kahuzi-Biéga:
Der deutsche Park in Afrika

Es war kurz nach Mitternacht, als eine Kugel das Vorhängeschloss an der Holztür sprengte. Dutzende Wildhüter und Soldaten stürmten die armselige Lehmhütte von Jean-Marie Kasula. Die bewaffneten Männer zerrten den Chef der Batwa aus dem Bett und legten ihm Handschellen an, seiner Frau ebenso. Barfuß wurden die beiden gemeinsam mit vier weiteren Dorfbewohnern abgeführt, erzählte Kasulas Schwägerin Jacqueline Zimire später: »Sie haben uns in Angst und Schrecken versetzt und die letzten Habseligkeiten geklaut.«[1]

Das Dorf Muyange liegt malerisch an einem dicht bewaldeten Berghang im Osten der Demokratischen Republik Kongo: rund ein Dutzend windschiefer Lehmhütten mit Strohdächern, eingeklemmt zwischen den Maisfeldern der örtlichen Bauern und dem Regenwald des Kahuzi-Biéga-Nationalparks in der Provinz Süd Kivu. Zwischen den Hütten spielen barfüßige Kinder im Dreck, unterernährt und schmutzig.

Die indigene Volksgruppe der Batwa, auch Pygmäen genannt, besitzt kein Land. Ihre Angehörigen wohnten ursprünglich im Wald und lebten von dessen Früchten, Honig und der Jagd. Doch seitdem sie bei der Gründung des Parks in den 1970er-Jahren aus dem Wald ausquartiert wurden, verdingen sie sich auf den Feldern der benachbarten Bauern für umgerechnet nicht einmal einen Euro pro Tag. Die Batwa sind bei weitem die ärmste Bevölkerungsgruppe im Kongo.

Knapp eine Woche nach seiner Verhaftung Ende Januar 2020 begann unweit von Muyange der Prozess gegen den Batwa-Chef vor dem Kriegsgericht; ein Schauprozess unter freiem Himmel, nur knapp einen Kilometer vom Haupteingang des Kahuzi-Biéga-Nationalparks entfernt. Soldaten stellten Tische, Stühle und Sonnenschirme auf einer Straßenkreuzung auf. Dahinter prangte ein Werbeplakat mit einem Gorilla: »Willkommen im Kahuzi Biéga«.

Ein Gerichtshelfer in Flecktarnuniform breitete Kongos himmelblaue Nationalflagge als Tischtuch auf der Richterbank aus und postierte darauf ein rostiges AK-47-Sturmgewehr mit der Registriernummer 9664 – das zentrale Beweisstück im Verfahren. Militärstaatsanwalt Julien Luemba brüllte seine Anklagepunkte ins Mikrofon: »Bildung einer bewaffneten Gruppe, illegaler Waffenbesitz und Zerstörung von Flora und Fauna.« Die Parkverwaltung hatte zusätzlich fünf zivile Anwälte als Kläger geschickt. Diese argumentierten: Der Klimawandel und das Artensterben seien eine weltweite Bedrohung. »Doch während die einen bereit sind, für den Schutz der Natur zu sterben, bedroht Kasula das Ökosystem.«

Die Anklage präsentierte anschließend das Opfer: Parkwächter Assani Bongabonga zeigte dem Militärrichter seine verwundete Hand, ein glatter Durchschuss. »Es war am 17. Juli 2019, als wir morgens um neun Uhr auf Patrouille durch Muyange kamen, nur 15 Meter vom Park entfernt«, stotterte er. »Wir trafen auf Leute, die Holzkohle herstellten, und wollten sie verhaften. Eine Kugel traf mich in die Hand.« Der Richter fragte den Wildhüter, ob er erkannt habe, wer geschossen habe. Da zeigte Bongabonga auf Kasula.

Die sechs angeklagten Batwa standen hinter einer erhöhten Holzbank in der prallen Sonne. Schweiß tropfte ihnen von der Stirn. Die kleinwüchsigen Männer und Frauen waren barfuß und trugen zerlumpte Häftlingskleidung. Nach einer Woche Gefängnis sahen sie verwahrlost und geschwächt aus. Einer zitterte so sehr, dass er sich setzen musste. Die Haftbedingungen im Kongo sind mit die schlimmsten weltweit.

Chef Kasula konnte dem Verfahren kaum folgen, denn der Dolmetscher neben ihm übersetzte nur das Nötigste. Und auch sein Pflichtverteidiger Serge Bufole wirkte sichtlich überfordert. Er sei erst eine Stunde vor Prozessbeginn aus dem Bett geklingelt worden, habe sich nicht vorbereiten können, gab er zu. »Der kongolesische Staat hat nicht nur die internationalen Konventionen des Naturschutzes, sondern auch der Menschenrechte unterzeichnet«, argumentierte er gegenüber den Richtern: »Der Park hat den Batwa Land versprochen, doch dies ist nie geschehen – jetzt sollen sie also im Gefängnis sterben?«

Vom Kleinod zum Sündenfall

Über 6000 Kilometer liegen zwischen dem Kahuzi-Biéga-Nationalpark und dem von deutscher Seite zuständigen BMZ mit den beiden Häusern in Bonn und Berlin. Doch beide trennen Welten. Der Kahuzi-Biéga ist das Kleinod der deutschen Entwicklungszusammenarbeit mit dem Kongo, quasi das Aushängeschild der deutschen Naturschutzanstrengungen im gesamten Kongobecken. Jeder deutsche Botschafter, der in den Kongo abgesandt wird, besucht in dem Park die gefährdeten Gorillas.

Allerdings hat der Kahuzi-Biéga wie so viele Nationalparks auf dem Kontinent eine gewaltsame Vergangenheit. Er wurde 1970 im Osten des damaligen Zaire von belgischen Naturschützern gegründet. Die Aktivisten der ehemaligen Kolonialmacht hatten den zairischen Diktator Mobutu Sese Seko, einen fanatischen Großwildjäger, der sich in Leopardenfelle kleidete, überzeugt, die großen Wildtiere wie die Gorillas unter Schutz zu stellen. 1976 wurde der Park auf 6000 Quadratkilometer erweitert – ausgerechnet in jenem Gebiet, wo die Batwa ihre rituellen Kultstätten im Wald eingerichtet haben, bei den Gräbern ihrer Vorfahren. Die Erweiterung führte letztlich zur Vertreibung von rund 13 000 Menschen, darunter 6000 Batwa.[2]

Bekannt ist der Kahuzi-Biéga heute als eines der weltweit letzten Reservate der Östlichen Flachlandgorillas, auch Grauergorillas genannt. Ihre Zahl wird auf rund 250 geschätzt.[3] Diese sollen von Kongos Naturschutzbehörde ICCN (Institut Congolais pour la Conservation de la Nature) im Auftrag der Menschheit geschützt werden. 1980 hat die UNESCO (United Nations Educational, Scientific and Cultural Organization) den Park zum Weltkulturerbe erklärt.[4] 2019 wurde er auf der Berliner Tourismusmesse ITB ausgezeichnet als eine der Top-100-Touristenattraktionen.[5]

Seit 1986 ist die Bundesregierung der wichtigste Geldgeber des Parks. Selbst als in den 1990ern und den frühen Nullerjahren alle offiziellen Beziehungen eingestellt waren, weil das Land im Krieg versank und keine gewählte Regierung mehr hatte, hielt Deutschland die Finanzierung des Kahuzi-Biéga aufrecht. Im Auftrag der GTZ (Gesellschaft für Technische Zusammenarbeit) hatte der Schweizer Carlos Schuler den Park jahrzehntelang unter Einsatz seines Lebens und mit großen Schwierigkeiten verwaltet, selbst als Rebellen das Gebiet erobert hatten.[6] Ihm ist es zu verdanken, dass die Gorillas diese gewaltsame Zeit überlebten. Er ist mit der Tochter des belgischen Parkgründers Adrien Deschryver verheiratet und hat damals die ersten Batwa als Fährtenleser eingestellt. In Bonn und Berlin rühmt man sich, dass ohne die eigene Unterstützung die Gorillas den Krieg nicht überstanden hätten. Kongolesen in der Region nennen den Kahuzi-Biéga deswegen auch den »Deutschen Park«.

Doch diese Zusammenarbeit entpuppte sich in den vergangenen Jahren als Sündenfall. Der erste Übergriff ereignete sich im August 2017, als ein Batwa-Junge von einem Wildhüter erschossen wurde. Der Vater des Jungen wandte sich mit Hilfe von CAMV (Centre d'Accompagnement des Autochtones Pygmées et Minoritaires Vulnérables) per Brief direkt an die Entwicklungsbank KfW (Kreditanstalt für Wiederaufbau) in Frankfurt, die für die Finanzierung zuständig ist. »Der Park ist unser traditioneller Lebensraum«, erklärte er in seinem Schreiben. »Unsere Vorfahren haben immer in Eintracht mit der Natur und den Tieren gelebt.« Doch dann seien sie gewaltsam vertrieben worden. »Und jetzt leiden wir auch noch unter den Angriffen.«[7] Die Batwa heute seien nicht mehr bei so guter Gesundheit wie noch ihre Großeltern. Sie hätten nicht genügend zu essen und litten daher an Krankheiten, verursacht durch Unterernährung und Mangelerscheinungen. »Ein Teil unserer Kultur ist es, im Wald nach verschiedenen Heilpflanzen zu suchen, die der Behandlung von diesen Krankheiten dienen.« Deswegen sei er im August 2017 mit seinem Sohn in den Park gegangen, denn dieser litt an Durchfall und Erbrechen. Dort sei er auf die Wildhüter gestoßen. Einer habe gerufen: »Schieß nicht auf den Jungen!« Der andere habe geantwortet: »Wir werden sie alle ausrotten.« Der Vater konnte davonlaufen, doch die Kugel habe den Sohn getroffen. »Er war gerade einmal 17 Jahre alt.«

Das Schreiben des verzweifelten Batwa-Vaters erzeugte in den deutschen Behörden Betriebsamkeit. Dies geht aus der internen Kommunikation zwischen der KfW in Frankfurt und dem BMZ in Bonn hervor, die die internationale Menschenrechtsorganisation Minority Rights über eine Akteneinsicht gemäß des Informationsfreiheitsgesetzes erhalten hat. In ihrem Antwortschreiben an den Vater des toten Jungen versicherte die KfW, dass Menschenrechte sowie die Rechte der Indigenen »Schlüsseldirektiven« ihrer Arbeit seien.[8] Mit dem Parkchef vereinbarten die Deutschen, dass eine »außergerichtliche Lösung« erzielt werden solle. »Der Schütze sei weiterhin in Bukavu in Haft und solle nach erfolgreicher Verhandlung mit der Familie freigelassen werden«, heißt es in einer internen E-Mail der KfW an das BMZ vom 16. April 2018.[9]

Eine deutsche Delegation machte sich auf den Weg in den Kongo.[10] Nach der Rückkehr berichteten KfW-Vertreter an das Ministerium: »Wir haben sowohl das Hauptquartier des Parks selbst als auch mehrere Gemeinden in der Randzone besucht.« Erneut wurde versichert, dass der Parkchef auf einem guten Weg sei, eine

Einigung mit der Batwa-Familie zu erzielen. »Über ICCN-interne Konsequenzen sollte nach der Entlassung entschieden werden.« Die Deutschen hätten Kongos Naturschutzbehörde ICCN, die für die Parks zuständig ist, »gebeten«, über den weiteren Verlauf informiert zu werden.[11]

Für die deutschen Behördenvertreter kam die Ermordung des Jungen zur Unzeit. Gerade hatte das BMZ weitere Naturschutzprojekte im Kongo geplant. Zu deren Finanzierung über die KfW war ein großer Naturschutzfonds eingerichtet worden – ein gigantisches Unternehmen mit deutschen Steuergeldern in Millionenhöhe. Die Bundesrepublik wollte im Kongo ihre ehrgeizigen Zusagen umsetzen, die sie auf internationalen Klima- und Artenschutzkonferenzen gemacht hat. Der Vorfall im Kahuzi-Biéga drohte nun, diese Vorhaben in Frage zu stellen. In einem internen Schreiben der KfW wurde darauf hingewiesen, dass Presse und Opposition (Bundestagsfraktion Die Linke) bereits aufmerksam geworden seien.[12] Der Abgeordnete Uwe Kekeritz vom Bündnis 90/Die Grünen plante eine Reise in den Kongo, auch in den Kahuzi-Biéga, um sich vor Ort selbst zu informieren.

Dringlichkeit war also angesagt, im Falle des toten Jungen eine Lösung zu erzielen. Schließlich spendierte die Parkverwaltung der betroffenen Batwa-Familie ein neues Holzhaus sowie »Zahlungen zum Aufbau einer kommerziellen Tätigkeit« im Wert von umgerechnet 5000 Euro.[13] Der Schütze wurde verurteilt und landete im Gefängnis. Damit war das Problem, in den Augen der Geber ein »Einzelfall«, vorerst gelöst.[14] Doch dann häuften sich in den darauffolgenden Jahren die Vorfälle, die in der Verhaftung von Batwa-Chef Kasula gipfelten.

Morgenappell im Dschungel

Anfang Februar 2020 hingen dunkle, schwere Wolken über den Baumkronen des Regenwaldes. Die hohen Gipfel der beiden erloschenen Vulkane Kahuzi und Biéga, die dem Nationalpark seinen Namen geben, sind selten klar auszumachen. Wer mit dem Auto 30 Minuten von Süd Kivus Provinzhauptstadt Bukavu in den Dschungel hineinfährt, passiert neben dem Eingang zum Hauptquartier der Parkverwaltung ein handgemaltes, großes, bereits sehr altes Schild mit einer deutschen und einer kongolesischen Flagge: »Finanzkooperation« steht dort in roten und blauen Lettern.

Wie jeden Tag, so standen auch an diesem Morgen die Parkwächter stramm zum Morgenappell. Rund hundert Männer in grünen Uniformen, Gummistiefeln und mit Sturmgewehren salutierten auf dem zentralen Paradeplatz vor Parkchef De-Dieu Bya'ombe. »Wie steht es um eure Moral?«, fragte der Direktor seine Wildhüter. »Gut, Sir!«, antworteten die Ranger im Chor. Der Parkchef machte sich dennoch Sorgen. Seit 2008 bezahlte die Entwicklungsbank KfW den 225 Rangern einen monatlichen Bonus auf ihr geringes Staatsgehalt, um sie für die Arbeit zu motivieren. Doch dieses Geld sei seit fünf Monaten nicht ausbezahlt worden, klagte Bya'ombe. »Wir sind in Gesprächen mit den Deutschen und hoffen, dass ihr bald Geld auf eurem Konto habt«, versicherte er seinen Truppen und ließ sie abtreten. Die KfW gab auf Anfrage an, sie könne »aus vertragsrechtlichen Gründen« zu Zahlungen »keine Auskünfte« geben.[15]

Seit seiner Ernennung zum Parkdirektor Anfang 2018 kämpfte sich Bya'ombe durch eine lange Liste an Problemen, denn das Ausbleiben der deutschen Gelder bedeutete für den Park: keine Gehaltsprämien für die Wildhüter, kein Benzin in den Fahrzeugen, keine Lebensmittelpakete für seine Ranger, die täglich Dutzende von Kilometern durch das dichte Unterholz marschieren, zählte der Parkchef auf. »Und es gab Drohungen, sodass wir die Touristen nicht gut schützen können«, merkte er an. Es gibt bis heute zahlreiche bewaffnete Gruppen im Park, die sich um die Ausbeute aus den Coltan- und Gold-Minen im Dschungel streiten.[16]

Doch was viel schlimmer sei, so der Parkchef: »Das erste Mal in 50 Jahren ist der Park gefährdet durch Rodung.« Täglich konfiszierten seine Wildhüter Lastwagen, vollbeladen mit Holzkohle, die vom Park in die Provinzhauptstadt Bukavu fahren – ein Millionengeschäft, das in anderen Landesteilen von mafiösen Netzwerken aus bewaffneten Milizen, korrupten Staatsangestellten und Armeeoffizieren betrieben wird. Im Kahuzi-Biéga habe es noch nie Probleme mit der Holzkohlemafia gegeben. Jetzt sei jedoch Batwa-Chef Kasula für die Zerstörung von über 400 000 Hektar verantwortlich, so Bya'ombe. Dabei habe der Park mit den Batwa eigentlich ein gutes Verhältnis: 36 Batwa-Männer seien als Wildhüter und Fährtenleser angestellt. »Ein gefährlicher Job«, betonte der Parkchef. Bei Versuchen, die »Kasula-Bande« zu verhaften, seien ein Wildhüter getötet und fünf verletzt worden, zwei Waffen seien entwendet worden, berichtete er. Dies habe letztlich zur Entscheidung geführt, das Militär einzuschalten und Kasula zu verhaften.

Parkchef Bya'ombe wollte das Problem schnell lösen, denn er hat große Pläne: Er will den Nationalpark um ein Dutzend Hektar erweitern, um den Wildtieren im Tal zwischen den Vulkanen Migrationskorridore zu eröffnen – ausgerechnet in jener Region, wo die Batwa ihre Kultstätten im Wald haben. Die Korridore sind wiederum Teil eines größeren Vorhabens: Kongos Regierung hat auf internationalen Konferenzen zugesagt, sie wolle in den nächsten Jahren den Anteil des Waldes, der im Kongo unter internationalen Naturschutzrichtlinien steht, von acht Prozent auf 15 Prozent ausweiten.[17] Das entspräche der Fläche der Bundesrepublik. Um das Vorhaben zu finanzieren, wurde von deutscher Seite bereits ein gut ausgestatteter Fonds aufgesetzt.

Doch bei der Umsetzung der Pläne ergeben sich vor allem in den dicht bevölkerten Landesteilen rund um die Nationalparks jede Menge Hürden, vor allem in den Parks im Osten des gewaltigen Landes, einer Region, die seit Jahrzehnten von Bürgerkriegen erschüttert wird. Der Parkchef selbst vermutete im Interview, dass mächtige Leute in der Politik die Fäden ziehen. Seit den Wahlen 2018 ist die Provinz Süd Kivu Austragungsort zahlreicher nationaler Machtkämpfe, denn Vital Kamere, einst Oppositionsführer und später Kabinettschef von Präsident Felix Tshisekedi – bevor er verhaftet und ins Gefängnis gesperrt wurde –, stammt von hier. Und auch wichtige Leute aus dem Machtzirkel um Ex-Präsident Joseph Kabila in der 2000 Kilometer entfernten Hauptstadt Kinshasa haben rund um den Park wirtschaftliche Interessen. Kabilas Frau Olive besitzt dort Ländereien – Gebiete, die nun bei der geplanten Erweiterung der Parkgrenzen und Fragen der damit einhergehenden Kompensationszahlungen eine Rolle spielen.

Bya'ombe berichtete, dass der Park von mächtigen Landeigentümern bereits wegen »Landraub« verklagt worden sei. Kasula werde von diesen Akteuren für ihre Zwecke eingespannt, da sei er sich sicher. Denn klar sei, »Kasula hat mit der Holzkohle kein Geld gemacht. Es gibt andere, die sich in Bukavu davon große Häuser gebaut haben.« Doch wer diese Leute sind, darüber schwieg er sich aus. Er beschuldigte stattdessen lokale NGOs, die Batwa zu »manipulieren«, wie er es ausdrückte.

Vor allem meint er damit die Menschenrechtsorganisation CAMV in Bukavu, die bei internationalen und nationalen Verhandlungen die Batwa vertritt. CAMV-Direktor Pacifique Mukamba saß am Tag vor Prozessbeginn in seinem kleinen Büro in der nur 30 Kilometer vom Park entfernten Provinzhauptstadt Bukavu an einem Konferenztisch. Er klappte seinen Laptop auf und zeigte einen Ordner voller Dokumente: Gerichtsakten von zahlreichen Verfahren, Beschwerdebriefe an die Parkverwaltung und das ICCN in der Hauptstadt. Der Konflikt zwischen dem Park und den Batwa sei schon so alt wie der Park selbst, erklärte er. »Doch die Lage war noch nie so heiß wie jetzt.« Noch vor wenigen Tagen habe er mit dem Parkdirektor an diesem Tisch gesessen: »Wir haben friedlich diskutiert, wie wir das Problem lösen können«, so Mukamba. Von einem Verfahren vor dem Militärtribunal sei dabei keine Rede gewesen.

Mukamba öffnete ein Dokument auf dem Laptop: einen Bericht, der die komplexen Ereignisse aufdröseln soll, die zur Verhaftung von Kasula geführt haben. »Sieben Batwa sind seit 2017 von

Parkwächtern getötet worden – und ein Wildhüter ist gestorben«, fasste er die Ergebnisse zusammen. »Es ist das erste Mal, seitdem der Park existiert, dass es Tote gibt – da fragt man sich doch: was ist hier los?«

Seiner Vermutung nach spielen im Hintergrund die weltweiten Diskussionen um die richtigen Ansätze für den Natur- und Artenschutz eine Rolle. International distanziert man sich mittlerweile von den Konzepten der menschenleeren Nationalparks und will der indigenen Bevölkerung in diesen Naturschutzgebieten mehr Mitsprachemöglichkeiten einräumen. Auch Kongos Regierung hat 2007 die UN-Erklärung über die Rechte der indigenen Völker unterzeichnet.[18] In nationales Recht überführt wurde diese Deklaration jedoch lange nicht. Erst 2021 ratifizierte das Parlament ein entsprechendes Gesetz, das im Mai 2022 vom Senat bestätigt und im Juni von Präsident Tshisekedi unterzeichnet wurde.[19] Wegen der Verzögerungstaktik hätten sich die Fronten in den vergangenen Jahren allmählich verhärtet, erklärte Mukamba: »Wir verlangen von der Regierung, die neuen internationalen Leitlinien einzuhalten, die den indigenen Völkern ein Mitspracherecht im Naturschutz einräumen.« Die Batwa berufen sich insbesondere auf den 2014 aufgesetzten, sogenannten Whakatane-Dialog. Der in Australien initiierte und von internationalen NGOs finanzierte Prozess zielt darauf ab, indigene Bevölkerungsgruppen in staatliche Naturschutzkonzepte und Institutionen einzubinden und ihnen den Zugang zum Park zu erlauben, damit sie ihrer traditionellen Lebensweise nachgehen können.

2014 führte Kongos Regierung jedoch zum Schutz der Gorillas ein Naturschutzgesetz ein, das jenseits des Tourismus keine Menschen innerhalb der Parkgrenzen zulässt.[20] Jedes Eindringen in den Park, und sei es nur zum Feuerholz holen, kann mit hohen Strafen belegt werden. Auch den Batwa bleibt damit jeglicher Zugang zu ihren Kultstätten verboten. Verschiedene Menschenrechtsorganisationen, darunter CAMV, haben deswegen 2015 Klage gegen Kongos Regierung vor der Afrikanischen Kommission für Menschen- und Völkerrechte eingereicht. Daraufhin musste die Regierung Zugeständnisse machen: Entschädigungen in Form von Landrechten für die Batwa außerhalb des Parks, die Übernahme der Schulgebühren für die Batwa-Kinder, Gesundheitsversorgung, Beteiligung an den Profiten aus dem Tourismus.

Diese Zusagen hätten sich jedoch aus Sicht der Batwa nicht materialisiert, so Mukamba. Ackerland zum Beispiel sei in dieser Region überall knapp. Rund um den Park sei kaum mehr ein Quadratmeter unbenutzt verfügbar. 2018 wurden im Rahmen eines staatlichen Straßenbauprojektes, das von der Weltbank finanziert wurde, halbherzige Versuche unternommen, den Batwa zwei Hektar am Parkrand zu übertragen. Doch es kam zu Unstimmigkeiten und die elf Batwa-Familien, die sich dort niedergelassen hatten, wurden sofort wieder vertrieben. Daraufhin siedelten sie sich im Park an, bauten dort Hütten, gründeten ein kleines Dorf. Seitdem wurde der Streit auch mit Gewalt ausgetragen.[21]

Von Manipulation könne keine Rede sein, so Batwa-Anwalt Mukamba. Der Parkdirektor hatte ihm in einer WhatsApp-Gruppe, in der sonst Wildereiprobleme besprochen werden, vorgeworfen, er habe die Batwa angestachelt, in den Park einzudringen und ihn zu zerstören. Mukamba beteuerte jedoch, seinerzeit erst aus dem Radio von der Ansiedlung der Batwa im Park erfahren zu haben. »In diesem Konflikt gibt es Akteure, die den Streit für ihre eigenen Interessen entfachen«, seufzte der Anwalt. »Wir werden jetzt bedroht und mundtot gemacht.«[22]

Wenn man aus Mukambas Bürofenster blickt, sieht man direkt auf das Panorama-Hotel mit Sauna, Fitnessraum und Whirlpool. Dort hatte im September 2019 eine Gesprächsrunde stattgefunden, bezahlt mit deutschen Geldern: der sogenannte Bukavu-Dialog. Angereist waren die höchsten Vertreter der Naturschutzbehörde ICCN, der Vize-Gouverneur, NGOs sowie zahlreiche Batwa-Chefs. Es wurden Forderungen gestellt, Zugeständnisse gemacht. Die Parkverwaltung versicherte, einen Teil ihrer Gelder in lokale Gemeindeprojekte zu investieren, den Batwa Land zur Verfügung zu stellen. Die Batwa wiederum verpflichteten sich, innerhalb eines Monats den Park zu verlassen – als Vorbedingung.[23]

»Am ersten Abend haben sich die Batwa geweigert zu unterzeichnen«, erinnerte sich Mukamba. Deswegen sei am zweiten Tag noch mal nachverhandelt worden. »Was in dieser Nacht hinter den Kulissen passiert ist, warum sie dann doch unterschrieben haben, das müssen Sie die Leute schon selbst fragen.« Er zeigte auf die Unterschriftenliste der gemeinsamen Erklärung auf seinem PC-Monitor. Dort prangte neben der Signatur des Parkchefs nicht die Unterschrift von Batwa-Chef Kasula, sondern die von einem anderen Batwa-Vertreter.

»Das ist unser Park«

Gentil Mulimbis Gummistiefel waren lehmverschmiert, als er aus dem Park heraus in sein Dorf Muyange stapfte. Der drahtige Mann in Jeans und Regenjacke ist Kasulas jüngerer Bruder. Seit dessen Verhaftung versteckte sich Mulimbi im Unterholz, denn er fürchtete: »Sie werden uns jagen, bis wir alle tot sind.«[24]

Während nicht einmal einen Kilometer entfernt das Militärtribunal tagte, versuchte Mulimbi die Lage der Batwa zu erklären: »Wir sind 2018 in den Park eingedrungen, weil wir keine andere Wahl hatten«, seufzte er und setzte sich in einer strohgedeckten Hütte auf den Boden, um nicht gesehen zu werden. »Der Park hat uns Land versprochen, aber bis heute haben wir nichts zu essen, weil sie ihre Zusagen nicht einhalten.« Mit nervösen Augen suchte er die umliegenden Hügel nach patrouillierenden Wildhütern ab. Dem Mann waren Wut und Verzweiflung deutlich anzusehen. Nicht nur von der Parkverwaltung fühlte er sich betrogen, sondern auch von seinen eigenen Leuten.

Innerhalb der Batwa-Gemeinde gebe es seit Langem Zwist, sagte er. Dabei gehe es um die Vorteile, die sich aus der Zusammenarbeit mit der Parkbehörde erzielen lassen. Der Park hatte Kasula vor wenigen Jahren einen Mikrokredit gegeben, damit er ein Büro für seine Batwa-Organisation einrichten konnte. Und Kasula durfte unter seinen Leuten aussuchen, wer als Fährtenleser vom Park angestellt wird, wer eine Schulausbildung erhält. Diese einflussreiche Position wurde ihm von seinem Rivalen Cizungu Ntavuna aus dem Nachbardorf streitig gemacht, so Kasulas Bruder Mulimbi. Als Kasula sich dann im September 2019 im Panorama-Hotel geweigert habe, auf die Forderungen der Parkverwaltung einzugehen, sei der Machtkampf unter den Batwa offen ausgebrochen. »Ntavuna wurde bestochen und hat uns ausgeliefert«, war sich Mulimbi sicher. Es sei Ntavuna gewesen, der in jener Nacht die Soldaten und Wildhüter, die Kasula verhaften wollten, nach Muyange geführt habe. »Er hat ihnen sogar gezeigt, wo wir die Waffe versteckt hielten, die wir zur Jagd benutzten.« Die rostige Kalaschnikow stamme von Deserteuren der Armee, mit denen Kasula Holzkohle-Geschäfte mache.

Er selbst sei in jener Nacht geflohen. Dass er im Park Bäume zu Holzkohle abfackelte, gab er offen zu. »Wir brauchen Geld zum Überleben«, sagte er. Er mache ja nur die Drecksarbeit für mächtige Männer, verdiene weniger als einen Dollar am Tag, oft nicht einmal das. »Die Soldatenfrauen kaufen uns die Holzkohle ab und bezahlen uns mit Munition, weil sie auch kein Geld haben«, erklärte er. Deswegen seien rund 70 Patronen bei Kasula gefunden worden, die neben der AK-47 im Prozess als Beweise dienten. »Es ist unser Recht, den Park zu zerstören, solange sie uns nicht geben, was sie uns versprochen haben«, zischte Mulimbi wütend. »Das ist unser Park!«.

Dann griff er nach seinem klingelnden Handy. Der Anrufer informierte ihn über die Verurteilung seines Bruders. Er müsse sich wieder im Wald verstecken, sagte er. Zum Abschluss wollte er noch eine Botschaft loswerden: »Sag den Deutschen, ich will auch jeden Monat Geld auf einem Bankkonto, sonst werden wir uns alle rächen.« Mulimbi spurtete sofort los.

Während sich Kasulas Bruder wieder in den Wald aufmachte, lungerte Erzrivale Ntavuna in der Zuschauermenge um den Gerichtsprozess herum. Der kleine Mann in neuen Turnschuhen, neuer Jacke und Hemd sah aus wie frisch aus dem Ei gepellt. Um ihn herum standen Batwa-Vertreter aus anderen Dörfern, die ihn nun mit »Chef« ansprachen. Ntavuna beobachtete die Anhörung genau. »Kasula hat mir vorgeworfen, der Park habe mich mit einem neuen Auto bestochen«, raunzte er. »Doch das ist nicht wahr.« Er gab allerdings zu, dass er jetzt vom Park als offizieller Chef der Batwa anerkannt werde. »Mein Job ist nun, die anderen zu überzeugen, den Park zu verlassen.« Alle bis auf Kasulas Leute hätten den Bedingungen des Parks zugestimmt. Deswegen habe er geholfen, Kasula dingfest zu machen. Dass er dafür belohnt wurde, gab Ntavuna offen zu: Der Park habe bereits acht junge Batwa aus seinem Dorf als Wildhüter rekrutiert, darunter seinen Bruder. »Ein Auto habe ich aber nicht bekommen«, beteuerte er.[25]

Mutmaßliche Verbrecher als Tierschützer

Wenn Parkchef De-Dieu Bya'ombe nach der Morgenparade in sein repräsentatives Büro nach Bukavu zurückkehrt, hat im Park sein Vize Innocent Mburanumwe das Sagen. Er war im Juli 2019 vom Virunga-Nationalpark in der benachbarten Provinz Nord Kivu hierher versetzt worden, nachdem er zuvor zeitweilig wegen der mutmaßlichen Vergewaltigung von Minderjährigen in Haft saß, bis er auf undurchsichtigem Wege freikam.[26]

Mburanumwe ist Kongos berühmtester Naturschützer. 2018 zeichnete ihn die EU für seine Arbeit im Virunga mit dem Schuman-Preis für Biodiversität aus. Nach seiner Versetzung in den Kahuzi-Biéga-Park wurde er dort Kommandant der Anti-Wilderei-Einheit und Vize-Direktor. Die KfW, die zeitweilig auch sein Gehalt mit Prämien aufstockte, erklärte später auf Anfrage, das Gericht habe Mburanumwe seinerzeit »für unschuldig befunden« und für das ICCN bestehe daher »keine Handhabe, die damals verhängte Suspendierung von Herrn Mburanumwe aufrechtzuerhalten.«[27]

Mburanumwe übernahm während eines Besuchs im Februar 2020 die Führung durch das neu errichtete Kontrollzentrum im Hauptquartier des Nationalparks mit dem gigantischen Flachbildmonitor. Der kräftige Mann trug nach wie vor die Uniform mit dem Virunga-Logo an der Schulter. In seinem Gürtel steckte eine Pistole. Stolz demonstrierte er die Satellitentechnologie, die von der US-Organisation WCS (Wildlife Conservation Society) spendiert worden war. »Wir können damit die Patrouillen in Echtzeit verfolgen, und sie können uns alarmieren, wenn es Probleme gibt«, erklärte er und deutete auf eine Landkarte neben dem Monitor. Darauf waren Sektoren eingezeichnet, jeder gekennzeichnet mit dem Namen von Milizen sowie Angaben zu ihrer Stärke und der Art der Waffen, die sie tragen. »Die Präsenz der bewaffneten Gruppen im Park zwingt uns dazu, mit der Armee zusammenzuarbeiten.« Er habe ein sehr enges Verhältnis mit der Armeeführung vor Ort, erwähnte er beiläufig. Seine Wildhüter und die Soldaten unternehmen gemeinsame Patrouillen, planen im Kontrollzentrum gemeinsame Operationen gegen Milizen. Meinte er damit auch die Batwa? Der Vize-Parkchef nickte. »Sie haben sich mit anderen Milizen eingelassen, um uns zu bekämpfen«, sagte er. »Wir haben Kasula in flagranti mit einer Waffe erwischt.« Dann stieg er in seine regendichte Schutzkleidung, um Beweise zu zeigen.[28]

Jenseits der Parkstation lichtet sich der Dschungel. Statt Hunderte Jahre alter Bäume wachsen Büsche und Unkraut auf verkohltem Untergrund. »Der ganze Wald hier wurde von den Batwa abgebrannt«, erklärte Mburanumwe. »Sie haben viel Geld mit der Holzkohle gemacht.« Hinter ihm stand ein schwer bewaffneter Wildhüter, der ihm nicht von der Seite wich. Die Ranger waren jüngst von israelischen Ex-Militärs der Sicherheitsfirma Maisha im Anti-Terror-Kampf trainiert worden.[29] Ein Programm, das vom WWF (World Wildlife Fund) und der amerikanischen Naturschutzstiftung WCS in vielen Nationalparks der Region durchgeführt wird. »Wir sind jetzt kampfbereit, es mit den Terroristen aufzunehmen«, sagte Mburanumwe.

Mit dem Fernglas suchte er die bewaldeten Hänge ab. Nur wenige Kilometer von hier leben die gefährdeten Gorillas. Dann zeigte er auf den Hügel gegenüber: Eine Frau mit einem Baby im Tragetuch sammelte Feuerholz – innerhalb der Parkgrenzen. »Wenn wir Drohnen hätten, Kameras und Nachtsichtgeräte könnten wir die Gorillas besser schützen und jeden Eindringling schon von Weitem aufspüren«, meinte der Vize-Parkchef, der diese neue Hochtechnologie aus dem Virunga gut kennt. »Wir hoffen, die Deutschen werden uns diese spenden«, schmunzelte er.

Es gibt noch jemanden, der diese Anwendungen gerne nutzen würde und zu jener Zeit im modernen Kontrollzentrum des Kahuzi-Biéga regelmäßig ein und aus ging: Charles Mundindo Akili, im ganzen Kongo bekannt unter seinem Kriegsnamen Mundos. Als ihn der Pressesprecher des Parks anrief, war der Armeegeneral sofort erreichbar.

Der große kräftige Mann in Uniform mit den zwei goldenen Sternen auf der Schulterklappe saß in seinem geräumigen Büro im regionalen Hauptquartier der Armee in Bukavu hinter einem massiven, glänzenden Teakholzschreibtisch. Über ihm an der Wand hing zwar das Bild von Kongos neuem Präsidenten Tshisekedi, doch jeder im Land weiß: Mundos ist ein enger Vertrauter von Ex-Präsident Kabila. Immer wenn es in abgelegenen Wäldern bewaffnete Gruppen zu bekämpfen gab, wurde Mundos von diesem auf Spezialoperationen dorthin geschickt.[30]

Er war in seiner Karriere schon in vielen Nationalparks stationiert gewesen, um Rebellen zu bekämpfen. »Ich bin einer der größten Tierschützer im Kongo«, prahlte der Generalmajor und sinnierte über seine Stationierung im Garamba-Nationalpark im Nordosten des Landes 2008, wo er gegen die ugandischen Rebellen der LRA (Lord's Resistance Army) vorging, und seine Militäroperationen am nördlichen Zipfel des Virunga-Nationalparks von 2014 bis 2015, die sich gegen die ugandischen Rebellen der ADF (Allied Democratic Forces) richteten. Weil er den militärischen Oberbefehl über das Kriegsgebiet rund um die Handelsstadt Beni innehatte und dort nach seiner Stationierung Tausende Menschen massakriert wurden, steht er seit 2018 auf der UN-Sanktionsliste. »Mundos rekrutierte ehemalige Kämpfer von lokalen bewaffneten Gruppen«, begründete der UN-Sicherheitsrat diese Maßnahme. Diese Rekruten würden in Mundos Auftrag die Bevölkerung massakrieren.[31] UN-Ermittler sagen über ihn: Wo immer er hinkommt, verwischen sich die Fronten, und die Zahl der bewaffneten Gruppen multipliziert sich so ungemein, dass niemand mehr weiß, wer im Dschungel sein Unwesen treibt.[32]

Mundos versuchte dennoch, sich in ein positives Licht zu rücken und betonte: Er sei froh, sich jetzt auch im Kahuzi-Biéga für den Naturschutz engagieren zu können. Seine Soldaten würden nun gemeinsam mit den Wildhütern im Park Jagd auf Milizen machen. Stolz zeigte er auf einen Jahreskalender auf dem Schreibtisch: ein Gruppenfoto vom Parkchef und den Wildhütern. In der Mitte steht Mundos und trägt stolz die silberne Ehrenmedaille des Parks um den Hals. Die umstehenden Ranger nannte er »seine Kinder«. Die deutsche Entwicklungsbank KfW, die die Gelder für den Park bereitstellt, erklärte auf Anfrage: »Für aus Mitteln der Entwicklungszusammenarbeit finanzierte Ausrüstung zugunsten der Parkverwaltung besteht ein klares Verwendungsverbot für militärische Zwecke.«[33]

Der General jedoch lobte die Zusammenarbeit zwischen seinen Einheiten und den Wildhütern im Kampf gegen die »Terroristen«, wie er sie bezeichnete. »Der Park ist ein Brutkasten für bewaffnete Gruppen.« Seine Prognose: Dank seiner Militäroperationen werde in drei Jahren Friede einkehren, »für die Sicherheit der Touristen, die den Park besuchen«.

Und die Batwa und deren Chef Kasula? »Der ist die Nummer eins von allen Terroristen landesweit!«, schimpfte Mundos. Doch er habe jetzt eine Lösung für die Batwa-Problematik parat. Am Rande des Parks habe er zehn Hektar Wald gekauft und das Grundbuch dem Park übergeben. »Ich suche jetzt nach Möglichkeiten, wie sie sich dort Häuser bauen können, jede Familie bekommt drei Ziegen und Gartengeräte«, gab sich der General spendabel. Und mit den NGOs werde er ebenfalls fertig. »Ich habe sie selbst angerufen und gesagt, ich schicke Kasula für alle Zeit am Ende der Welt ins Gefängnis.«

Als auf der Straßenkreuzung unterhalb des Parkeingangs nur wenige Stunden nach Beginn des Verfahrens gegen die Batwa der Hammer fiel, verurteilte das Militärgericht Kasula und seine Gefährten wegen illegalen Waffenbesitzes und der Zerstörung von Flora und Fauna zu 15 Jahren Haft sowie einer Geldstrafe von einer Million kongolesischen France, umgerechnet rund 500 Euro, die die gesamte Batwa-Gemeinde Kongos niemals aufbringen kann. Es war ein Schauprozess auf offener Straße, der der Bevölkerung am Rande des Parks eine Warnung sein sollte, nie wieder dort einzudringen, gab der Militärstaatsanwalt später gegenüber der Presse zu.

Wie Vieh wurden die Batwa mit Kabelbinder aneinander gekettet und abgeführt. Die Frauen der verurteilten Männer, die aus den Dörfern herbeigelaufen waren, schluchzten und kreischten. Sie trugen Kleinkinder im Tragetuch, die nun ohne Vater aufwachsen werden, und steckten ihren Männern Bananen und Geldscheine zu. Es waren verzweifelte Momente. Da lud ein Soldat seine Kalaschnikow durch und zielte warnend auf die aufgewühlte Menschentraube. Alle wurden still.

Rückblick:

Kolonien in Afrika – menschenleere zoologische Gärten?

Eine Legende, welche Touristenführer in Tansania gerne erzählen, besagt, dass der deutsche Kaiser Wilhelm II. zu Beginn des 20. Jahrhunderts das erste Wildtierschutzgebiet im damaligen Deutsch-Ostafrika seiner Frau zum Geschenk gemacht hat: den heutigen Selous-Nationalpark im Herzen des großen Landes.[34] Im Volksmund wird die Savannenlandschaft in der lokalen Sprache Kiswahili nach wie vor als »Shamba la bibi« bezeichnet, übersetzt »Feld der Dame«.

Belege für den Vorgang gibt es in deutschen Archiven nicht. Dokumentiert ist hingegen die Errichtung eines ersten kleinen Schutzgebietes südlich des Rufiji-Flusses durch den deutschen Kolonial-Gouverneur Hermann von Wissmann im Jahr 1896. Bei seiner Erkundungsreise berichtete er vom Ackerbau entlang des Flusses durch die lokale Bevölkerung. Die Region war also keinesfalls menschenleer, wurde jedoch im Zuge des sogenannten Maji-Maji-Aufstands gegen die Kolonialisten von 1905 bis 1907 und dessen Niederschlagung durch die deutsche Schutztruppe »entvölkert«, wie dies damals genannt wurde.[35]

Nach dem Ersten Weltkrieg, als die Kolonie in britische Hände überging, wurde das Reservat nach dem englischen Großwildjäger Frederick Courteney Selous benannt, der in den 1870er-Jahren dafür gerühmt wurde, in dieser Savanne rund 550 Elefanten erlegt zu haben. In seinem 1881 erschienenen Buch beschuldigt Selous hingegen die Einheimischen, die Zahl der Elefanten so sehr dezimiert zu haben, dass es nun nötig sei, sie unter Schutz zu stellen.[36] Knapp 20 Jahre später wurde in London die erste internationale Konferenz zum Schutz der afrikanischen Wildtiere abgehalten und die sogenannte Londoner Konvention unterzeichnet.[37] Sie legte den Grundstein für das westliche Naturschutzengagement in Afrika und stellte unter anderem die Gorillas unter strikten Schutz vor jeglicher Jagd, ebenso Elefanten mit Stoßzähnen unter fünf Kilo.

Die Afrikaner wurden nicht gefragt, im Gegenteil. In fast allen Kolonien wurden in der Folgezeit Jagdgesetze eingeführt, die weißen Großwildjägern die Trophäenjagd gegen teures Geld ermöglichten, aber den Afrikanern das Jagen unter Androhung hoher Strafen verbot. Die Monopolisierung der Jagd und die Herrschaft über den lukrativen Elfenbeinhandel, der in vorkolonialer

Zeit allein den afrikanischen Königen und Clanchefs vorbehalten gewesen war, bedeuteten einen wichtigen Schritt für die Kolonialherren, um die Wirtschafts- und Finanzströme auf dem Kontinent unter ihre Kontrolle zu bringen.[38] Die Herrschaft über Afrikas Wildtiere, vor allem über die Elefanten und deren Lebensräume, wurde zur tragenden Machtsäule des Kolonialismus, denn die Erträge aus dem Elfenbeinhandel finanzierten die Kolonien.[39]

Nationalparks als Herrschaftsraum

Die Idee der Nationalparks stammt ursprünglich aus den USA. Zu jener Zeit drangen die weißen, bewaffneten Siedler auf der Suche nach Gold und anderen Rohstoffen immer weiter in den Westen vor. In den endlosen Weiten der nordamerikanischen Prärie gründeten sie Ende des 19. Jahrhunderts die ersten Nationalparks: den Yosemite in der kalifornischen Sierra Nevada und den Yellowstone in Wyoming. Sie vertrieben die indigene Bevölkerung gewaltsam, sperrten sie in Reservate ein und erklärten die Parks per Gesetz 1864 zu einem quasi menschenleeren Raum.[40]

Dieses Konzept wurde von den Europäern später für ihre Kolonien in Afrika übernommen. Viele deutsche Afrikareisende prägten zu jener Zeit in Briefen, Bildern und Erzählungen die Fantasie von den Savannenlandschaften als ursprünglichem Paradies.[41] Die sogenannte Wildnis stand im Kontrast zu den von Menschen geprägten Kulturräumen im zunehmend industrialisierten Europa, wo Wälder seit Jahrhunderten abgeholzt und wieder aufgeforstet wurden, wo Menschen zunehmend in Städten lebten und die Umwelt quasi draußen lag, vor der Stadt. Die afrikanische Savanne mit ihren Wildtieren wurde zum Projektionsraum der Sehnsucht nach einer vom Menschen unberührten Natur. Diese imaginäre Wildnis wollten die Europäer nun schützen.

Der 1909 in München von deutschen und österreichischen Naturliebhabern und Jägern gegründete Verein Naturschutzpark e.V. betrieb Lobbyarbeit bei der Kolonialverwaltung in Berlin für die

Einrichtung von Nationalparks nach US-amerikanischem Vorbild. In Berlin gab es 1912 erste Überlegungen, den Ngorongoro-Krater in der Serengeti in Deutsch-Ostafrika zum Naturschutzgebiet auszurufen. Die Umsetzung scheiterte jedoch nicht daran, dass die dort lebende Maasai-Bevölkerung gewaltsam hätte vertrieben werden müssen, sondern an lukrativen Pachtverträgen deutscher Siedler, die zu hohe Kompensationszahlungen forderten.[42]

Die meisten der existierenden afrikanischen Schutzgebiete sind ähnlich wie die afrikanischen Staatsgrenzen während der Kolonialzeit am Reißbrett entworfen worden. Nach wie vor tragen viele berühmte Parks ihre kolonialen Namen. So ist der Queen-Elizabeth-Nationalpark im Westen Ugandas 1952 anlässlich eines Besuchs von Queen Elizabeth II. in ihrer Kolonie gegründet worden. Dazu wurden abertausende Viehhirten und Gemeinden gewaltsam vertrieben, deren Dörfer niedergebrannt.[43] Die Queen sollte einen Garten voller Wildtiere antreffen, keine Rinderherden.

Der Murchison-Falls-Nationalpark in Norduganda wurde 1863 von britischen Entdeckern, wie sie damals hießen, ausgekundschaftet. Einer von ihnen, Samuel Baker, benannte das Gebiet rund um die gewaltigen Nil-Wasserfälle nach Roderick Murchison, dem damaligen Vorsitzenden der Royal Geographical Society, die die Entdeckungsreisen finanzierte. Die britischen Kolonialverwalter und deren Wissenschaftler, darunter auch Tropenmediziner, entdeckten in der Gegend die Schlafkrankheit, übertragen durch Tsetse-Fliegen, die auf Wild- und Nutztieren nisten. Als Präventionsmaßnahme gegen die damals tödliche Krankheit wurden zahlreiche Hirten-Gemeinden mit ihren Herden gewaltsam vertrieben.[44]

Ähnliches geschah im benachbarten Kongo, wo Tropenmediziner die Schlafkrankheit im Gebiet des heutigen Virunga, direkt an der Grenze zu Uganda, ausmachten. Unter diesem Vorwand wurde auch die Tutsi-Bevölkerung mit ihren Rinderherden aus dem Albert-Nationalpark, wie der Virunga zu Zeiten der belgischen Kolonial- und Terrorherrschaft hieß, verbannt. Der namensgebende belgische Prinz Albert war in die Parkgründung direkt involviert gewesen. Das von ihm gegründete Schutzgebiet sollte nach dem Willen des Prinzen Wissenschaftlern weltweit ein »natürliches Labor« zur Verfügung stellen, wo sich die »unberührte« Natur erforschen lasse.[45] 1969, während der Diktatur Mobutus, wurden die Parks im Kongo umbenannt. Doch die Kontinuität dieser Gebiete als Herrschaftsräume, verwaltet von außen, ließ sich durch die Umbenennung nicht endgültig brechen.

Einige Sozialhistoriker argumentieren, dass der Park als Institution noch immer ein Konstrukt der Kolonialherrschaft sei. Er ermögliche die Dominanz des Menschen über die Natur und deren Wildtiere.[46] Dazu gehöre auch die Fähigkeit, durch Vertreibung und Völkermord an der lokalen, indigenen Bevölkerung, Herrschaft über Räume auszuüben und mit Gewalt quasi menschenfreie Zonen herzustellen.[47] Bis heute ist die »unberührte Wildnis« als Vorstellungsraum in zahlreichen Naturschutzkonzepten dominant und wird nur selten hinterfragt.

Viele koloniale Herrschaftsformen werden innerhalb der Nationalparks weitergeführt. Laut internationalen Standards sollen beispielsweise Schutzgebiete mittlerweile nur mit freier, vorheriger und informierter Zustimmung (*free, prior and informed consent* – FPIC) der dort ansässigen Menschen errichtet werden. Dies ist bei den meisten Schutzgebieten, die in der Kolonialzeit oder auch später unter den autoritären Regimen Afrikas gegründet wurden, natürlich nicht der Fall gewesen. Deswegen dauern in zahlreichen Schutzgebieten die Konflikte zwischen den vertriebenen indigenen Völkern und der örtlichen Verwaltung des Gebietes an. So auch im Kahuzi-Biéga.

Auch die deutsche Naturschutzpolitik hält nach wie vor am Konzept der menschenleeren Parks fest, reproduziert und finanziert es sogar. So baute die GTZ (heute GIZ, Gesellschaft für Internationale Zusammenarbeit) in den 1980er-Jahren den Batwa Dörfer am Rande des Parks, in denen ein Großteil der Menschen, ihres traditionellen Lebensstils beraubt, am Alkohol zugrunde ging. Nach wie vor finanziert die GIZ die Idee, den Batwa außerhalb des Parks Land zu erwerben, um sie dort anzusiedeln. Die Stellungnahme der Bundesregierung dazu klingt ernüchternd: »Die Mehrzahl der Schutzgebiete, in denen die deutsche Entwicklungszusammenarbeit heute tätig ist, wurde lange vor dem Beginn des deutschen EZ-Engagements gegründet. Eine nachträgliche Einholung der ›freien, vorherigen und informierten Zustimmung‹ [...] der indigenen Bevölkerung ist aufgrund der Natur dieses Prozesses nicht möglich.«[48]

Auch heute wird bei Neugründungen die freie, vorherige und informierte Zustimmung der lokalen und indigenen Bevölkerung nicht immer als notwendige Bedingung anerkannt. Das zeigte sich 2018 beim umstrittenen Projekt des Messok-Dja-Nationalparks im Norden der Republik Kongo. Er ist Teil eines trinationalen Schutzgebietes mit den Nachbarländern Kamerun und Gabun, das vom WWF verwaltet und von der EU finanziert werden soll. Laut dem WWF-Evaluationsbericht über die Lage rund um den geplanten Park leben in ihm rund 24 000 Menschen in 67 Dörfern, die meisten von der Ethnie der Baka, traditionelle Waldbewohner.[49] Das Problem, so das WWF-Dokument: Sie ernähren sich von der Landwirtschaft, vom Fischen und der Jagd. Die Baka würden im Wald also nicht nur Heilkräuter sammeln, sondern auch Elefanten jagen, schlussfolgert daraus der WWF. Deswegen müsse mit ihnen ein Konsens gefunden werden, wie sie in einem Teil des Waldes ihrem traditionellen Lebensstil nachgehen können, ohne die Gründung des Parks generell abzulehnen.[50]

Die Baka haben sich jedoch gegen die Errichtung eines Parks ausgesprochen. Dies beweisen Briefe, welche die verzweifelten Bewohner 2018 an die EU geschrieben haben. Sie beschreiben Menschenrechtsverletzungen der Wildhüter, die bereits vor der Parkgründung begangen wurden, sowie systematische Vertreibungen und gewaltsame Übergriffe. »Wenn sie uns verbieten, in den Wald zu gehen, wo sollen wir dann leben?«, fragen die Baka in den Briefen. »Wir wollen frei sein und in unserem Dorf in Frieden leben, wir wollen nicht jeden Tag geschlagen werden.«[51]

Diese Beschwerden seien auch dem WWF bekannt gewesen, so die Recherchen des US-Online Magazins *BuzzFeed*.[52] In einem vertraulichen WWF-Bericht an die EU 2018 seien diese Passagen jedoch absichtlich gestrichen worden, um finanzielle Zusagen zu erhalten, so die Reporter, die eine Kopie dieses Berichts erhalten hatten. Dabei widerspricht dieses Vorgehen eindeutig der Menschenrechtspolitik, zu der sich die NGO selbst verpflichtet.[53]

Grzimeks Erbe: Das verklärte Afrikabild der Deutschen

Wer heute die Serengeti in Tansania mit dem Safari-Jeep durchquert, fährt im Ngorongoro-Krater an einer steinernen Pyramide mit zwei Grabinschriften vorbei. Dort sind Deutschlands berühmtester Tierforscher Bernhard Grzimek und sein Sohn Michael beerdigt. Nach wie vor fliegen Piloten der ZGF (Zoologische Gesellschaft Frankfurt), deren Mitgründer und langjähriger Präsident Grzimek war, mit einem schwarz-weiß-gestreiften Propellerflugzeug über die Savanne, einem Nachbau der zebrafarbenen Maschine, mit der Michael Grzimek 1959 bei den Dreharbeiten des Films *Serengeti darf nicht sterben* abgestürzt war.[54]

Bernhard Grzimek war das Aushängeschild des deutschen Artenschutzes. Er wurde durch seinen 1960 Oscar-prämierten Film über die Serengeti sowie die spätere Fernsehserie *Ein Platz für Tiere* weit über Deutschland hinaus bekannt. Als Direktor des Frankfurter Zoos und Präsident der ZGF bereiste er nach dem Ende des Zweiten Weltkrieges regelmäßig Afrika, um Elefanten, Löwen und Giraffen nach Deutschland zu verschiffen. Der Zoo diente den traumatisierten Frankfurter Großstädtern als Vergnügungsort. Die Wildtiere wurden zur Unterhaltung der Menschen eingesetzt: Immer wieder brachte Grzimek Schimpansen mit in seine TV-Sendung, denen er allerlei Tricks beibrachte.[55]

Aktivisten sehen Grzimek allerdings wegen seiner Vergangenheit während der Nazi-Herrschaft kritisch. Beweise für dessen zweifelhafte Karriere lagen lange Zeit unerwähnt in den Archiven. Erst 2015 veröffentlichte die *Bild*-Zeitung Dokumente: Nur wenige Tage nach seiner Promotion in Tiermedizin war er am 7. Juli 1933 als 24-Jähriger der SA (Sturmabteilung) beigetreten, dem paramilitärischen Flügel der NSDAP (Nationalsozialistische Deutsche Arbeiterpartei). Auf seiner Beitrittserklärung prangt die Mitgliedsnummer 2525.[56] In den folgenden Jahren verfasste er Artikel für das Berliner Partei-Hetzblatt *Angriff*, 1937 wurde er Parteimitglied.[57] Als Tierforscher spielte er auch in der Nazi-Propaganda jener Zeit eine Rolle: Er dressierte Wölfe für Leni Riefenstahls Filmprojekt »Tiefland«.[58]

Nach dem Krieg versuchte er als Direktor des Frankfurter Zoos seine SA-Mitgliedschaft herunterzuspielen, auch gegenüber den alliierten Besatzern. In vielen seiner Biografien wird seine Rolle unter dem NSDAP-Regime nur am Rande erwähnt. Am 1. Mai 1945, also am Tag nach Hitlers Selbstmord in Berlin und noch vor der Kapitulation von Nazi-Deutschland, wurde er Direktor des Frankfurter Zoos.[59] Ein kurzer Blick auf den Internetauftritt der ZGF, die dem Zoo als Fördergemeinschaft dient, zeigt: In der Rubrik »Geschichte« wird der Gründervater nach wie vor als Ikone gefeiert.[60] Und auch auf der Website des Zoos selbst wird er als derjenige Direktor gepriesen, der nach dem Ende des Zweiten Weltkrieges mit seinem Engagement und Einfallsreichtum das finanzielle Überleben des historischen Tierparks gewährleistet hatte.[61] Seine Aktivitäten unter dem Nazi-Regime bleiben gänzlich unerwähnt.

Als »großartiges Vorbild« bezeichnet auch die KfW-Entwicklungsbank den deutschen Tierforscher.[62] Seit 2013 vergibt die KfW-Stiftung jedes Jahr den KfW-Bernhard-Grzimek-Preis für »herausragendes Engagement für Biodiversität«, dotiert mit 50 000 Euro. Die ZGF war 2013 die erste Organisation, die diesen Preis erhielt. Die Auszeichnung, so die KfW, »verbindet das Lebenswerk des Naturschützers Bernhard Grzimek mit dem Thema ›Erhalt der Artenvielfalt – Biodiversität‹ in Flora, Fauna und Habitat – ein Thema, das weltweit existenzielle Dimensionen erreicht«.[63]

»Es ist schockierend, dass im 21. Jahrhundert ein Preis vergeben wird, der den Namen eines Nazi-Beamten und Verfechter der Eugenik trägt«, kritisierte Fiore Longo von Survival International, die in der Menschenrechtsorganisation die Kampagne zur Dekolonisierung des Naturschutzes anführt. »Es ist noch schockierender zu sehen, dass dieser Preis von der KfW, einer öffentlichen Einrichtung, unterstützt wird«, mahnte sie an. »Am schockierendsten ist jedoch, dass unsere Steuergelder weiterhin die Art von Naturschutz finanzieren, für die Grzimek steht: einen kolonialen und rassistischen Naturschutz, der indigene Völker als Zerstörer der Artenvielfalt darstellt und ihnen ihr Land notfalls mit Gewalt entreißt.«[64]

Grzimeks langer Schatten

In Grzimeks »zweiter Heimat«, Tansania, zeigte sich im Juni 2022 erneut, welch langfristige Konsequenzen dessen Naturschutzansätze haben. Schon der deutsche Tierforscher hatte in den 1950er-Jahren bei seinem Engagement für die Serengeti Lobbyarbeit dafür betrieben, damit das Land im Ngorongoro-Krater nicht den Maasai zugesprochen wird, deren ursprünglicher Lebensraum die Savanne ist. Die gewaltigen Rinderherden der Viehhirten, die gemeinsam mit Zebras und Antilopen in der Savanne grasten, waren ihm ein Dorn im Auge.

Sein Film *Serengeti darf nicht sterben* war demnach nicht nur ein internationaler Aufruf zum verstärkten Naturschutz in Tansania, sondern auch ein Appell zur Schaffung einer menschenleeren Zone ohne Nutztiere. Grzimek verglich Graslandschaft im Off-Kommentar mit den großen Monumenten der europäischen Geschichte wie dem Louvre in Paris, die es als Kulturerbe zu schützen gilt: »Diese letzten Reste des afrikanischen Tierlebens sind ein kultureller Gemeinbesitz der ganzen Menschheit«, so

Grzimek. »Genauso wenig dürfen schwarze oder weiße Menschen diese letzten lebenden Kulturschätze Afrikas antasten.«[65]

Über ein halbes Jahrhundert später gab Maasai-Vertreter Yannick Ndoinyos dem deutschen Zoodirektor die Schuld am Leiden seiner Ethnie. Er hatte im Juni 2022 mit ansehen müssen, wie seine Gemeindemitglieder von Sicherheitskräften brutal misshandelt worden waren. Seine Stimme brach, als von den brutalen Ereignissen in der Region Loliondo berichtete, nordöstlich der Serengeti und nahe der Grenze zu Kenia. »Sie wollten mich auch festnehmen«, erzählte er am Telefon von einem geheimen Ort aus, wo er sich versteckte: »Ich bin gerade so davongekommen.«[66]

Fotos zeigen die Verletzungen derjenigen, denen die Flucht nicht gelungen war: Einschusswunden von Gummigeschossen am Kopf und Rücken, blutige Prellungen von Schlagstöcken. Auf einem Video sieht man die Maasai im Sitzstreik in der Savanne. Sie beten. Von Weitem rücken die Sicherheitskräfte an. Plötzlich wird gefeuert, Kugeln zischen umher, dann bricht das Video ab.[67]

Rund 165 000 Maasai insgesamt droht in Tansania die Vertreibung von ihrem Land. Die Regierung hat für deren traditionellen Lebensraum in der Serengeti große Pläne. Bereits 2003 hat sie auf internationalen Konferenzen angekündigt, über 30 Prozent ihrer Land- und Meeresoberfläche als Schutzgebiete ausweisen zu wollen. Damit ist das Land bei der Umsetzung des internationalen Plans, bis zum Jahr 2030 rund 30 Prozent des Planeten unter Schutz zu stellen, führend. Davon verspricht sich die Regierung finanzielle Zuwendungen von außen.

Zum einen will sie in Loliondo ein Jagdrevier abstecken. Das 1500 Quadratkilometer große Gebiet ist bereits 1995 von der Firma OBC (Otterlo Business Corporation) gepachtet worden, einer Jagdagentur, die dem Vize-Verteidigungsminister Dubais, Mohammed Abdulrahim al Ahli, gehört. OBC hat dort Luxusunterkünfte und ein Flugfeld errichtet, wo reiche Scheichs aus den Emiraten mit ihren privaten Jets zur Wildtier-Hatz einfliegen. Sie zahlt an Tansanias Wildtierschutzbehörde Lizenzen für jedes erlegte Tier, ein Mega-Geschäft. Der Wildtier-Tourismus ist eine der Haupteinnahmequellen für den Staatshaushalt. OBC gilt zudem als Sponsor der tansanischen Regierungspartei CCM (Chama Cha Mapinduzi), die seit Jahrzehnten an der Macht ist. Dies verleiht ihr sehr viel Einfluss. Wenn dieses Jagdgebiet auf Wunsch der arabischen Jagdtouristen eingezäunt wird, durchschneiden die Zäune den Migrationskorridor für Wildtiere und das Grasland für die Rinderherden der Maasai in der Trockenzeit.

Seit fast fünf Jahren erwähnen Politiker in der Hauptstadt Doduma immer wieder Pläne, die Schutzgebiete des Landes ausbauen und einzäunen zu wollen. Sie sehen vor, dass die Hirtengemeinden nicht nur aus dem Bezirk Loliondo weichen sollen, sondern auch aus dem Ngorongoro-Schutzgebiet, süd-westlich der Serengeti, rund 200 Kilometer von Loliondo entfernt. Anfang Juni 2022 hatte Tansanias Ministerin für natürliche Ressourcen und Tourismus, Pindi Chana, angekündigt, sie werde das Gebiet zu einem sogenannten »Game Reserve« hochstufen, in welchem Wildtiere mit einer Lizenz offiziell gejagt werden dürfen, Menschen der Zugang ohne Erlaubnis jedoch untersagt ist – auch den Maasai und deren Rindern.

Riesige Viehherden – das passt irgendwie nicht in die Vorstellungen der unberührten Wildnis, die in Tansanias Tourismus-Prospekten angepriesen wird. Dies demonstriert ein Werbe-Video, das im Juni 2022 vom tansanischen Unternehmerverband online gestellt wurde: Laut diesem Video würden Naturschutzorganisationen beklagen, dass die zunehmende Zahl von Menschen und Vieh den Wildtieren in den Schutzgebieten schade. Die Maasai werden als »Eindringlinge« in die unberührte Wildnis bezeichnet. Der Schlusssatz nimmt die Parole aus Grzimeks Oscar-nominiertem Film wieder auf: »Die Serengeti soll niemals sterben!«[68]

Die dort lebenden Maasai sollen in die 600 Kilometer entfernte Siedlung Msomera ziehen, weit entfernt von jedem Nationalpark. Dort seien von der Regierung »moderne Steinhäuser« errichtet worden, heißt es in dem oben genannten Video. Die Regierung bezeichnet die Siedlung mit Schulen und Krankenhaus als »Geschenk« an diejenigen, die »freiwillig« umsiedeln.[69] Doch von »Freiwilligkeit« könne keine Rede sein, so Maasai-Vertreter Ndoinyo. Denn denjenigen, die in Ngorongoro bleiben, würden nun alle staatlichen Dienste wie Gesundheitsversorgung und Bildung verweigert, berichtete er. Das dortige Naturschutzgebiet werde jetzt von Wildhütern überwacht. Dennoch seien bislang nur 27 Familien umgezogen, über 300 weigerten sich noch.[70]

»Uns gegenüber wurden diese Pläne nie konkret kommuniziert«, kritisierte Ndoinyo. Ganz überraschend seien am 7. Juni 2022 Sicherheitskräfte aufgetaucht: Soldaten der Armee, Spezialkräfte der Polizei, Vertreter der Wildtierschutzbehörde. Sie hätten die Maasai-Chefs zusammengerufen und ihnen erklärt, dass sie nun Pfähle aufstellen würden, um die Naturschutzgebiete abzustecken. Doch Ndoinyo meinte: »Das ist das Land, das uns gesetzlich zusteht.« Tatsächlich spricht das Wildtierschutzgesetz von 2009 dieses Gebiet den Maasai als Weideland in der Trockenzeit zu, es verbietet ausdrücklich die Nutzung als Naturschutzgebiet oder Jagdzone.[71]

Am 9. Juni 2022 waren die Maasai-Vertreter daraufhin zum lokalen Regierungsvertreter gegangen, um sich zu beschweren. Dort wurden 25 von ihnen verhaftet. Als Sicherheitskräfte am Tag darauf begannen, Pfähle in den Boden zu rammen, demonstrierten die Maasai mit einem Sitzstreik dagegen. Die Polizisten feuerten Tränengas und versuchten die Proteste mit Gewalt aufzulösen. 30 Maasai wurden zum Teil schwer verletzt; ein Polizist sei durch einen Pfeil getötet worden, teilte die Regierung mit. Die am Tag zuvor verhafteten Maasai-Chefs wurden deshalb später wegen Mordes angeklagt, sie sollen die Proteste angestachelt haben, die zum Tod des Polizisten führten.[72]

Als Antwort auf die Proteste schickte die Regierung landesweit Sicherheitskräfte los, um alle »illegalen Einwanderer« festzunehmen, ein Begriff, der in Tansania für die nomadischen Völker der Maasai benutzt wird, die auch im benachbarten Kenia und

Uganda vertreten sind.[73] »Sie gingen von Hütte zu Hütte«, berichtete Ndoinyo. »Selbst den Pfarrer in der Kirche haben sie verhaftet.« Hunderte Maasai flohen daraufhin nach Kenia. Viele mussten sich dort nach dem brutalen Vorgehen der Sicherheitskräfte gegen die Demonstranten medizinisch behandeln lassen. Kenianische Ärzte meldeten allein im Juni 2022 über 120 Verletzte.[74]

In den frisch abgesteckten Naturschutzgebieten patrouillierten seither Wildhüter. Sie beschlagnahmen jede Kuh, jedes Schaf, das dort grast. Über tausend Nutztiere seien konfisziert worden: »Die Wildhüter verlangen umgerechnet 40 Euro pro Vieh, wenn wir es zurückhaben wollen«, so Ndoinyo. Das könne sich niemand leisten. Die Maasai fürchteten, ihre verbliebenen Herden würden bald endgültig sterben, denn die Trockenzeit setzte allmählich ein. Das Grasgebiet mit den letzten Wasserreserven wird nun mit Waffengewalt verteidigt.

Die Maasai hoffen auf internationale Hilfe. Über drei Millionen Menschen weltweit haben eine Online-Petition unterzeichnet, die Druck auf Tansanias Regierung ausüben soll, die Maasai nicht zu vertreiben.[75] In einem offenen Brief der Maasai-Chefs, der auch an die EU adressiert ist, heißt es: »Wir können nirgendwo anders hin.« Der Verlust dieses Landes würde das Aussterben der Gemeinschaft bedeuten. Sie klagen: »Über 70 Prozent unserer Heimat wurde uns aus Naturschutz- und Investitionsgründen genommen.« Sie bitten die EU deshalb um Hilfe.[76] »Wir werden ausgelöscht«, sagte auch Ndoinyo. »Denn unsere Kultur und unsere Rituale sind eng an die pastoralistische Lebensweise gebunden.«

Bereits 2017 waren die Maasai vor ein tansanisches und später vor ein regionales Gericht gezogen. 2018 hat der ostafrikanische Gerichtshof EACJ (East African Court of Justice) mit Sitz in Arusha der tansanischen Regierung alle Umsiedlungspläne untersagt, solange das tansanische Gericht kein Urteil gesprochen hat. Dieses war für Juni 2022 angekündigt, wurde aber vertagt. Maasai-Anwälte sprechen diesbezüglich von einer »politischen« Entscheidung.[77]

Ein UN-Expertenkomitee kam im Juni 2022 zum Schluss, Tansanias Regierung habe keine Einverständniserklärung der Maasai für ihre Naturschutzpläne eingeholt, was gegen internationales Recht verstoße. Die Pläne würden das »physische und kulturelle Überleben« der Maasai »zum Zweck des Naturschutzes« gefährden.[78] Die UNESCO, die die Serengeti als Wetkulturerbe schützt, stellte wiederum klar, sie habe zu »keinem Zeitpunkt um die Vertreibung der Massai gebeten«. Sie mahnte gegenüber Tansanias Regierung ausdrücklich an: »Wenn Naturschutz ein dringendes Bedürfnis ist, sind indigene Völker auch Teil der Antwort.« Die UN-Agentur respektiere die Rechte der indigenen Völker, betonte sie und forderte, »eine Lösung zu finden, bei der sowohl die Natur als auch die Menschen gewinnen«.[79]

Maasai-Vertreter Ndoinyo sieht vor allem Deutschland nun in der Verantwortung, Druck auf die tansanische Regierung auszuüben. Seit dem ersten Engagement von Bernhard Grzimek im Jahr 1957 unterstützt die ZGF im Auftrag der Bundesregierung mit deutschen Steuergeldern Tansanias Naturschutzbehörde. Sie ist seit mehr als 60 Jahren deren engster und längster Partner. Laut Angaben des BMZ bezahlte Deutschland ähnlich wie im Kahuzi-Biéga-Park im Kongo die Ausstattung der Wildhüter: vom Allradfahrzeug über Rangeruniformen bis hin zum Laptop.[80] Die ZGF erklärte in einer Pressemitteilung im Juni 2022, sie sei »schockiert« über die Gewaltanwendung gegen die Maasai und werde die Lage »beobachten«. Sie betonte nachdrücklich, die ZGF sei nicht »involviert« in die Umsiedlungspläne.[81]

Ndoinyo sah dies anders: »Die ZGF verfolgt noch immer Grzimeks Ideologie, nach der die Natur ohne die Menschen existieren soll«, so der Maasai-Chef, der selbst lange für die ZGF gearbeitet hat. In den Nullerjahren war er zuständig für die Gemeindeprojekte rund um die Serengeti, um den Maasai außerhalb des Schutzgebietes alternative Einkommen zu ermöglichen. Doch diese funktionierten nie sehr gut. Die Maasai wollen ihren halb nomadischen Lebensstil in der Savanne nicht aufgeben, berichtete er: »In der Realität gehören Mensch und Natur doch zusammen.«

Auch Linda Poppe von der Menschenrechtsorganisation Survival International mit ihrem Landesbüro in Berlin gibt den Deutschen eine Mitschuld: »Hinsichtlich der Idee, dass die Maasai dem Wildtierschutz weichen sollen, hat die tansanische Regierung das Gefühl, sie hat die Unterstützung von ihren wichtigsten Gebern.« In einem Schreiben an Survival International erklärte die Bundesregierung, dass sie Tansanias Regierung darauf hingewiesen habe, »dass internationale Sozial-, Umwelt- und Menschenrechtsstandards sowie Rechtsstaatsprinzipien beachtet werden müssen«.[82] Doch Ndoinyo blieb dabei: »Die Maasai hassen die ZGF, weil sie uns die Serengeti weggenommen haben, unsere Heimat.«

II

DAS FINANZIERUNGSDILEMMA

ZWISCHEN NACHHALTIGKEIT UND KOMMODIFIZIERUNG

Hintergrund: Was kostet Naturschutz?

Als Erbe der Kolonialzeit sind die Schutzgebiete auf dem afrikanischen Kontinent vielerorts älter als die Staaten selbst. Seit deren Unabhängigkeit in den 1960er-Jahren sind nun deren Regierungen für die Finanzierung zuständig. Doch vielen fehlt die Bereitschaft oder auch die Kapazität, Geld für den Naturschutz auszugeben. Sie haben nicht einmal genug Steuereinnahmen für Gesundheit und Bildung, investieren ohnehin lieber in Verteidigung und Sicherheit. Und internationale Fördergelder, Zuschüsse oder Kredite gibt es vor allem für große Infrastrukturprojekte wie Straßen, Eisenbahnverbindungen, Ölförderung oder Staudämme – Vorhaben, die oft in direkter Konkurrenz mit Natur- und Artenschutz stehen.

Auf der Agenda vieler Regierungen steht der Naturschutz deswegen nicht sehr weit oben, weshalb für ihn bei der Haushaltsplanung wenig abfällt. Der Kongo ist ein Extrembeispiel dafür. Die Weltbank berichtete im Jahr 2012, als die Wilderei in Afrikas Nationalparks einen traurigen Rekord erzielte, dass die Regierung in jenem Haushaltsjahr für die Naturschutzbehörde ICCN gerade einmal ein Budget von umgerechnet knapp einer Million Euro vorgesehen hatte. Letztlich seien jedoch nur rund 16 000 Euro auf das Konto des ICCN ausbezahlt worden.[1] Deswegen musste der Großteil des Budgets notgedrungen von internationalen Gebern finanziert werden. Das ist in vielen afrikanischen Staaten der Fall.

Anteil der nationalen und internationalen Gelder an der Finanzierung der Schutzgebiete

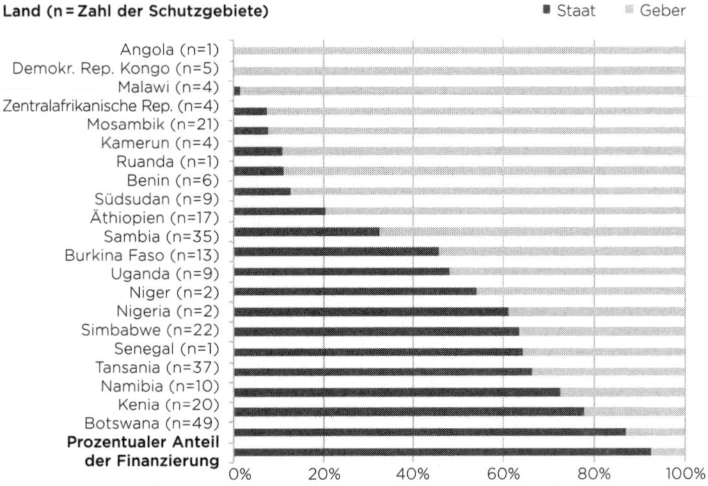

Quelle: Lindsey, Peter A. u. a.: More than $1 billion needed annually to secure Africa's protected areas with lions, 2018.

Der Unterhalt von Schutzgebieten ist extrem kostspielig. In einer 2018 veröffentlichten, weithin anerkannten Studie kalkulierten 20 Forscher der weltweit führenden Institute im Bereich Artenvielfalt das Defizit für Schutzgebiete in Afrika auf bis zu 1,8 Milliarden Euro – pro Jahr. Ihre Ergebnisse für 23 verschiedene Länder zeigen, dass rund 90 Prozent der Schutzgebiete von ihren jeweiligen Zentralregierungen mit einem Budget ausgestattet werden, das gerade einmal 20 Prozent der Mittel beträgt, die es bräuchte, um die Natur effektiv zu schützen. Pro Quadratmeter wären jährlich zwischen 350 und 700 Euro nötig, zur Verfügung stehen allerdings nur 70 Euro, so der Bericht. Die fehlenden Mittel führen zu einem Aussterben geschützter Tiere.[2]

Wie lassen sich die Schutzgebiete am besten finanzieren? Darüber wurde in den vergangenen Jahrzehnten auf der ganzen Welt immer wieder diskutiert. Einig ist man sich nicht, auch innerhalb Afrikas nicht. Viele Regierungen dort greifen auf altgediente, koloniale Instrumente zurück.

Als die Regierung Simbabwes 2019 vor dem Bankrott stand, stellte sie bei der Organisation des Washingtoner Artenschutzabkommens CITES (Convention on International Trade in Endangered Species of Wild Fauna and Flora) den Antrag, ihre Elfenbeinreserven im Wert von 275 Millionen Euro verkaufen zu dürfen. Tinashe Farawo, Sprecher von Simbabwes Wildtierschutzbehörde ZimParks, argumentierte: Da sich die Zahl der Elefanten in den vergangenen Jahrzehnten verdoppelt habe, die Landfläche aber nicht, müsse die Menge der Tiere künstlich reduziert werden. Dabei falle legales Elfenbein an, durch dessen Verkauf sich Gelder für weitere Schutzmaßnahmen erzielen ließen.[3]

CITES hatte 1986 begonnen, den Elfenbeinhandel durch die Bindung an zertifizierte Dokumente zu kontrollieren, um die Wilderei einzudämmen, so die Idee.[4] Doch Recherchen deuteten darauf hin, dass trotz der Zertifikate weiterhin auf dem Schwarzmarkt mit illegalem Elfenbein gehandelt, oft sogar mit falschen Papieren »gewaschen« wurde.[5] Deshalb entschied die Mehrheit der CITES-Mitglieder 1989, Elefanten auf die Liste der absolut geschützten Arten zu setzen und damit den Handel mit Elfenbein komplett zu verbieten. Die Wilderei konnte damit allerdings nicht eingedämmt werden.

Seitdem betreiben die Länder im südlichen Afrika weltweit Lobbyarbeit, um den Handel unter neuen Regeln wieder zuzulassen, und beim weltweiten CITES-Gipfel 2016 in Südafrika kochte die Diskussion darüber erneut hoch. Die Mehrheit der Mitglieder war gegen eine Aufweichung des Verbots, allen voran Kenia, das symbolisch Stoßzähne im Wert von rund 90 Millionen Euro verbrannte – eine Kampfansage. Kenias Präsident Uhuru Kenyatta betonte: »Für uns ist das Elfenbein wertlos, außer es befindet sich an unseren Elefanten.«[6] Auf der Jahreskonferenz im August 2019 lehnte CITES alle Vorschläge für einen legalen Elfenbeinhandel vehement ab.[7] Simbabwes Regierung drohte daraufhin, aus dem 1963 aufgesetzten Washingtoner Artenschutzabkommen auszusteigen.

»Naturschutz ist sehr teuer«, stellte Simbabwes Umweltminister Mangaliso Ndlovu im Vorfeld der Weltnaturschutzkonferenz im November 2022 in Panama klar. Er forderte, Elfenbeinreserven im Wert von nunmehr 600 Millionen Dollar verkaufen zu dürfen, umgerechnet rund 580 Millionen Euro. Die weltweite Corona-Pandemie in den Vorjahren habe die Einkünfte aus dem Tourismussektor quasi auf null reduziert, es fehle der Regierung an Geld für ihre Nationalparks, so die Begründung.[8] Fulton Mangwanya, Generaldirektor von ZimParks, präsentierte den EU-Botschaftern den Tresor, in dem 130 Tonnen Elfenbein und 67 Tonnen Nashorn-Hörner lagern. »Wir bitten freundlicherweise um die Unterstützung der EU, damit Simbabwe einen einmaligen Verkauf unserer nationalen Elfenbeinbestände erlaubt bekommt«, so Mangwanya.[9] Doch diese sprach sich später dagegen aus.

Um die eigenen Forderungen zu untermauern, lud Simbabwe im Mai 2022 Vertreter anderer afrikanischer Regierungen zu einem Treffen ein, um eine gemeinsame Strategie abzusprechen. 14 Staaten unterzeichneten den von Simbabwe vorgelegten Antrag, das absolute Verbot des Elfenbeinhandels zu lockern.[10]

Als Alternative zum Elfenbeinhandel griff das benachbarte Botswana auf die koloniale Praxis der Trophäenjagd zurück. Trotz internationaler Kritik entschied die Regierung im Mai 2019, die Jagd auf Elefanten wieder zuzulassen, um Einkommen aus regulierten Abschusslizenzen zu generieren. Die Elefantenpopulation in Botswana sei nicht in Gefahr, im Gegenteil. Die Zahl der Tiere habe sich in den vergangenen 30 Jahren mehr als verdoppelt, so das Umweltministerium. Sie sei »weit größer, als Botswanas zerbrechliche Umwelt, die bereits unter Dürre und Folgen des Klimawandels leidet, sicher verkraften kann«, heißt es in der Presseerklärung.[11]

Die extreme Trockenheit, die 2019 im südlichen Afrika herrschte, führte zunehmend zu Konflikten zwischen Wildtieren und Menschen um Wasserquellen und Nahrung. Damit die Tiere nicht verhungern und verdursten, mussten in Simbabwe tonnenweise Tierfutter und Wasser in die Nationalparks gekarrt werden, während die Menschen drum herum keine Hilfe bekamen. Botswanas Regierung wollte hingegen die Bevölkerung besserstellen und die Tiere dezimieren. Umweltschützer gingen gegen dieses Vorhaben auf die Barrikaden, allen voran die Naturschutzorganisation IUCN (International Union for Conservation of Nature).[12]

Tourismus – eine Milliardenindustrie?

Laut den Autoren der oben genannten Studie gibt es zwei Lösungen, die Finanzierungslücke beim Naturschutz zu schließen. Entweder müssen westliche Sponsoren noch mehr finanzielle Verantwortung übernehmen. Afrika erhalte derzeit 46 Milliarden Euro an »Entwicklungshilfe« pro Jahr; würden davon nur zwei Prozent in den Naturschutz fließen, ließe sich die Krise abwenden.[13] Oder, so die andere, nachhaltigere Möglichkeit: In den Nationalparks müsse das Ökotourismus-Modell umgesetzt werden. Damit könne man auch afrikanische Regierungen von der Rentabilität des Naturschutzes überzeugen, da das Konzept langfristig Profite erziele. Der Tourismussektor in Subsahara-Afrika sei eine »Milliardenindustrie«, sie schaffe sechs Millionen Arbeitsplätze und fördere dadurch die wirtschaftliche Entwicklung in ländlichen Gebieten, meist im Umfeld der Parks.[14]

Die Idee, Geld aus dem Tourismus für den Naturschutz zu verwenden, ist in Afrika so alt wie die Nationalparks selbst. Das Wort Safari stammt aus der Swahili-Sprache Ostafrikas und bedeutet übersetzt »Reise«. Deutsche und britische Reisende haben den

Begriff bereits zu Kolonialzeiten übernommen. Er steht seither als Synonym für eine Reise in die Nationalparks zur Jagd, später auch für reinen Wildtier- und Fototourismus.

Ein Arbeitspapier der Organisation Space for Giants schätzt, dass der Umsatz aus dem Tourismussektor in Subsahara-Afrika von rund 113 Milliarden Euro im Jahr 2015 auf 240 Milliarden Euro im Jahr 2030 zunehmen wird. Bis dahin könne die Zahl der Touristen in Afrika auf 134 Millionen steigen.[15] Die UN-Tourismusorganisation UNWTO (UN-World Tourism Organization) geht davon aus, dass 80 Prozent der Touristen zur Wildtiersafari nach Afrika reisen.[16] Das Problem: Die Branche sei in den meisten Ländern unterentwickelt. Um sie profitabel zu machen, müssten zuerst gewaltige Investitionen in Hotels, Straßen und Flugplätze getätigt werden.

Die Nationalparks gelten als die attraktivsten Sehenswürdigkeiten Afrikas. Dabei spielen die »Big Five« – Büffel, Elefant, Löwe, Leopard und Nashorn – eine besondere Rolle. Länder wie Kenia, Botswana, Tansania, Südafrika oder auch Uganda und Kongo sind berühmt für ihre Wildtierbestände. In vielen Nationalparks kostet die Eintrittsgebühr pro Person zwischen umgerechnet rund 50 und 100 Euro am Tag. Für einen Besuch bei den Berggorillas muss man pro Person im Kongo derzeit bis zu 400 Euro, in Ruanda 1500 Euro, in Uganda 600 Euro bezahlen – für eine Stunde, die laut internationalen Schutzbestimmungen für den Aufenthalt von Touristen zugelassen ist. Die Gorilla-Tickets sind eine der Haupteinnahmequellen für die staatlichen Naturschutzbehörden. Die ugandische UWA (Uganda Wildlife Authority) erwirtschaftet 90 Prozent ihres Budgets aus dem Tourismus, davon die Hälfte aus dem Verkauf der Gorilla-Permits.[17]

Doch der Tourismus ist saisonabhängig und anfällig bei Krisen. Jean Byamugisha, Geschäftsführerin des ugandischen Hotelverbandes, erklärt: Die Lodges in den zwölf Nationalparks stellen rund 1500 Zimmer zur Verfügung, von denen durchschnittlich jedoch nur zehn Prozent belegt seien. Jenseits der Hauptsaison in den Weihnachts- und Sommerferien stehen die Hotels meist völlig leer, schließen daraufhin oft und bieten daher keine sicheren Arbeitsplätze. Als in Uganda 2016 und 2021 gewählt wurde, kam es vermehrt zu Straßenschlachten zwischen Polizei und Oppositionellen, was Touristen abschreckte, und die Belegungsrate sank auf gerade einmal sieben Prozent.[18] Für die meisten Betreiber der Luxuslodges ein enormes Verlustgeschäft. Gleichzeitig baute die Regierung Überlandstraßen zu den weit abgelegenen Nationalparks aus und förderte eine neue staatliche Fluggesellschaft, was zur Verschuldung des Landes beitrug.

Nicht zuletzt demonstrierte die Corona-Pandemie, die im März 2020 auch Afrika erreichte, auf welch wackeligen Säulen die Idee des Tourismus-Finanzierungsmodells für die Nationalparks steht. Von heute auf morgen verhängten die meisten Staaten einen radikalen Lockdown: Grenzen und Flughäfen wurden dichtgemacht, viele Nationalparks, darunter diejenigen in der Region, in denen Gorillas leben, schlossen ihre Pforten, um die Menschenaffen vor dem Coronavirus zu schützen.

Für Afrika bedeutete dies fast das Aus des Tourismus-Sektors. Ein 2021 veröffentlichter Bericht der UN-Agentur für Handel und Entwicklung UNCTAD (United Nations Conference on Trade and Development) schätzt, dass dem globalen Tourismussektor bis Ende 2021 umgerechnet rund zwei Billionen Euro verloren gegangen sind.[19] Für Afrika belaufen sich die Verluste auf 170 bis 253 Milliarden Euro. Die Hälfte aller im Tourismus tätigen Menschen verloren ihren Job.[20]

»Wildlife ist das neue Öl«

»Wildlife ist das neue Öl«, argumentiert der Brite Michael Keigwin, Gründer und Direktor der ugandischen Naturschutzstiftung UCF (Uganda Conservation Foundation) und einer der Entscheidungsträger in Ugandas Wildtiersektor. Der ehemalige britische Offizier, 2017 für sein Naturschutzengagement in Uganda ausgezeichnet, entstammt einer englischen Aristokratenfamilie, die bereits zu Kolonialzeiten Nationalparks gegründet und verwaltet hat.[21] Bis 2008 hatte Keigwin den Virunga im Kongo gemanagt. Jetzt engagiert er sich in Uganda. Neben seinem Engagement in seiner Stiftung arbeitet der promovierte Elefantenforscher als Lobbyist für das Hotelgewerbe sowie Vermittler zwischen der Wildtierschutzbehörde UWA sowie internationalen Gebern und Unternehmen, denn sein Bruder ist für die französische Ölfirma TOTAL tätig, die im Murchison-Falls-Nationalpark zwischen den Weidegebieten von Büffeln und Giraffen Erdöl fördert.

Jahrelang war in Uganda gestritten worden, ob internationale Firmen in den Nationalparks das Erdöl anzapfen dürfen. Die Regierung versprach sich davon Milliardeneinnahmen für den restlos überschuldeten Staatshaushalt. Umweltschützer und Tourismusunternehmer waren dagegen, denn die Förderung würde die Wildtiere stressen und Touristen abschrecken. Chinesische, britische und französische Konzerne versprachen daraufhin, die Produktion umweltverträglich zu gestalten und den Naturschutz finanziell zu unterstützen. Letztlich entschied die ugandische Regierung 2011, den Spagat zu wagen und die Ölförderung inmitten des Nationalparks zuzulassen. Sie brauchte das Geld.

Das zeigt nicht zuletzt, dass viele Naturschutzmaßnahmen in Konkurrenz zu Infrastrukturprojekten wie zum Beispiel Staudämmen oder die Erschließung natürlicher Ressourcen wie Öl oder Mineralien stehen. Der Betrag, den der Unterhalt eines Schutzgebietes kostet, wird den Profiten gegenübergestellt, die durch die Ausbeutung von Bodenschätzen oder Stromgewinnung gewonnen werden könnten. Die entstehenden Konfliktlinien verlaufen dabei nicht nur zwischen internationalen Ölfirmen, nationalen Regierungen und den Einwohnern vor Ort, sondern auch zwischen Regierungen und NGOs, die weltweite Kampagnen zum Schutz der Artenvielfalt machen. In ihrem Buch *The Big Conservation Lie* argumentieren die kenianischen Autoren John Mbaria und Mordecai Ogada, der WWF habe oft mehr Mitspracherechte als die lokale Bevölkerung.[22]

Was Uganda betrifft, war Michael Keigwin von Beginn an skeptisch gewesen, ob sich der Schutz der Tiere mit der industriellen Ölförderung vereinbaren lasse. Mittlerweile bestätigen sich die schlimmsten Befürchtungen: Naturschützer klagen, dass die zahlreichen Lastwagen, die durch den Nationalpark holpern, die Wildtiere störten. Keigwin beschwerte sich über eine neu gebaute Straße, die den Migrationskorridor der Elefanten unterbricht. Er war sich sicher, dass Ökotourismus langfristig mehr Profite abwerfen würde als Erdölförderung. »Wenn der Sektor gut gemanagt wird«, wandte er ein.

Doch genau das sei nicht der Fall. Die Eintrittsgebühren für die Nationalparks reichen gerade aus, um die Gehälter der Parkwächter zu bezahlen. »Die Regierung will kein Geld ausgeben, um die Infrastruktur zu erneuern«, so Keigwin. Die meisten westlichen Geber, darunter die britische Regierung, würden »ein paar Tausend Euro pro Jahr geben«, dabei benötigen die Parks eine »Start-up-Finanzierung von einigen Millionen Euro, um in Zukunft nachhaltig wirtschaftlich zu sein.«[23]

Privatisierung der Parks: »Ein Geschäftsmodell für den Naturschutz«

Nachdem Simbabwes Regierung vergeblich versuchte hatte, ihre Elfenbeinreserven legal verkaufen zu dürfen, ließ Finanzminister Mthuli Ncube im Juli 2019 verlauten, dass der Staat seine Nationalparks veräußern wolle. »Wir haben entschieden, die ganzen Anteile zu verkaufen oder Joint-Venture-Vereinbarungen einzugehen«, erklärte Ncube. »Es gibt traumhafte Orte, aber die Einrichtungen sind heruntergewirtschaftet und wir hoffen, durch diesen Schritt die Effizienz zu erhöhen.«[24] Anfang November 2019 unterschrieb die Regierung mit der Organisation African Parks eine Erklärung, den Matusadona-Nationalpark im Norden des Land mit seinen rund 1500 Quadratkilometern Fläche zu einer

Public Private Partnership (PPP) umzustrukturieren, um »Naturschutz weiterhin als nachhaltigen Mechanismus für Wachstum, zur Förderung der Tourismusindustrie und zum Wohl der Menschen zu etablieren und gleichzeitig Simbabwes Wildtierbestand zu schützen.«[25]

Um einen Teil seiner Staatsschulden bei chinesischen Staatsbanken abzustottern, verkaufte die Regierung 2019 zudem 100 Elefanten an chinesische Zoos im Wert von umgerechnet 2,4 Millionen Euro.[26] Afrikas Wildtiere haben also nicht nur einen rein ideellen Wert, sondern einen, der sich mit einem realen Preisschild versehen lässt. Die Savannenlandschaft eines Parks wird damit zum Anlageportfolio.

»Ein einziger Mensch – zugegebenermaßen ein sehr wohlhabender – könnte buchstäblich die Lösung für die Herausforderungen eines ganzen Kontinents darstellen«, kommentierte Peter Fearnhead, Geschäftsführer der NGO African Parks die oben genannte Studie über den Finanzierungsbedarf des Natur- und Artenschutzes und kam zu dem Fazit: »Das macht Hoffnung.«[27] Fearnhead meinte damit konkret seinen Freund, den niederländisch-britischen Milliardär Paul Fentener van Vlissingen. Bei seinem Tod 2006 galt er als einer der reichsten Europäer jener Zeit. Seine niederländische Familie war zu Hochzeiten des Kolonialismus im 19. Jahrhundert mit einem Schifffahrtsunternehmen wohlhabend geworden. Der bekannte Klimaaktivist und Tierliebhaber unterhielt in den 1990er-Jahren in Schottland ein Wildtierschutzgebiet und ging in Afrika auf Großwildjagd.

Sein größter Coup gelang ihm 1998 in Südafrika, wo er in den 1980er-Jahren einen Großteil seines Kapitals in Unternehmen investiert hatte, die das Apartheidregime unterstützten. Als der schwarze Freiheitskämpfer Nelson Mandela an die Macht kam, musste Vlissingen seine Anlagemodelle ändern und liebäugelte mit dem Naturschutz: Die Nationalparks befanden sich in einem miserablen Zustand, die Regierung war pleite. Die Frage stand im Raum, ob die staatlichen Parks überhaupt zu erhalten seien.

Schutzgebiete unter Verwaltung von African Parks, Stand: 2018

Quelle: African Parks, Geschäftsbericht, November 2018, unter: www.africanparks.org/sites/default/files/uploads/resources/2018-11/20181029_African%20Parks%20Booklet_Update_V18_General%20Booklet_Web_English_Single%20Pages.pdf.

Mandela erklärte van Vlissingen bei einem Treffen 1998, dass die sozialen Bedürfnisse der Menschen wichtiger seien als der Artenschutz. Daraufhin schlug Vlissingen dem Präsidenten vor: »Der Staat könnte Expertise, Wissenschaftler und Tiere von anderen Parks und Ländern beschaffen, während ich die Verwaltung und den Willen mitbringe, es zu realisieren.«[28] Mandela willigte ein. »Ich strebe nicht nach Wohlstand, sondern ich will etwas Gutes für den Planeten und die Menschheit tun«, erklärte van Vlissingen sein Engagement.[29]

Es war die Geburtsstunde von African Parks, heute das größte, quasi privatwirtschaftlich verwaltete Naturschutzunternehmen auf dem Kontinent. Das im Jahr 2000 in Johannesburg gegründete, gemeinnützige Unternehmen ging aus van Vlissingens Firma African Parks Management and Finance Company hervor, die er damals zur Stiftung umstrukturierte.[30] »African Parks hat ein klares Geschäftsmodell«, heißt es auf der Internetseite, mit einem »starken Fokus auf wirtschaftliche Entwicklung und Armutsbekämpfung in den umliegenden Gemeinden, um sicherzugehen, dass der Park langfristig ökologisch, sozial und finanziell nachhaltig ist.«[31] Mittlerweile verwaltet African Parks 19 Naturschutzgebiete in elf Ländern als PPPs mit einer Gesamtfläche von fast 15 Millionen Hektar;[32] eine Fläche fast so groß wie Griechenland.

Knapp 20 Jahre später ist van Vlissingens Modell in Afrika zum Standard geworden. Im Juni 2019 kamen an den Victoriafällen in Simbabwe afrikanische und internationale Staats- und Regierungschefs, Geschäftsleute, Wissenschaftler und Gemeindevertreter für den African Wildlife Economy Summit zusammen. Unter Schirmherrschaft des UN-Umweltprogramms UNEP (UN Environment Programme) sowie der AU (Afrikanische Union) erklärte Simbabwes Präsident Emmerson Mnangagwa in seiner Eröffnungsrede den Gipfel zum Auftakt der »African Wildlife Economy Initiative« – eine »afrikanisch angeführte Vision von Naturschutz, die den Privatsektor mit staatlichen Stellen und lokalen Gemeinden verbindet, um Naturschutz-kompatible Investitionen zu entwerfen und zu finanzieren, die nachhaltige wirtschaftliche und ökologische Profite für die Länder, die Menschen und die Umwelt ausschütten.«[33] Joyce Msuya, tansanische Umweltforscherin und Vize-Geschäftsführerin von UNEP, sagte in ihrer Rede: »Wir müssen eine neue und effektive Wildtierwirtschaft aufbauen.«[34]

African Parks bedient sich sämtlicher marktwirtschaftlicher Instrumente. Die von African Parks verwalteten Schutzgebiete entwerfen Logos und Slogans, machen weltweit Werbung, um Touristen als »Kunden« anzuziehen, also klassische, kapitalistische Marketingstrategien. Als Paradebeispiele gilt Ruanda. Vor 25 Jahren war es ein von Bürgerkrieg und Völkermord vollkommen zerstörtes, bettelarmes Land: Heute erwirtschaftet Ruanda fast 15 Prozent seines Bruttosozialprodukts mit dem Tourismus, vor allem dank der Nationalparks.[35]

Um dies zu erreichen, wurden radikale Maßnahmen eingeleitet: Die vier ruandischen Nationalparks wurden direkt der Investmentbehörde RDB (Rwandan Development Board) unterstellt. Die Regierung investierte umgerechnet 34 Millionen Euro in einen Werbedeal mit dem englischen Fußballclub Arsenal, um Touristen anzulocken.[36] Dabei setzte Ruanda auf eine klare Klientel: auf die Superreichen, die mitunter in ihren Privatjets einfliegen. Die Eintrittsgebühren für den Gorillabesuch im Volcanoes-Nationalpark, einem Nachbarpark des kongolesischen Virunga, wurden im Jahr 2017 erhöht: von 343 Euro auf 1375 Euro pro Person. Luxus-Lodges wurden gebaut, meist mit Hubschrauberlandeplatz. Sie werben mit Übernachtungskosten von mehreren Tausend Euro pro Person – »persönlicher Butler inklusive«, heißt es zum Beispiel auf der Website der Bisate-Lodge.[37]

Für den Akagera-Nationalpark im Süden des Landes war das RDB 2009 mit African Parks eine Partnerschaft eingegangen und hatte 2010 den Park als PPP aufgesetzt. Laut Website von African Parks eine Transformation von »Vergessenheit hin zu Wohlstand und Hoffnung«.[38] African Parks investierte in den Wildtierbestand: 2015 wurden aus Südafrika Löwen eingekauft, 2017 kamen 18 schwarze Nashörner dazu. Im Zeitraum von nur zehn Jahren habe sich der gesamte Wildtierbestand von 5000 im Jahr 2010 auf 13 000 Exemplare erhöht. Mittlerweile rühmt sich der Park für seine »Big Five«-Safaritouren.[39]

So generierte der Akagera in Ruanda im Jahr 2018 rund 1,8 Millionen Euro an Einnahmen[40], im Jahr 2019 sogar 2,5 Millionen Euro[41] und im Jahr 2020 – aufgrund der Corona-Pandemie –

nur rund eine Million.[42] Im Jahr 2021 bereits wieder umgerechnet über 1,5 Millionen Euro.[43] Der Park könne sich mit einer Besucherzahl von 50 000 Touristen pro Jahr mittlerweile zu 90 Prozent selbst finanzieren, heißt es auf der Website. In nur wenigen Jahren werde der Park sogar Gewinne abwerfen, so die Prognose.[44] Diesem Beispiel folgend vermachte das RDB im Jahr 2020 auch den Nyungwe-Nationalpark im Süden des Landes an African Parks.

Das Modell der PPP-Parks sieht vor, dass die Landmasse quasi entstaatlicht und einer privatrechtlichen Organisation übergeben wird, die dieses Gebiet nach ihren eigenen Regeln verwaltet. African Parks behält sich vor, die Einnahmen aus den Eintrittsgebühren und anderen wirtschaftlichen Tätigkeiten im Bereich Tourismus nicht an die jeweiligen Regierungen abzugeben, sondern selbst zu re-investieren. So finanzieren die gut laufenden Parks auf dem Kontinent, die Gewinne einspielen, diejenigen im Umlageverfahren mit, die kaum Einkünfte erzielen und bezuschusst werden müssen. »Dies schafft die Basis für die finanzielle Nachhaltigkeit des Schutzgebiets und verringert die Abhängigkeit von Gebergeldern im Laufe der Zeit«, so African Parks.[45]

Die Organisation mit Sitz in Südafrika erhält einen Großteil ihrer Gelder von westlichen Philanthropen wie dem US-amerikanischen Milliardär Howard Buffett oder aus van Vlissingens eigenem Stiftungskapital. Aber auch die EU zählt zu den Gebern. Laut EU-Angaben wurden seit 2014 mehr als 75 Millionen Euro für die Stiftung bereitgestellt. Davon werden, wie zum Beispiel im Garamba Park im Ostkongo, vor allem die Verpflegung und Prämien für Wildhüter bezahlt, wenn sie mehrwöchige Patrouillen unternehmen.[46]

Laut eigenen Angaben unterhält die NGO auf dem Kontinent 1328 bewaffnete Ranger, die in den vergangenen Jahren 2687 Menschen verhaftet und angeklagt haben. Sie hat über 187 Schulen unterstützt, rund 150 000 Menschen eine Krankenversicherung ermöglicht, 3788 Arbeitsplätze geschaffen und umgerechnet rund 5,8 Millionen Euro Steuern an die jeweiligen Staatshaushalte in den Ländern abgeführt. Mehr als 90 000 Menschen im unmittelbaren Umkreis der Schutzgebiete »überleben dank der Existenz und Lebendigkeit dieser Parks«, heißt es im Geschäftsbericht 2021.[47]

Als »Afrikanische Lösung« bezeichnet der Mitgründer von African Parks, Muvaso Msimang, ihre Arbeitsweise.[48] Bis zum Jahr 2030 will die NGO auf dem Kontinent 30 Parks unter ihrer Verwaltung haben. Konkret bedeutet dies 30 Million Hektar Landmasse, um damit »signifikant zur globalen Vision beizutragen, 30 Prozent Afrikas als Natur zu schützen«, so Geschäftsführer Fernhead.

Dass sie damit den afrikanischen Staaten nicht nur den Natur- und Artenschutz als Aufgabe entziehen, sondern auch weitreichende gesellschaftspolitische Aufgaben wie Bildung, aber auch Strafverfolgung übernehmen, wird auch kritisch gesehen. Die Parks werden zum Staat im Staat, in dem die lokale Bevölkerung kein Mitspracherecht hat. Die Organisation muss keinen demokratischen Regeln folgen, keine Transparenz herstellen. Viele NGOs wie African Parks und andere beantworten nicht einmal Fragen von Journalisten. Christof Schenck von der ZGF warnt davor, dass der Naturschutz dadurch »in einen Konflikt kommt, den er selbst gar nicht lösen kann«. Denn: »Die großen Probleme der Länder wie Bevölkerungswachstum, und Bildung, Gesundheitsversorgung – das sind«, so Schenck, »große, staatliche Aufgaben, die gelöst werden müssen, und wenn die nicht gelöst werden, dann werden die Konflikte an und um die Schutzgebiete dramatisch zunehmen. Das kann aber nicht der Naturschutz lösen.«

Die Folgen dieses neoliberalen Ansatzes, welcher Naturschutz zum Geschäftsmodell erklärt, wurden von der Sheffield Universität untersucht: Unterstützt von EU-Recherchegeldern wurde die Forschungsgruppe BioSec gegründet, die die neuen Naturschutzkonzepte kritisch beleuchtet. Die führenden BioSec-Professoren, Dan Brockington und Rosaleen Duffy, kritisierten bereits in ihrem ersten Aufsatz »Capitalism and Conservation« aus dem Jahr 2010, dass der Kapitalismus im Zeitalter der Industrialisierung die Natur zerstört habe. Insofern sei es »schwierig, wenn nicht sogar unmöglich, dass er [der Kapitalismus] eine Lösung des Problems darstellt«. Sie stellten ganz grundsätzlich die Idee in Frage, ob man Naturschutz »verkaufen« müsse, um ihn zu betreiben.[49] Ein ugandischer Ranger brachte diese damit einhergehende Veränderung in seinem Berufsbild mit einem einzigen Satz auf den Punkt: »Meine Hauptaufgabe ist nicht, die Tiere zu schützen, sondern die Einnahmen des Parks.«[50]

Deutsch-kongolesische Partnerschaft: Zur Rettung des Planeten

Die Bundesregierung hat die Idee, bis zum Jahr 2030 rund 30 Prozent des Planeten unter Schutz zu stellen, bereits früh in ihr Leitprogramm für die Entwicklungszusammenarbeit aufgenommen. »Jeden Tag werden mehr und mehr natürliche Lebensräume vernichtet«, erklärte Bundeskanzlerin Angela Merkel auf dem One Planet Summit im Januar 2021, einem Vorbereitungstreffen für den Internationalen Gipfel für biologische Vielfalt (COP15) im November 2021 im chinesischen Kunming, der aufgrund von Corona letztlich verschoben wurde. »Deshalb müssen wir unsere Bemühungen verstärken, die biologische Vielfalt zu schützen, nicht irgendwann, sondern jetzt«, kündigte die Kanzlerin an.[51]

Die neu gewählte Bundesregierung unter Merkels Nachfolger Olaf Scholz stellte in ihrem 2021 ausgehandelten Koalitionsvertrag in Aussicht: »Wir werden unser finanzielles Engagement zur Umsetzung des globalen Rahmens erheblich erhöhen.« Der Erhalt der Artenvielfalt sei eine »Menschheitsaufgabe und eine ethische Verpflichtung«.[52] Laut ihrem Haushaltsplan für das Jahr 2022 hat die Ampelkoalition rund 800 Millionen Euro jährlich für die verschiedenen Fonds im Bereich Artenschutz vorgesehen. Deutsche Umweltorganisationen forderten jedoch, diese Summe auf mindestens zwei Milliarden bis zum Ende der Legislaturperiode zu erhöhen, um ein deutliches Zeichen zu setzen – vor allem in Richtung Afrika.[53]

Die Bundesrepublik leistet mehr Transferzahlungen als irgendein anderes Land weltweit. Damit werden weltweit 668 Schutzgebiete mit einer Gesamtfläche von über zwei Millionen Quadratkilometern gefördert. Das ist eine Fläche sechsmal so groß wie Deutschland.[54] Und auch bei der Ausstattung der vielen verschiedenen internationalen Fonds zum Schutz der Artenvielfalt und Klimawandel ist die Bundesrepublik führend. In den sogenannten Naturerbefonds (Legacy Landscapes Fund) beispielsweise, der eine nachhaltige Finanzierung von 30 bedeutenden Schutzgebieten in Entwicklungs- und Schwellenländern gewährleisten soll, hat sie laut Stand vom Mai 2022 über 180 Millionen Euro eingezahlt. Sie ist damit der größte Geber, wie bei vielen weiteren Klima- und Artenschutzfonds auch.[55]

Die meisten der Gelder sind zunächst sehr spezifischen Projekten zugesprochen: darunter Weiterbildungsmaßnahmen für Wildhüter, Büromaterialien für die Parkverwaltung, die Unterstützung lokaler Selbstorganisation von nationalen Naturschutzbehörden und vor allem sehr viele Forschungsvorhaben. Die Hälfte der Posten erreicht einen Umfang von jeweils bis zu 150 000 Euro, ein Großteil deutlich weniger. Lediglich ein Fünftel der geförderten Projekte erhielt Summen von mehr als einer Million Euro.[56]

Deutsche Entwicklungshilfegelder für Artenschutz und Naturschutz

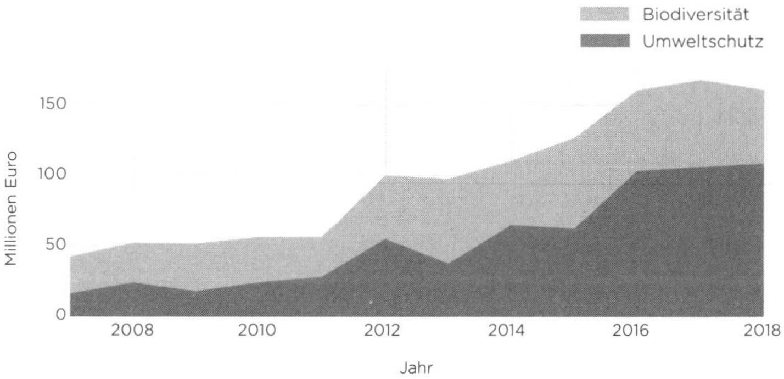

Grafik: Martin Rank/*die tageszeitung*

Zu diesen kostenintensiven Großprojekten zählen vor allem die Schutzgebiete des Kontinents: Deutschland finanziert im Kongo über die GIZ und die KfW einen Großteil der Naturschutzmaßnahmen der kongolesischen Naturschutzbehörde ICCN. Darin inbegriffen war auch der Kahuzi-Biéga-Nationalpark, bis die Gelder im Jahr 2020 aufgrund von Übergriffen der Wildhüter auf die Batwa eingefroren wurden. Im Auftrag des BMZ verwaltet der WWF Deutschland zusammen mit dem ICCN den Salonga-Nationalpark im Westen des Kongo mit einer Fläche so groß wie Belgien, berühmt für seine Bonobo-Affen-Population.[57]

In den ehemals deutschen Kolonien Tansania und Kamerun ist das deutsche Engagement im Natur- und Artenschutz ein wesentliches Grundelement der wirtschaftlichen Zusammenarbeit. So werden in Tansania der Selous- und der Serengeti-Nationalpark mit deutschen Steuergeldern unterstützt. WWF Deutschland und die ZGF sind seit der Unabhängigkeit der Staaten von der britischen Kolonialherrschaft die Hauptpartner der örtlichen Naturschutzbehörde.[58]

In Ostafrika fördert Deutschland in Madagaskar die nationale Naturschutzbehörde, die für die Nationalparks zuständig ist und in Mosambik die Stiftung zum Natur- und Artenschutz BIOFUND (Fundação para a Conservação da Biodiversidade).[59] In Westafrika wird das grenzüberschreitende, trinationale Dzanga-Sangha-Schutzgebiet zwischen Kamerun, Republik Kongo und Zentralafrikanischer Republik und dessen Stiftung FTNS (Tri-National Trust Fund Limited) teilfinanziert und vom WWF Deutschland verwaltet. An der Elfenbeinküste fördert Deutschland die Stiftung für Nationalparks und Schutzgebiete FPRCI (Fondation, Parcs et Réserves de Côte d'Ivoire) sowie die für das Schutzgebiet entlang der Grenzen von Burkina Faso, Benin und Niger zuständige Stiftung für die westafrikanische Savanne FSOA (Fondation des Savanes Ouest-Africaines).[60]

Auch das zweitgrößte Naturschutzgebiet der Erde, das Naturschutzprojekt Kavango Zambesi (KaZa) im südlichen Afrika wird bezuschusst – ein länderübergreifender Zusammenschluss von über 20 Schutzgebieten, die Elefanten und anderen migrierenden Wildtieren einen gewaltigen Naturraum zur Verfügung stellen.[61] Der Anteil der deutschen Unterstützung für das Training der KaZa-Wildhüter liegt bei etwa zehn Millionen Euro. Fast die Hälfte davon fließt in den Ausbau des SAWC (South African Wildlife Colleges). Diese Hochschule wurde 1996 mit finanzieller Unterstützung der Bundesregierung gegründet und ist in Afrika führend im Bereich der Ausbildung von Wildhütern.[62]

Christoph Hoffmann, FDP-Abgeordneter im Bundestag und Vize-Vorsitzender des Ausschusses für wirtschaftliche Zusammenarbeit, merkt in diesem Zusammenhang an: »Die wesentliche Herausforderung für die Deutschen ist nicht, noch mehr Geld in Aussicht zu stellen, sondern auch zu evaluieren, was mit diesem Geld am Ende vor Ort in den jeweiligen Ländern und Naturschutzgebieten geschieht, die von deutscher Seite finanziert werden.« Denn das Problem, was sich hier laut Hoffmann abzeichnet, ist, dass die weltweiten Naturschutzanstrengungen in Deutschland als Innenpolitik betrachtet werden. »Wenn Sie viel Geld ausgegeben haben, ist es gut«, fasst Hoffmann die deutsche Haltung zusammen. »Doch was da am Boden passiert, das steht nicht im Vordergrund.«[63] Sprich: Die Deutschen feiern die Zahlung von Millionen von Euro in den weltweiten Arten- und Naturschutz als Erfolgsgeschichte, noch bevor sie wissen, was mit ihrem Steuergeld eigentlich passiert.

Schwerpunkt: Wildereibekämpfung

Auffallend in der Gesamtübersicht der deutschen Projekte ist in den vergangenen Jahren die zunehmende Konzentrierung auf die Wildereibekämpfung. Das BMZ, das für die meisten Projekte zuständig ist, hat 2018 die Wildereibekämpfung in ihren »Marshall-Plan mit Afrika« aufgenommen und rund 190 Millionen Euro dafür weltweit vorgesehen; davon fließen 142 Millionen Euro nach

Afrika.[64] Ein Großteil geht in die sogenannte Kapazitätsbildung von afrikanischen Parkbehörden, also in Ausbildung und Ausstattung von Rangern, aber auch in den Ausbau von Strafverfolgungsmaßnahmen.[65]

Gemeinsam mit dem Bundesministerium für Umwelt, Naturschutz, Bau- und Reaktorsicherheit (BMUB) hat das BMZ für den Zeitraum 2017 bis 2021 die »Partnerschaft gegen Wilderei und illegalen Wildtierhandel in Afrika und Asien« aufgesetzt.[66] Mehr als 200 Mitarbeiter von Polizei, Zoll und Justiz aus über 20 Ländern in Afrika und Asien wurden geschult, um Ermittlungen gegen Schmuggler aufzunehmen und so die Handelswege des Elfenbeins zu zerschlagen. Sprich: Die deutschen Gelder kommen hier gar nicht dem Natur- oder Artenschutz direkt zugute, sondern damit werden staatliche Strafverfolgungsbehörden fit gemacht; darunter einige, die für Korruption und Brutalität bekannt sind. All diese Gelder lassen sich im internationalen Vergleichssystem als ODA (Official Development Assistance) anrechnen, das heißt: als »Entwicklungshilfe«.[67] Dies hilft der Bundesregierung, die internationalen Vorgaben zu erfüllen, 0,7 Prozent des Bruttosozialprodukts in die wirtschaftliche Zusammenarbeit mit den Ländern des Globalen Südens zu investieren.

Deutsche Gelder fließen auch über EU-Maßnahmen nach Afrika. Die EU rühmt sich damit, der größte Geber im Bereich Natur- und Artenschutz für die Länder des globalen Südens zu sein. 2021 beschloss die EU, im Rahmen der auf der COP26-Konferenz in Glasgow gemachten Zusage, die CO_2-Emissionen weiter zu senken, vier neue Projekte zur Unterstützung von Forst- und Biodiversitätsmaßnahmen im Kongobecken mit einem Gesamtbetrag von 122 Millionen Euro zu finanzieren.[68]

Die EU ist seit 2001 der Hauptgeber für das Überwachungsprojekt über die illegale Elefantenwilderei MIKE (Monitoring the Illegal Killing of Elephants) von CITES.[69] Darunter werden Nationalparks in acht afrikanischen Ländern, die von Wilderei am meisten betroffen sind, mit Überwachungstechnologie und Trainings unterstützt, darunter der Queen-Elizabeth-Park in Uganda.[70] Außerdem ist die EU seit 1988 Hauptpartner des Virunga in Ostkongo, Heimat der bedrohten Berggorillas. Sie setzte 2014 ein neues Entwicklungsprogramm für Naturschutzgebiete im Kongobecken auf. Allein für den Virunga hat sie seit 2015 insgesamt 110 Millionen Euro ausgegeben, rund sieben Millionen davon flossen in Prämien für die Wildhüter.[71]

Als Folge des steigenden Bewusstseins über die globale Klimaveränderung und das Artensterben sind auch Privatpersonen in den westlichen, industrialisierten Ländern zunehmend bereit, individuelle Transferzahlungen zu leisten. In der deutschen Spendenstatistik liegt Tierschutz auf Platz zwei, direkt nach der humanitären Hilfe. Im Jahr 2021 spendeten die Deutschen über neun Millionen Euro für Artenschutz und über zehn Millionen Euro für Naturschutz.[72]

Einige Parks und NGOs entwickelten jüngst Finanzierungsideen über direkte Kundenbindung: Auf der Internetseite des Virunga kann man sich unter der Kategorie Spenden den Zweck aussuchen: für Gummistiefel, zur Unterstützung einer Frau und ihrer Kinder eines verstorbenen Parkrangers, für die zweiwöchige Verpflegung eines Waisengorillas, für eine Stunde Rundflug, um Wilderer aus der Luft aufzustöbern, oder sogar für eine eintägige, »taktische« Elefantenschutz-Operation.[73] Auf der WWF-Homepage kann man per Kreditkarte selbst die Ausbildung eines Rangers finanzieren.[74]

Vom Spendenkonto zum Hedgefonds

Es gibt niemanden, der sich so intensiv mit der Abwicklung dieser deutschen Naturschutzgelder beschäftigt hat wie Simon Counsell. In seinen 23 Jahren als Direktor der britischen Umweltschutzorganisation RFUK (Rainforest Foundation UK) mit Sitz in London hatte er wiederholt mit der deutschen Entwicklungsbank KfW in Frankfurt zu tun, die für die deutschen Gelder zuständig ist. »Es ist meistens sehr schwer nachzuvollziehen, wie viel Geld in welchen Projekten für genau welche Dinge ausgegeben wird«, klagte er im Interview: »Es gibt da einen sehr ernsten Mangel an Transparenz.«

Denn das in Deutschland von Steuerzahlern eingezahlte Kapital wird von der KfW nicht einfach per Kontoüberweisung nach Afrika transferiert und dort als Gehalt einem kongolesischen Wildhüter tief im Dschungel ausbezahlt. Der Grund für diese Intransparenz liegt darin, dass mittlerweile immer mehr Zahlungen über sogenannte Fonds kanalisiert werden, der neueste Trend in der Klima- und Artenschutzpolitik der westlichen Industriestaaten. In dem 2018 veröffentlichten Bericht der Bundesregierung über die Unterstützung für die biologische Vielfalt heißt es: »Deutschland unterstützt seine Partnerländer [...] bei der Entwicklung von Finanzierungsstrategien.«[75] Auch innovative Finanzierungsinstrumente würden gefördert werden. Als Beispiele werden hier die BIOFIN (Biodiversity Finance Initiative) der UN-Umweltagentur UNEP sowie Naturschutzfonds und zinsgünstige Kredite genannt.[76]

Im Rahmen von BIOFIN wird versucht, den Wert der Artenvielfalt zu kapitalisieren, um daraus den Artenschutz zu finanzieren. Laut BIOFIN wird beispielsweise der jährliche Marktpreis von durch Bienen bestäubte Produkte weltweit auf einen Betrag zwischen 212 und 520 Milliarden Euro geschätzt. Die weltweiten Profite durch die Korallenvielfalt – angefangen vom Tourismus bis hin zur Fischerei – werden mit 27 Milliarden Euro bewertet. Der Markt für in der chinesischen Medizin genutzten Heilkräuter wird mit 75 Milliarden Euro beziffert. Unter dem Strich macht dies laut BIOFIN einen theoretischen Kapitalwert von 22 Billionen Euro, den die Artenvielfalt jährlich als »Renewable Natural Assets«, also erneuerbare natürliche Anleihen, hergibt.[77]

UNEP schätzt wiederum den jährlichen Bedarf an Kapital für weltweite Artenschutzvorhaben auf 135 bis 400 Milliarden Euro, wovon nur lediglich circa 47 Milliarden Euro bereitgestellt werden, ein Viertel davon aus staatlichen Budgets. Diese gewaltige

Lücke im Kapitalmarkt versucht UNEP mithilfe von BIOFIN zu schließen.[78] Sprich: Die Fonds sollen durch gezielte Anlagemodelle Rendite erwirtschaften und damit die Defizite ausgleichen. Über diese Ansätze werden nicht mehr rein politische Lösungen angestrebt, sondern der globale Finanzmarkt soll in Zukunft zum Erhalt des Planeten beitragen, so die Idee.

Die Bundesregierung sieht in der Einrichtung von Fonds einen eindeutigen Vorteil: »Naturschutzfonds können oftmals von unterschiedlichen internationalen Gebern kapitalisiert werden«, stellt das BMZ klar. Sie gelten daher als ein »geeignetes Instrument, um die Bewahrung der biologischen Vielfalt über einen längeren Zeitraum als die übliche Dauer von Projekten der Zusammenarbeit mit Entwicklungs- und Schwellenländern zu finanzieren.«[79]

Ein solcher Fonds wurde zuerst 1992 in Kooperation zwischen Bhutan, dem WWF und dem BTFEC (Bhutan Fonds für Umweltschutz) eingerichtet. Zunächst vor allem aus den USA und von der Weltbank gefördert, interessierte die Idee letztlich auch das BMZ und die KfW-Bank. Das Konzept versprach eine mögliche Lösung des Problems langfristiger und nachhaltiger Finanzierung: Statt permanent einzelnen Projekten alle paar Jahre eine kleine Förderungssumme zu überweisen, stellen bei diesen Fonds die Geber zu Beginn einmal Basiskapital in größeren Summen zur Verfügung, aus dessen Rendite sich langfristig die Projekte finanzieren lassen. Seit 2007 sind aus der für Biodiversität in Afrika vorgehaltenen Summe des BMZ mehr als 230 Millionen Euro in Treuhandfonds geflossen.[80]

Mit Hilfe der Bundesregierung und der Weltbank wurde 2007 ein Fonds aufgesetzt für das länderübergreifende Dzanga-Sangha-Schutzgebiet entlang der Grenze zwischen Kamerun, der Republik Kongo und der Zentralafrikanischen Republik. Dazu wurde in London eine gemeinnützige Firma unter dem Namen Sangha Tri-National Trust Fund Limited (FTNS) eingetragen. Gründungsmitglied ist Claude Martin, ehemaliger Geschäftsführer des WWF. Laut dem letzten verfügbaren Geschäftsbericht hatte der Fonds

Deutsche Entwicklungshilfe für Biodiversität

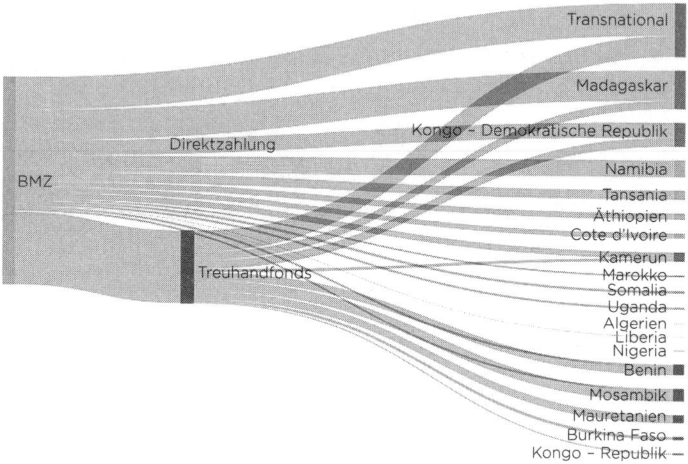

Grafik: Martin Rank/*die tageszeitung*

Ende 2020 ein Volumen von rund 64 Millionen Euro, wovon ein Großteil, 25 Millionen Euro, von der deutschen Entwicklungsbank KfW eingezahlt wurde, der größte Einzelposten überhaupt, den das BMZ im vergangenen Jahrzehnt bewilligt hat.[81]

Der Fonds investiert dieses Kapital an der Londoner Börse in Hedgefonds, Dividenden sowie Anleihen. Aus den Zinsen soll der Park seine laufenden Kosten bewältigen – so die Idee. Recherchen der *tageszeitung* ergaben jedoch, dass dieser Fonds im Jahr 2018 umgerechnet rund vier Millionen Euro Verluste eingefahren, also Kapital verloren hat, welches aus deutschen Steuergeldern stammt.[82]

Ein ähnlicher Fonds, der sogenannte FOCON (Fonds Okapi pour la Conservation de la Nature), auch Okapi-Fonds genannt, wurde Ende 2013 für die Schutzgebiete im Kongo aufgesetzt. 2014 erhielt er den Status der Gemeinnützigkeit, war bislang aber noch nicht operationell tätig. Dem Geschäftsbericht nach wurde 2018 in Kinshasa ein Konto eröffnet, auf das die Zinsen aus dem in London registrierten und ansässigen Fonds ausbezahlt werden können. Im Geschäftsbericht heißt es dazu, man habe »Schwierigkeiten« gehabt, in Großbritannien ein Konto zu eröffnen, das den Einnahmen Steuerfreiheit garantiert.[83] Die ersten vorläufigen Finanzbeiträge im Rahmen von einer Million Euro wurden daher von der KfW erst im August 2019 eingezahlt. Die erste Kapitalspritze für den Okapi Fonds setzte die Weltbank mit 7,5 Millionen Euro, das BMZ ließ über die KfW 15 Millionen Euro überweisen.[84] Ausbezahlt wurde aus diesem Fonds bislang jedoch noch kein einziger Euro, bestätigt die KfW auf Anfrage.[85]

Der FTNS und der Okapi-Fonds sind aus steuerlichen Gründen in Großbritannien registriert, was unter den dortigen Regelungen für gemeinnützige Organisationen immerhin eine gewisse Transparenz erzwingt. Beide Fonds sind unter derselben Adresse im Herzen Londons zu finden, nur einen Steinwurf von der St.-Pauls-Kathedrale entfernt in einem unauffälligen Bürogebäude. Von dort aus wird mit Milliardensummen an internationalen Finanzmärkten spekuliert. Geld, das als Entwicklungshilfe deklariert ist und von dem eigentlich erwartet werden dürfte, dass es direkt in Artenschutzprojekte fließt.

Anfang der Nullerjahre rechneten die Verfechter des Modells mit den Treuhandfonds noch mit jährlichen Renditen von etwa zehn Prozent. Nach der Finanzkrise 2007 und 2008 ist diese Erwartung inzwischen auf durchschnittlich vier Prozent korrigiert worden. Zum Erreichen dieses Ziels beschäftigen die Fonds Finanzberatungsfirmen. FTNS arbeitet dabei mit dem französischen Unternehmen Indosuez Wealth Management zusammen, der Okapi-Fonds mit dem britischen Finanzberater Smith & Williams. Beide Firmen waren 2016 im Zuge des Skandals um die sogenannten Panama Papers im Visier der Steuerfahnder.[86]

Die Treuhandfonds werden von einem Aufsichtsgremium kontrolliert, das sich aus Vertretern der lokalen Naturschutzbehörde der betroffenen Länder und der Geberparteien zusammensetzt. Im Falle deutscher Co-Finanzierung ist das üblicherweise ein Vertreter der KfW. Manager des Okapi-Fonds ist im Kongo Jean Mbuyu, Universitätsprofessor für Jura in Kinshasa, bis Ende

2018 Berater des damaligen Präsidenten Kabila, dessen Regime für Korruption und Misswirtschaft bekannt war. Die KfW stellte auf Anfrage klar: »Basierend auf einem Medien- und Listenscreening (u.a. im einschlägigen Riskcenter) liegen uns keine Negativeinträge oder Informationen über eine etwaige Involvierung in strafbare Handlungen zu Herrn Mbuyu vor.«[87]

Das Investmentportfolio bleibt für Journalisten allerdings ein Geheimnis. In welche Art Hedgefonds unter welchen Nachhaltigkeitskriterien da investiert wird – das ist für interessierte Bürger oder Journalisten, die wissen wollen, welche Wege diese Gelder nehmen, nicht nachvollziehbar. Bei konkreten Anfragen mit Verweis auf das Informationsfreiheitsgesetz beruft sich die KfW auf das Bankgeheimnis als privatrechtliche Person. In einem Urteil des Verwaltungsgerichts Frankfurt am Main vom 29. Mai 2019 wird jedoch klargestellt, dass die KfW-Bankengruppe eine Behörde und damit verpflichtet ist, Zugang zu ihren Informationen zu gewähren. Auf eine Anfrage der *tageszeitung* zu Angaben der von der KfW ausgezahlten Gehälter für Wildhüter im Kongo erklärte die KfW, sie könne »aus vertragsrechtlichen Gründen« zu Zahlungen »keine Auskünfte« geben.[88]

Für den ehemaligen RFUK-Direktor Counsell hat die Nachvollziehbarkeit der Geldflüsse deshalb einen so hohen Stellenwert, weil nur so Verantwortlichkeiten für die Menschenrechtsverstöße von Wildhütern gegen die lokale Bevölkerung ausgemacht werden können. Er nennt das undurchsichtige Verfahren der KfW »eine Art umgekehrter Geldwäsche«. Schließlich würden Mittel, die einer ohnehin nur mäßig rigiden öffentlichen Kontrolle unterliegen, über die Fonds in noch undurchsichtigere Kanäle umgeleitet.[89]

Das Kongobecken: Lösungsländer?

Während Deutschland zu den Hauptgebern dieser gewaltigen Transferleistungen zählt, erhofft sich Kongos Regierung, einer der Hauptnehmer zu werden. »Die Demokratische Republik Kongo ist ein Lösungsland«, versicherte Jean-Marc Chataigner, EU-Botschafter in Kongos Hauptstadt Kinshasa, im August 2021 anlässlich der Errichtung einer Messstation im Dschungel, die von belgischen Wissenschaftlern betrieben wird. Dort soll der Austausch der Treibhausgase zwischen dem Regenwald und der Atmosphäre erfasst werden, um den weltweiten Handel mit CO_2-Zertifikaten voranzubringen.[90] Kongos Regierung hat ihren Regenwald als lukrative Einkommensressource entdeckt.

Das Kongobecken ist das zweitgrößte, zusammenhängende Regenwaldgebiet des Planeten nach dem Amazonas. Es nimmt nachweislich mehr CO_2 auf, als es abgibt. Von den rund 180 Millionen Hektar Regenwald liegen zwei Drittel im Kongo, ein Land so groß wie Westeuropa. »Dies ist einer der Gründe, warum es den größten Fonds zum Schutz der biologischen Vielfalt von der EU in Afrika erhält«, so Chataigner in Kinshasa. Kongos forstwirtschaftlichen Ressourcen »können zur Entwicklung der lokalen Bevölkerung und zur Erhaltung des Planeten« beitragen.[91]

Kongos Regierung verspricht sich seitdem mehr Geld aus den Fonds, weshalb sie weitreichende Zusagen gemacht hat. Kongos Naturschutzbehörde ICCN, die neun Nationalparks und 80 weitere Naturschutzreservate verwaltet, hat auf internationalen Konferenzen angekündigt, die unter Schutz stehende Landmasse zu erweitern: von derzeit acht Prozent auf 15 Prozent des Territoriums des gewaltigen Landes.[92] Dies entspräche der Fläche Deutschlands – ein entscheidender Beitrag, das erklärte Ziel zu erreichen, bis zum Jahr 2030 rund 30 Prozent des Planeten unter Schutz zu stellen.

Doch der bankrotte Staat braucht dafür Geld von außen. 2019 hat Kongos neuer Präsident Tshisekedi die Umweltpolitik seines Landes zur Chefsache erklärt. Er ernannte Ève Bazaiba zur Vize-Premierministerin, zuständig für Natur- und Artenschutz. Sie soll nun die internationalen Verhandlungen führen, um Gelder aus den Fonds zu sichern.

Im Oktober 2021 präsentierten Premierminister Jean-Michel

Sama Lukonde und dessen Stellvertreterin Bazaiba in Kinshasa ihr Programm für die UN-Klimakonferenz im schottischen Glasgow, international bekannt als COP26, die nach ihrem Ausfallen aufgrund der Corona-Pandemie 2020 erst im November des darauffolgenden Jahres stattfand.[93] In Glasgow sollten wichtige Anpassungen beschlossen werden, wie das in Paris 2015 festgelegte 1,5-Grad-Ziel der Erderwärmung doch noch erreicht werden könne. Dringlichkeit war angesagt. Das UN-Klimasekretariat hatte im Vorfeld festgestellt, dass gewaltige Nachbesserungen notwendig seien, um dieses Ziel erreichen zu können.

Ein Programmpunkt waren die Verhandlungen, wie die westlichen Industrienationen sogenannte Ausgleichszahlungen an diejenigen Länder des Globalen Südens leisten, die nun von den Folgen der Klimaerwärmung am stärksten betroffen sind. Vertreter von über 140 Staaten unterzeichneten am 2. November 2021 eine Absichtserklärung, die weltweite Waldrodung bis 2030 stoppen zu wollen. Dafür sollen in den kommenden fünf Jahren knapp 20 Milliarden Euro bereitgestellt werden.[94]

Kongos Regierung zeigte sich enttäuscht. Diese Zusagen waren weit entfernt von den ursprünglichen Versprechen der Industriestaaten, von 2020 bis 2025 bis zu 100 Milliarden Euro zur Verfügung zu stellen. Die Afrikaner bestanden in Glasgow auch auf eine weit höhere Summe: nämlich zwischen mindestens 750 Milliarden und 1,3 Billionen Euro.[95] Die Industriestaaten hielten sich jedoch bedeckt.

»Die Herausforderung hier ist der Zugriff auf den Klimafonds«, so Bazaiba: »Wir wollen richtig darauf zugreifen und gemäß den Möglichkeiten, die wir mitbringen werden, und was wir bereits in Bezug auf die globale Erwärmung tun«, sagte sie und verwies auf die Fördersumme von umgerechnet rund 200 Millionen Euro, die für den Zeitraum von 2016 bis 2021 zur Verfügung standen. Dies sei nicht genug: »Heute wollen wir mehr als das, was gegeben wurde, damit unsere Bevölkerung, die zu diesem Kampf beiträgt, von diesen Spielen profitieren kann.«[96]

Parallel zu den Klimaverhandlungen fanden in den vergangenen Jahren internationale Konferenzen zur Rettung der Artenvielfalt statt. Immer konkreter wurde die Idee ausformuliert, ein Drittel des Planeten unter Naturschutz zu stellen. Auf dem COP15-Gipfel trafen sich alle Staaten, die das Übereinkommen über die biologische Vielfalt unterzeichnet haben, das 1993 in Kraft getreten war.[97] Die Konferenz sollte ursprünglich im Oktober 2020 im chinesischen Kunming stattfinden. Aufgrund der Corona-Pandemie wurde sie verschoben und konnte erst Ende 2022 in Montréal abgehalten werden. Ziel des Gipfels war es, einen neuen Zehn-Jahres-Plan zum Schutz der globalen Artenvielfalt auszuarbeiten, quasi als Folge-Rahmenvereinbarung der im Jahr 2020 ausgelaufenen Aichi-Ziele, die 2010 im japanischen Aichi beschlossen worden waren.[98] In der Abschlusserklärung – dem *Kunming-Montreal Global Biodiversity Framework* – wurde Ende 2022 das Ziel mit aufgenommen, bis zum Jahr 2030 rund 30 Prozent der Erdoberfläche unter Schutz zu stellen.

Während der zweiwöchigen Verhandlungen in Montreal hatten sich die teilnehmenden Staaten auf eine Finanzierung von 200 Milliarden Dollar für Artenschutzvorhaben jährlich geeinigt. Darunter fallen neben Transferzahlungen der reicheren Staaten an die Länder des globalen Südens auch private Investitionen sowie Gelder, die auf den Kapitalmärkten als Rendite eingespielt werden. Der in Montreal beschlossene Text des Abkommens besagt, dass die entwickelten Länder des Nordens von 2025 an jährlich 20 Milliarden Dollar an Transferzahlungen an die Länder des globalen Südens leisten müssen, von 2030 an mindestens 30 Milliarden Dollar.

Das ging den Regenwald-Ländern, allen voran dem Kongo, aber nicht weit genug. Um ein Maximum an internationalen Fördermitteln herauszuverhandeln, hatten Kongo, Brasilien und Indonesien bereits im Vorfeld eine Allianz formiert: quasi die OPEC (Organization of the Petroleum Exporting Countries) der Länder mit der meisten Artenvielfalt, um ihren Forderungen Nachdruck zu verleihen. Sie wollten den Löwenanteil der Gelder für sich beanspruchen.

Kongos Vize-Premierministerin Bazaiba hatte in den Vorgesprächen mindestens 100 Milliarden Dollar an Transferzahlungen der reichen Länder jährlich aus einem eigens dafür aufgesetzten, neuen Biodiversitäts-Fonds für Afrika verlangt. Doch dieser kam nicht zustande. Das Geld soll nun über bereits existierende Fonds ausgezahlt werden, vor allem über den Fonds für die Globale Umweltfazilität (Global Environment Facility, GEF), der bereits 1991 gegründet wurde und in welchen die reichen Geberländer regelmäßig einzahlen. Die Bundesregierung ist einer der größten Geber dieses Fonds. Nutznießer sind bislang vor allem China, Brasilien, Indonesien, Indien und Mexiko. Der Kongo bekommt nur einen kleinen Teil davon.

Das wollte Bazaiba ändern. Denn das ressourcenreiche Land hat enorme Finanzprobleme. Das Verteidigungsministerium hatte im Sommer 2022 große Summen für den Kauf von neuem Kriegsgerät ausgegeben. Im Dezember 2023 stehen in dem gewaltigen Land Wahlen an, und dafür müssen ebenso gigantische Summen ausgegeben werden, weil es kaum Finanzhilfe aus dem Ausland gibt. Und die deutschen Gelder aus dem Okapi-Fonds bleiben nach wie vor eingefroren. Sprich: Für Artenschutz hat die Regierung in Kongos Hauptstadt Kinshasa mal wieder kaum einen Dollar übrig.

Um den Forderungen Nachdruck zu verleihen, hatte Kongos Ölminister Didier Budimbu im Mai 2022 internationale Investoren eingeladen, Erkundungslizenzen für 16 Ölblocks im Land zu erwerben. Dabei sicherte er zu, dass unter diesen 16 Blocks keine seien, die in Schutzgebieten liegen. »Wir haben zwar im Gebiet des Virunga- oder des Salonga-Nationalparks ein enormes Potenzial«, erklärte der Minister. »Wir haben dieses Potenzial nicht mit einbezogen, weil wir uns bewusst sind, dass der Kongo über die größten Waldflächen verfügt. Es ist die zweite Lunge der Welt«, so Budimbu: Diese Schutzgebiete bleiben vom Ölabbau verschont – dies habe allerdings seinen Preis.[99]

Christoph Hoffmann, Vize-Ausschussvorsitzender des Bundestages für Entwicklung und wirtschaftliche Zusammenarbeit, berichtete von den Verhandlungen mit den Kongolesen. »Da steht die kongolesische Umweltministerin auf und sagt: ›Wir haben da unter unserem Wald ein großes Erdöllager. Sollen wir das jetzt anzapfen oder sollen wir es liegen lassen? Und wer bezahlt dafür, wenn wir es liegen lassen und nicht anrühren?‹«, so Hoffmann. Dies seien die Momente, so der FDP-Politiker, in denen die »Realität plötzlich im Raum steht, wo es plötzlich dann sehr konkret wird«.[100]

III
AUFRÜSTUNG IM NATIONALPARK
PANZERFÄUSTE IM DSCHUNGEL

Virunga:
Ein Marshall-Plan für den Ostkongo

»Gesponsert von der Zoologischen Gesellschaft Frankfurt am Main« stand in weißen Lettern über der Eingangstür des Holzhäuschens hoch oben in den Bergen im Dreiländereck zwischen Ostkongo, Ruanda und Uganda. Doch was einst das kleine Büro der Wildhüter am Eingang des Virunga-Nationalparks war, war im Spätsommer 2012 ein Lager für eine Einheit der kongolesischen Tutsi-Rebellen der M23 (Movement de 23. Mars).[1]

Rund 20 junge Kämpfer in Uniformen lungerten dort herum, kochten auf einer Feuerstelle Reis mit Bohnen. Ein gestohlenes Militärfahrzeug der Armee kämpfte sich den steilen Kiesweg empor, um weitere, schwer bewaffnete Kämpfer anzukarren. Rund um diesen Hügel nahe des Dorfes Runyoni hatten die M23-Rebellen monatelang ihr Hauptquartier aufgeschlagen, bis sie im Juli 2012 die Bezirkshauptstadt Rutshuru eroberten und sich dort einquartierten. Über die grüne Grenze im dichten Dschungel des Virunga sollen laut UN-Ermittlungen Waffen und Munition aus den Nachbarländern Ruanda und Uganda an die M23 geliefert worden sein.[2]

Und auch Touristen passierten durch diese Eingangspforte weiterhin den Virunga, um die Berggorillas zu beobachten. »Wir haben regelmäßig Anfragen aus dem Ausland«, erzählte Laurent Ntawaukiruwe, während er sein blaues Buch aufschlug, in welchem sich die ausländischen Touristen registriert hatten, bevor sie den Nationalpark besuchten: 38 Namen standen dort, die Besucher kamen aus Italien, Russland, Holland, Kanada und aus Deutschland.[3]

Ntawaukiruwe hatte sein Touristenbüro in der Grenzstadt Bunagana eingerichtet, rund 200 Meter vom Schlagbaum an der Grenze zu Uganda entfernt. Bis Juli 2012 war dies das Buchungsbüro der staatlichen Naturschutzbehörde ICCN, die für 500 Dollar Gorilla-Touren anbot, umgerechnet rund 490 Euro. Nachdem die M23-Rebellen den Landstrich um den Virunga erobert und sich in Bunagana eingerichtet hatten, musste das ICCN den Nationalpark offiziell schließen. Der Gorilla-Tourismus wurde verboten: »aus Sicherheitsgründen und um nicht die Rebellen zu finanzieren«, so die Parkverwaltung.[4]

Dennoch empfing Ntawaukiruwe weiter regelmäßig Besucher: »Wir bieten die Touren einfach billiger an.« Er hatte einen Deal mit den Rebellen gemacht. Fast 300 Euro zahlten die Besucher für die Gorilla-Tour, 50 Euro für das Visum an der Grenze und 50 Euro für Transport zur Parkstation und Sicherheitsgarantien. Im Vergleich: Im Nachbarland Uganda kostete allein die Gorilla-Tour zu jener Zeit umgerechnet knapp 500 Euro, in Ruanda rund 730 Euro.[5] »Das Geschäft läuft gut, wir haben viele Buchungen«, so Ntawaukiruwe. Er verschickte damals auch Rundmails, in denen er darüber informierte, dass der kongolesische Virunga-Nationalpark für Touristen wieder geöffnet sei: »Wir haben sechs Gorilla-Familien und können täglich 36 Besucher empfangen.« Während der Parkdirektor Emmanuel de Mérode zugeben musste: »Offiziell ist der Park nach wie vor geschlossen, wir haben keinen Angestellten mit diesem Namen und unser Büro in Bunagana ist eigentlich verriegelt, aber scheinbar haben wir keine Kontrolle darüber, was dort geschieht.« Offenbar hatten die M23-Rebellen einen ganzen Nationalpark gekapert.

Um diesen nun zu verwalten, hatten die Rebellen extra einen Fachmann angeheuert. Zu jenem Zeitpunkt war auch Stanislas Baleke in Bunagana in dem kleinen Büro anzutreffen. Der kongolesische Professor für Biodiversität lehrte hauptberuflich an der Universität im französischen Lion. Als die Rebellion der Tutsi-Minderheit gegen die Regierung im Frühjahr 2012 erneut begann, war er in seine Heimat zurückgekehrt, um seinen Volksleuten beratend zur Seite zu stehen. Die Tutsi-Generäle, die aus der Armee desertierten, ernannten ihn zum Tourismusminister ihrer Rebellenorganisation, damit er sich um den Park kümmerte.

»Wir können beweisen, dass wir hundertprozentige Sicherheit in unserem Territorium herstellen können«, erklärte Baleke im Interview die PR-Kampagne. Die M23 wolle in diesem Bereich mit dem ICCN kooperieren. Baleke hatte erst am Tag zuvor Parkchef Emmanuel de Mérode in der Parkverwaltung zum Abendessen getroffen, um zu verhandeln. Der belgische Parkchef stellte jedoch klar: »Wir sind eine staatliche Behörde, wir können nicht mit Rebellen zusammenarbeiten, auch wenn wir dadurch potenzielle Einnahmen verlieren.«[6]

In jenem August 2012 saß Parkdirektor de Mérode niedergeschlagen in seinem Büro im Hauptquartier des Virunga; belagert von Rebellen, die sich aus den Whisky-Beständen der eben erst fertig gebauten Fünf-Sterne-Lodge bedienten. Der studierte Anthropologe ist ein echter Kronprinz der ehemaligen Kolonialmacht Belgien und verheiratet mit der Tochter des britischen Naturschützers Richard Leakey in Kenia. Er ist in Kenia aufgewachsen und kennt sich aus. Der Belgier gehört ähnlich wie Keigwin in Uganda zu jenem elitären Kreis weißer Naturschützer, die in dieser Region viel Einfluss haben.

Der Mann mit den stechend blauen Augen wirkte sichtlich erschüttert. Gerade wollte er den Park für den Tourismus öffnen, und dann das: »Der Park ist quasi zweigeteilt.« Er zeigte auf die gewaltige Landkarte an der Wand: »Wir sind hier im Park-Hauptquartier, das unter Kontrolle der Rebellen ist, und der Rest des Parks ist unter Kontrolle der Regierung.« De Mérode befand sich in einem gewaltigen Dilemma: »Weil wir ja ebenfalls eine staatliche Behörde sind, bringt uns das in eine schwierige Lage.« Seine

Wildhüter hätten weder das Mandat noch die Kampfkraft, es mit gut ausgebildeten Rebellen aufzunehmen. Also versuchte er, mit ihnen zu verhandeln. »Ich hoffe, dass wir in den nächsten Tagen eine Vereinbarung mit den Rebellen finden, so dass wir die Gorillas weiter schützen können.« Vor allem die Verluste durch das Ausbleiben der Einnahmen aus dem Tourismus traf die Parkverwaltung hart. Daraus wurden die laufenden Kosten bezahlt, auch die Gehälter für die Wildhüter.[7]

De Mérode machte sich Sorgen um die bedrohten Tiere: »Andere Milizen dringen nun in den Park ein, um das Vakuum zu füllen.« Diese bewaffneten Männer seien eine Gefahr für die Tiere und seine Ranger, sagte er. In den vorangegangenen zwölf Monaten seien bereits ein Dutzend Wildhüter im Kampf gegen diese Milizen umgekommen. Jetzt seien auch die Gorillas direkt von den Kämpfen betroffen. In den vergangenen Tagen hatten Kampfhubschrauber Bomben im Regenwald abgeworfen, genau über jenem Gebiet in den Vulkanbergen, wo die Menschenaffen ihr Refugium haben: »Wir wissen nicht, wie es um die Gorillas steht, das ist ein großes Risiko.« Der Nationalpark, der ein Weltkulturerbe schützt, stand kurz vor dem Aus.

Afrikas schwarzes Gold: Kongos Holzkohlemafia

Es knisterte, sobald Claudine Matamba mit dem Streichholz die Holzkohle entzündete. Dann rauchte und qualmte es. Die Kongolesin fächerte mit einem Stück Pappe, um der Glut Sauerstoff zuzuführen. Eine Flamme loderte auf und Matamba hievte den Kochtopf auf den Holzkohleofen, der auf kantigen Lavasteinen vor ihrer Hütte stand. Ihre Behausung war eine windschiefe Konstruktion aus Ästen und zerschlissenen Zeltplanen. In dem gewaltigen Vertriebenenlager im Bezirk Mugunga, vor den Toren der Provinzhauptstadt Goma, südlich des Virunga Parks, lebten zu Hochzeiten des Krieges schätzungsweise über eine Million Flüchtlinge, einige schon seit 1994, als im Nachbarland Ruanda Völkermord herrschte und sich ein Großteil der ruandischen Bevölkerung über die Grenze rettete.[8]

Holzkohle ist nicht nur für die Flüchtlinge, sondern für Millionen von Frauen im Ostkongo eine der wichtigsten Haushaltswaren täglich. 97 Prozent der über eine Million Einwohner Gomas kocht auf Holzkohleöfen, weil es nur begrenzt Strom gibt und Gaskocher teuer sind.[9] Bis zu 80 Millionen Tonnen Holzkohle verfeuern Frauen in Goma und den angrenzenden Flüchtlingslagern jedes Jahr, so WWF. Das sind 20 000 Hektar Wald jährlich. Satellitenbilder zeigen im Vergleich die stetige Abholzung. 80 Prozent der Holzkohle, die in Goma zum Kochen verwendet wird, stammt aus dem Virunga.[10] Doch ohne diese Kohle kriegen die Frauen ihre Kinder nicht satt.

Auf dem Hügel Karenga, 30 Kilometer nordwestlich von Goma, wird die ganze Naturkatastrophe auf einen Blick sichtbar: Im Tal, westlich der Flanken der aktiven Vulkane, wo einmal dichter uralter Regenwald stand, sah man 2015 nur noch abgefackelte Stümpfe. Vereinzelt stiegen Rauchsäulen auf. Es roch nach verbranntem Tropenholz: würzig, süßlich.

Der Weg hinauf nach Karenga schlängelte sich durch dichtes Gebüsch und lichten Eukalyptuswald. Auch hier standen einst jahrhundertealte Bäume, doch diese sind schon längst verfeuert worden. Die Soldaten, die man auf der matschigen Straße antraf, waren alt, mit grauen Bärten und tiefen Runzeln im Gesicht. Viele rochen nach Alkohol. Die Armeeführung hatte das sogenannte Service-Regiment hier stationiert: Alte und Invaliden, die zwar nicht mehr kampffähig waren, aber die Armee hatte zu jenem Zeitpunkt noch keine Pensionskasse. So musste sie auch die Rentner unterhalten, bzw. wurden sie dort stationiert, wo sie sich selbst unterhalten konnten. Sie wurden zu Handlangern der Holzkohlemafia.

Ein alter Soldat in schmutziger Uniform verlangte 1000 kongolesische Franc Wegzoll, umgerechnet 50 Euro-Cent. Seine greisen Hände zitterten, als er die 500-Franc-Scheine entgegennahm.

Neben ihm saß ein junger Mann in schwarzem Jogginganzug und Gummistiefeln. Der Alte salutierte vor ihm und schlug die Hacken zusammen, als er dem Jüngeren einen der Scheine überreichte. Dieser trug ein Funkgerät, das knackte. Er war ein Kämpfer der ruandischen Hutu-Miliz FDLR (Forces Démocratiques pour la Libération du Rwanda), die seit über 20 Jahren in Ostkongo kämpft. Das Holzkohlegeschäft galt und gilt als eine der wichtigsten Einkommensquellen der ruandischen Hutu-Rebellen.

Laut kongolesischem Recht ist das Geschäft mit der Holzkohle aus dem Park illegal, doch das ICCN hat keine Kapazitäten, den Virunga überall zu überwachen. Dies ist zudem gefährlich. Denn mit der Hutu-Bevölkerung flohen 1994 aus Ruanda auch die Täter des Völkermordes an den Tutsi. Die meisten waren Angehörige der damaligen ruandischen Hutu-Armee, die zurückgedrängt wurde, als die Tutsi-Guerilla unter der Führung des heutigen Präsidenten Paul Kagame von Uganda aus in ihre Heimat Ruanda einmarschiert war. Die Täter des Völkermordes flohen über die Grenze und versteckten sich im Dickicht des Virunga. Dort formierten sie später die FDLR, um vom Kongo aus ihr Land zurückzuerobern.

Gesteuert wurde die Miliz lange Zeit von Deutschland aus, wo ihr ehemaliger Präsident Ignace Murwanashyaka und dessen Stellvertreter Straton Musoni Ende der 1980er-Jahre als Flüchtlinge Asyl erhalten hatten. Bis 2009 dirigierten die beiden ruandischen Hutu ihre Rebellenorganisation im Kongo von Mannheim und aus dem schwäbischen Neuffen per Telefon.[11] 2011 wurden sie verhaftet und angeklagt: wegen der Führung einer terroristischen Vereinigung und Kriegsverbrechen. Vier Jahre lang zog sich der Prozess vor dem Oberlandesgericht in Stuttgart hin. Zeugen und Experten bestätigten: Das Geschäft mit der Holzkohle ist die wichtigste Einkommensquelle für die Rebellen. 2015 sprach in Stuttgart der Richter über die FDLR-Führer ein Urteil: 13 Jahre Haft wegen Rädelsführerschaft einer terroristischen Vereinigung im Ausland und Beihilfe zu Kriegsverbrechen. Noch vor Ablauf seiner Haftstrafe starb der FDLR-Präsident im Hochsicherheitstrakt in Stammheim.[12] Die Verbrechen der Miliz im Kongo gingen weiter und auch der Raubbau an der Natur.

Bis zu umgerechnet 30 Millionen Euro, so die Schätzungen von Parkchef de Mérode, erwirtschaften Rebellen mit dem Kohlehandel jedes Jahr.[13] Die Gewinnspanne ist enorm: Für rund fünf Euro wird der Sack im Wald von den Händlern eingekauft und in der Provinzhauptstadt Goma für fast 30 Euro wieder verkauft. Die UN-Ermittler im Kongo gaben in ihrem Expertenbericht an den UN-Sicherheitsrat 2015 an, der Verkauf von Holzkohle allein auf dem Markt in Karenga mache täglich mehr als 1000 Dollar aus, ein gigantischer Profit, lukrativer als der Mineralienhandel.[14]

Auf der holprigen Straße hinauf nach Karenga kamen kräftige Männer in Flip-Flop-Sandalen und schmutzigen T-Shirts entgegen. Sie schoben Fahrräder die morastige Straße hinab in Richtung Goma. Es waren alte, schwere, aber stabile Räder. Auf ihrem Gepäckträger türmten sich vier gigantische Säcke voller Holzkohle, insgesamt über 200 Kilo. Den Männern rann der Schweiß in die Augen. Sie stöhnten, als die Karawane zum Stehen kam. Jeder musste an der Straßensperre 1000 Franc überreichen, dann erst konnte es weitergehen. Sechs dieser illegalen Zollstationen passieren sie auf dem Weg nach Goma, erzählten sie, während sie die Räder durch den Matsch wuchteten. Es ist eine kräftezehrende Arbeit. Doch keiner der Männer verdiente damit mehr als einen Dollar pro Fuhre. »Die Männer an den Straßensperren knöpfen uns alles ab«, sagte einer durch zusammengebissene Zähne.

In Karenga hoch oben auf einem Hügel direkt an der Grenze des Parks standen Hunderte prallvolle Holzkohlesäcke entlang der schmalen Straße, wie Dominosteine aneinandergereiht, fertig zur Abholung. Um sie herum tollten Kinder. Eine Frau kam den Hügel hinauf. Barfuß ging sie auf den kantigen Lavasteinen. Ihr Oberkörper war tief gebeugt, denn auf ihrem Rücken lastete ein 60 Kilo schwerer Sack, deren Trageriemen sie um ihre Stirn geschnürt hatte. Ihr Gesichtsausdruck war ein stummer Schmerzensschrei. Fünf Stunden war sie an diesem Morgen marschiert, aus dem Wald den steilen Hügel hinauf, den gewaltigen Sack auf dem Rücken: »Ich bin so erschöpft«, ächzte sie und setzte den Sack ab. Ihre Schultermuskeln bebten. Täglich schleppe sie einen solchen Sack aus dem Urwald nach Karenga. »Ich muss Geld verdienen, um meine Kinder zu ernähren«, sagte sie. Sie habe acht Kinder, und der Holzkohletransport sei die einzige Einkommensquelle weit und breit. Doch auch sie verdiente daran nicht viel: Sie kaufte den Sack im Wald für 3000 Franc, umgerechnet 1,50 Euro, und verkaufte ihn in Karenga für das Doppelte, davon musste sie 1000 an der Straßensperre am Dorfeingang abgeben. Und von wem kaufte sie die Kohle im Wald?

Während die Frau erzählte, kamen Männer angelaufen, die kurz neugierig zuhörten, sich dann einmischen und die Frau letztlich wegzogen mit dem Hinweis, sie solle nicht mit Fremden sprechen. Auch ein Hauptmann der Armee gesellte sich dazu, wollte wissen, was los ist. Als die anderen Männer außer Hörweite waren, fing er an zu fluchen: »Die FDLR-Rebellen belagern uns hier und benutzen ihre Frauen, die Säcke zu schleppen, weil Frauen von der Parkverwaltung nicht verhaftet werden.« Er war sichtlich wütend. Die Mehrheit der Einwohner Karengas seien FDLR-Angehörige, bestätigte er. Die Armee habe hier nichts zu sagen. Erneut näherten sich die Männer. Sie guckten den Armeeoffizier böse an. Dieser seufzte und trollte sich davon. Es war ganz klar, wer hier das Sagen hat.

Am Stadtrand von Goma, unweit des gewaltigen Flüchtlingslagers Mugunga, wo Mutter Matamba ihre Bohnen kochte, parkten die Männer ihre Fahrräder entlang der Straße. Sie wuchteten die Säcke in eine Holzhütte, in der sich die Säcke bis unter das Dach stapelten. Verkäuferin Rifiki Kahindo gab Anweisungen. Die füllige Frau begutachtete die Holzkohleklumpen mit Argusaugen. »Die kommt aus dem Park, ja?«, fragte sie. Einer der Männer nickte. Kahindo seufzte. »Die Kohle von den alten Bäumen brennt zwar besser, aber sie zerstört unsere Umwelt«, erklärte sie daraufhin und entnahm einem anderen Sack ein Klumpen zum Vergleich:

»Diese hier stammt von den Eukalyptusbäumen, die man wieder aufforsten kann, die ist umweltschonender.«[15]

Der WWF finanziert seit 2007 rund um den Park ein Wiederaufforstungsprojekt mit Eukalyptus.[16] Bis zu 10 000 Hektar Wald wurden wieder aufgeforstet. Ziel ist es, bis zu 30 000 Hektar Wald neu zu pflanzen.[17] Zudem unterstützt der WWF vier Frauenorganisationen in Goma, die energiesparende Holzkohleöfen herstellen und vermarkten, womit der Konsum deutlich reduziert werden kann. Weit über 100 000 dieser Öfen wurden in der Region insgesamt abgesetzt.[18]

Die 50-jährige Kahindo mit den Runzeln im Gesicht ist Mitglied im Verband »Frauen der Sonne«, der sich in Kooperation mit dem WWF für den Erhalt des Nationalparks einsetzt. Kahindo zeigte auf das Haus neben ihrem Kohleschuppen. Davor hockten rund ein Dutzend Frauen auf dem Boden und kneteten aus Lehm die Form eines Holzkohleofens. Adeline Tsongo gab ihnen Anweisungen. Die Psychologin ist die Gründerin des Verbandes. »Die Idee war zuerst, diesen Frauen – die Opfer sexueller Gewalt sind und im Flüchtlingslager leben – ein Handwerk beizubringen, dann kam die Idee mit den Öfen dazu«, sagte sie und erklärte, wie diese Öfen funktionieren. Sie sind mit einer Metallschicht ummantelt, die die Hitze im Inneren hält. Damit benötige man nur die Hälfte der Holzkohle. 66 000 dieser Öfen habe ihr Verband seit 2009 verkauft. Tsongo lächelte stolz: »Damit haben wir schon jede Menge Bäume gerettet.«[19]

Die Deutschen und der Virunga: Paradies und Hölle

Der Virunga-Nationalpark ist das älteste Naturschutzgebiet Afrikas, ein UNESCO-Weltkulturerbe. 1925 von belgischen Naturschützern unter belgischer Kolonialherrschaft gegründet, gilt er bis heute als der spektakulärste Park des Kontinents: Von den Ufern des Edward-Sees in der Savanne über die aktiven Vulkane mit ihren leuchtenden Magmaseen bis hoch ins höchste Gebirge Afrikas, dem Ruwenzori mit seinen schneebedeckten Gipfeln, erstreckt er sich durch verschiedene Klimazonen – Artenvielfalt ohne Ende, die es zu schützen gilt; vor allem die vom Aussterben bedrohten Berggorillas.

»Virunga hat also beides: mit das größte Potenzial und aber auch die größten Schwierigkeiten überhaupt«, so Christof Schenck, ZGF-Geschäftsführer: »Das hätte touristisch sicher ein unglaubliches Potenzial. Das könnte locker die Dimension der Serengeti oder Galapagos oder der anderen herausragenden Regionen haben«, schwärmte er: »Es könnte wirklich das Paradies sein und gleichzeitig ist es eigentlich eher die Hölle.«[20]

Die hessische Naturschutzorganisation fühlt sich seit Jahrzehnten mit dem Virunga zutiefst »verbunden«, so Schenck. Bereits Bernhard Grzimek hatte 1950 den Virunga besucht und war begeistert. Der Albert Park, wie er damals genannt wurde – nach dem belgischen Prinz Albert – stand zu jener Zeit noch unter belgischer Herrschaft. Als der Kongo 1961 unabhängig wurde, ging der Park über in nationales Eigentum. 1979 wurde er von der UNESCO als Weltkulturerbe gelistet, das es besonders zu schützen galt. Um den Park finanziell auf eigene Beine zu stellen, finanzierte die ZGF in den 1980er-Jahren die erste Habituierung der Berggorillas, um sie allmählich an Menschen zu gewöhnen. Der Gorilla-Tourismus wurde damit zur Einnahmequelle. Seitdem ist die ZGF eine der engsten Partnerorganisationen des Virunga. Im Logo der Frankfurter Naturschützer prangt unverkennbar der Gorilla.

Auch an der Wand in den Geschäftsräumen in Frankfurt mit ihrer prominenten Adresse in der Bernhard-Grzimek-Allee, unweit des Haupteingangs des Zoos, hängen Bilder aus dem Virunga. Eines der Fotos ging 2007 um die Welt: Darauf ist ein gewaltiger toter Silberrücken, der auf einem Holzgerüst wie auf einer Bahre festgebunden ist und von Wildhütern aus dem Dschungel getragen wird. Die Nachricht war in den internationalen Medien eine Schlagzeile. Inmitten des dritten Kongo-Krieges fanden Wildhüter

2007 in den Bergen die Kadaver einer Gorillafamilie, erschossen und verstümmelt, wahrscheinlich von der FDLR. Der belgische Gorillaforscher de Mérode, damals Chef der NGO WildlifeDirect im Kongo und später Leiter des Virunga Parks, mutmaßte, die FDLR wolle die Gorillas ausrotten, damit der Nationalpark aufgegeben werde und sie den Holzkohlehandel ausweiten könne.[21] Die Bilder erzeugten einen globalen Aufschrei und führten langfristig zu einem verstärkten finanziellen Engagement westlicher Geber.

Die von Schenck beschriebene »Hölle« des Völkermordes in Ruanda 1994 und die anschließenden Flüchtlingsströme von Millionen von Ruandern in den Kongo hinein, hatten den Virunga damals fast um die Existenz gebracht. Nach dem Ende des Krieges 2003, »was nie ein richtiges Ende war«, so Schenck, sind die Frankfurter zurückgekommen. »Wir haben das getan, was wir auch woanders tun, also versucht, die kongolesischen Behörden zu unterstützen, mit Ausbildung und Ausrüstung.« Doch die Lage wurde immer schwieriger, die bewaffneten Gruppen immer mehr. Damit stieg auch die Zahl der toten Wildhüter, laut Schenck »einer der gefährlichsten Jobs überhaupt unter den Rangern auf der Welt«. Dass da überhaupt noch jemand Ranger werden wolle, sei »schon eher ein Wunder«. Als die M23 dann im Frühjahr 2012 vor dem Holzhäuschen am Eingang des Virunga Parks stand, welches von der ZGF gestiftet worden war, mussten sich die Frankfurter wieder zurückziehen. »Seitdem haben wir nur noch eine Stand-By-Funktion«, so Schenck. 2019 unterstützte die ZGF die Installation des abhörsicheren Digitalfunks.

Bohrtürme und Bestechung

Doch es waren nicht nur die Bomben und die Holzkohlemafia, die 2012 den Virunga fast zu Fall brachten, sondern unter dem Gebiet des Nationalparks waren Erdölvorkommen entdeckt worden. Zu jener Zeit strömten zahlreiche internationale Ölfirmen in die

Region rund um den Albertinen-Graben, eine Verwerfung, wo der Kontinent allmählich auseinanderbricht und unerschlossene Ressourcen zum Vorschein bringt. Sowohl in Uganda als auch im Ostkongo wurden rund um das Ruwenzori-Gebirge lukrative Ölvorkommen vermutet. Auf ugandischer Seite verhandelten irische und französische Firmen, später auch chinesische, mit der Regierung, um Zugang zum Murchison-Falls-Nationalpark im Norden Ugandas zu bekommen – mit Erfolg.[22]

Auch Kongos Regierung hatte im Jahr 2008 ein Abkommen unterzeichnet, welches der britischen Ölfirma SOCO Probebohrungen ermöglichte. 2011 installierte SOCO Bohrtürme rund um den Edward-See, um seismische Tiefenmessungen durchzuführen. Sie wollten herausfinden, ob sich auch hier eine groß angelegte Förderung lohne. 2012 eröffnete die Firma SOCO, die sich auch in anderen Risikogebieten weltweit engagiert, in der Stadt Rutshuru ihr erstes Büro. Mit klimatisierten Geländewagen brausten die Briten die Straße entlang. Vor dem Bürogebäude standen täglich schon vor Sonnenaufgang hunderte Kongolesen Schlange und hofften auf Jobs.[23]

Gegen die Ölpläne waren weltweit Umweltschützer und Naturschutz-NGOs wie der WWF auf die Barrikaden gegangen und hatten eine breit angelegte Öffentlichkeitskampagne gestartet.[24] 2013 reichte der WWF Beschwerde gegen SOCO bei der OECD (Organisation for Economic Co-operation and Development) ein, das britische Unternehmen habe gegen deren internationale Prinzipien verstoßen.[25] Die Anschuldigung: Die Ölerkundungen würden nationales Recht und internationale Übereinkommen im Naturschutz nicht respektieren. Daraufhin erhielten lokale WWF-Mitarbeiter im Ostkongo Todesdrohungen.[26]

Die britische Organisation Global Witness, die sich gegen Korruption engagiert und im Kongo vor allem Hintergründe von lukrativen Mineraliendeals recherchiert, hatte den Skandal aufgedeckt: SOCO hatte mutmaßlich einen Kommandanten von Kongos Armee bestochen: Major Burimba Feruzi. Er sollte mit seinen Einheiten nicht nur die Installationen von SOCO im Dschungel und in der Savanne, sondern auch das SOCO-Büro und deren Angestellten dort schützen.[27] In einer Reihe von Feruzi handgeschriebenen Quittungen konnte Global Witness letztlich nachweisen, dass der Major im Frühjahr 2014 von der Firma innerhalb von knapp zwei Wochen Zahlungen in Höhe von umgerechnet rund 40 000 Euro erhalten hatte. Das entsprach damals über 30 Jahresgehältern für einen Offizier der kongolesischen Armee.[28]

Auch den Soldaten von Feruzis Einheit stockte SOCO die Staatsgehälter auf; genau in jenem Zeitraum, in welchem am Edward-See zwei Fischer brutal ermordet worden waren, die sich gegen SOCO aufgelehnt hatten. Die Menschenrechtsorganisation HRW (Human Rights Watch) und Global Witness konnten letztlich nachweisen, dass Feruzi von SOCO damit beauftragt worden war, Gegner der Bohrvorhaben im Park auszuschalten – ein Riesenskandal.[29] Der britischen Firma drohten Klagen, auch strafrechtliche Konsequenzen.

Letztlich versicherte SOCO 2014 in einer gemeinsamen Erklärung mit dem WWF, »keine Explorations- oder anderen Bohrungen innerhalb des Gebiets des Virunga-Nationalparks durchzuführen oder in Auftrag zu geben, es sei denn, die UNESCO und die Regierung der Demokratischen Republik Kongo stimmen zu«.[30] Das UNESCO-Komitee bestätigte daraufhin: »Aktivitäten sind mit seinem Status als Welterbe nicht unvereinbar.« SOCO musste sich innerhalb von 30 Tagen aus dem Gebiet zurückziehen.[31]

»Heute hat der Naturschutz über Profitsucht gewonnen«, feierte Marco Lambertini, Generaldirektor des WWF, den Sieg gegen SOCO. »Wir fordern die Regierung der Demokratischen Republik Kongo nachdrücklich auf, alle mit dem Park überlappenden Ölkonzessionen endgültig zurückzunehmen. Sie würde damit ihrer Verantwortung für das Welterbe Virunga gegenüber der Weltgemeinschaft eindrucksvoll gerecht werden.«[32]

Die Probebohrungen ruhten, aber die Ölsuche war nicht endgültig vom Tisch. Kongos Regierung brauchte das Öl – beziehungsweise das Geld. Und im Hintergrund heckten einflussreiche und finanzstarke Akteure bereits Ideen aus, wie der Virunga mehr Einkommen als aus den Ölvorkommen generieren könnte.

Coca-Cola für Rebellen und ein Marshall-Plan für den Kongo

Im Kampf um den Virunga spielt seit 2014 ein Akteur mit, der mehr Geld hat als Kongos Regierung. Zu erkennen ist er auf dem Eingangsschild zum Virunga-Nationalpark mit einem dritten Logo: Neben dem von Kongos Naturschutzbehörde ICCN und der Umweltschutzorganisation WWF prangte der Schriftzug der Stiftung von US-Milliardär Howard Graham Buffett.[33] Der ehemalige Direktor des Weltkonzerns Coca-Cola und Sohn des Multimilliardärs Warren Buffett, eines der reichsten Männer der Welt, hatte sich auf die Fahnen geschrieben, den Virunga vor den Ölbohrungen zu bewahren. Der gelernte Farmer ist ein leidenschaftlicher Gorilla-Fan. Im Interview berichtete der Milliardär, wie er 2009 zum ersten Mal den Kongo besuchte, aber wegen des Krieges die Gorillas nicht sehen konnte. Ein lang ersehnter Traum blieb unerfüllt. Zu jener Zeit machte er die Bekanntschaft mit Parkdirektor de Mérode. Seitdem verbindet die beiden eine innige Freundschaft.[34]

In einer leerstehenden Fünf-Sterne-Lodge mit offenem Kamin hatte Milliardär Buffett genächtigt, als er im Jahr 2012 erneut in den Virunga gereist war. Sein Ziel: dieses Mal endlich die Gorillas zu sehen. Wieder herrschte Krieg, wieder war ein Gorilla-Besuch nicht sicher. »Wir konnten von weitem das Feuergefecht hören«, so Buffett.

Damals musste Buffett einsehen: Der Park war nur zu retten, wenn es Sicherheit gibt, damit Touristen kommen und Einkünfte garantieren. Doch dazu musste eine Lösung für die Rebellen gefunden werden. Das M23-Hauptquartier lag nur einen Steinwurf von der Parkstation entfernt. Abends kamen die Kommandeure gern in die Luxus-Lodge, um am offenen Kamin Whisky zu trinken. Kurzerhand lud der US-Milliardär M23-Rebellenführer Sultani Makenga zum Abendessen ein. Er interessiere sich dafür, warum er kämpfe. Ein Teilnehmer erzählte später: Dabei wurde statt Whisky Coca-Cola getrunken.[35]

Buffett machte dem Tutsi-General ein Angebot: Er solle mit seinen gut trainierten Kämpfern für den Park arbeiten, als Wildtier-Schutztruppe. Doch Makenga lachte nur: »Ich kämpfe für politische Ziele, nicht für Gorillas.« Die Idee floppte. Später finanzierte Buffett die Friedensverhandlungen zwischen der M23 und Kongos Regierung im Nachbarland Uganda, die ebenfalls im Sand verliefen. Zehn Jahre später kämpft die M23 noch immer. Im Frühjahr 2022 nahm sie erneut Teile des Virunga ein, wieder warfen Kampfhubschrauber Bomben über dem Regenwald ab, wieder konnten keine Touristen kommen.[36]

Am offenen Kamin hatte Buffett nach dem Treffen mit dem Rebellenführer in jener Nacht den Marshall-Plan ausgeheckt, wie er ihn nannte. Damals fehlten zehn Millionen Dollar, um ein Wasserkraftwerk fertigzustellen, das de Mérode plante. Ein Investor war wegen des Krieges abgesprungen. »Ich saß mit Emmanuel auf dem Sofa, er war bedrückt«, erzählte Buffett. »Ich erinnere mich, wie ich mich zurücklehnte und sagte, dass wir das Projekt unbedingt machen müssen.« Der Multimilliardär drehte von da an den Geldhahn auf, um den Virunga zu retten.

Seitdem wurden ständig weitere Projekte angeschoben: Straßen teeren, Kaffeeröstereien finanzieren, Wasserkraftwerke bauen. Buffett konnte sie im Interview gar nicht mehr alle aufzählen, so viele waren es geworden: »Wenn ich ein Projekt sehe, das dem Ostkongo hilft, dann finanzieren wir das.«

Buffett hat auch den Film *Virunga* finanziert, der für die Oscars nominiert war. Schwindelerregende Kamerafahrten zeigen Elefantenherden, die durch die Savanne waten. In atemberaubenden Nahaufnahmen kann man den Babygorillas beim Spielen zusehen. Die Bilder faszinieren, die Botschaft rüttelt auf. Kurz: Der Park ist in Gefahr! Der Film war eine unglaublich erfolgreiche PR-Kampagne. Von da an drehte sich im Ostkongo nicht mehr nur alles um Krieg und Mineralien wie Coltan und Gold, sondern um das Öl und den Virunga.

Die Regierung in der 2000 Kilometer entfernten Hauptstadt Kinshasa sah Buffets Bemühungen mit Skepsis. Sie hatten dazu geführt, dass die lukrativen Ölverträge gescheitert waren, jetzt befürchtete man, der Amerikaner wolle sich den Nationalpark endgültig unter den Nagel reißen. Buffett bekam im Kongo keine Landeerlaubnis mehr für sein Privatflugzeug. Er musste über das verfeindete Nachbarland Ruanda anreisen, wo er sich mit dem dortigen Präsidenten Paul Kagame anfreundete. Immerhin: 2013, nach Ende des Krieges, hat es dann auch endlich mit dem Gorilla-Besuch geklappt.

So wurde der Virunga innerhalb von kurzer Zeit zu einem mächtigen Player. Offiziell ist er immer noch der Naturschutzbehörde unterstellt. Doch die damals rund fünf Millionen Dollar Jahresbudget stammten zu jener Zeit nur zu fünf Prozent aus der Staatskasse.[37] Der Löwenanteil wurde aus Eintrittsgebühren, den Gorilla-Permits, EU-Fördertöpfen und Stiftungsgeldern der ZGF finanziert – also ein volles Zuschussgeschäft. Durch den Krieg hatten sich jedoch viele NGOs, wie die ZGF, aus den Projekten zurückgezogen. Touristen kamen auch keine mehr. Die Finanzierung stand auf wackeligen Beinen.

Buffetts Marshall-Plan sah vor, dass der Virunga als PPP finanziell komplett unabhängig würde, ganz nach dem Vorbild von African Parks. Im August 2013 hatte die in Großbritannien eingetragene Virunga Stiftung unter dem Logo der Virunga Alliance eine gemeinnützige Firma mit Sitz in Belgien gegründet. Die Idee: Das gemeinnützige Unternehmen sollte rund um den Nationalpark Strom verkaufen; Seife aus Palmöl produzieren, Enzyme für kommerzielle Zwecke aus dem Latex von Papayabäumen gewinnen. Alle Profite sollten direkt in die Stiftung zurückfließen, damit sie re-investiert werden können. Als Organisationszweck gab die Stiftung an, sie investiere in »Friedensbildung« und »wirtschaftliche sowie soziale Entwicklung« in einer Region, die sich gerade »von einer katastrophalen Periode bewaffneter Konflikte erholt«.[38]

Mit Kongos Regierung festigte Parkchef de Mérode, der von nun an auch als Geschäftsführer der Virunga Alliance fungierte, die bislang eher kritischen Beziehungen. 2015 unterschrieb er mit Kongos Naturschutzbehörde ICCN ein Memorandum of Understanding mit einer Laufzeit von 25 Jahren.[39] Der Virunga wurde quasi »outgesourct«, eine Tendenz, die heute bei vielen Parks auf dem Kontinent zu beobachten ist und die am Beispiel von African Parks beschrieben wurde.

Doch bevor Profite fließen konnten, musste erst einmal gewaltig investiert werden. Allein die sieben Wasserkraftanlagen wurden mit 166 Millionen Dollar veranschlagt. Doch Buffett ließ sich nicht abschrecken. Plötzlich rollten über die unsicheren, ungeteerten Straßen im Kriegsgebiet Bagger an: Staudämme, Wasserkraftanlagen, Stromtrassen, Luxus-Lodges wurden hochgezogen. US-Philanthrop Buffett pumpte 150 Millionen Dollar in das Projekt, allein als Startkapital: »Nach oben gibt es kein Limit«, betonte er im Interview. Buffetts neuer Park wurde damit über Nacht zum Hauptinvestor im Ostkongo. Mit über 3000 Angestellten war er mittlerweile der größte Arbeitgeber der Provinz. Dessen Wasserkraftprojekte liefern heute mehr Strom als die staatlichen Betreiber.[40]

»Es ist ganz einfach«, erklärte de Mérode 2015 seine weitreichenden Pläne: Der Park sei einst im Interesse der Menschheit gegründet worden, heute sei er Weltnaturerbe. »Es ist also die Weltgemeinschaft, die davon profitiert.« Dann ergänzte er: »In Wirklichkeit aber bezahlt die lokale Bevölkerung den Preis.« Diesen Preis könne man ziemlich einfach berechnen: »Innerhalb des Parks haben wir mehr als 4000 Quadratkilometer fruchtbares Ackerland, das sind mindestens eine Million Äcker«, so der Anthropologe: Eine kongolesische Bauernfamilie produziere rund 600 Dollar pro Jahr und Feld. Sein Fazit: »Wir sprechen also von rund 600 Millionen Dollar, die den Menschen entgehen – einer der ärmsten Bevölkerungen weltweit.«[41]

Wenn de Mérode von seiner Vision sprach, dann leuchteten seine hellblauen Augen. »Deswegen wollen wir ihnen ein Einkommen versprechen, womit sie sich ebenso gut finanzieren können wie durch Ackerbau.« Sein Ansatz folgte einer simplen Formel: Alternative Jobs schaffen, damit die jungen Männer nicht zur Waffe greifen und alternative Einkommensquellen zum Ackerbau entstehen. Der Schlüssel dazu sei die Stromgewinnung, durch die sich Investoren anlocken ließen, die Arbeitsplätze schaffen. Laut de Mérodes Machbarkeitsstudie ließen sich pro Megawatt erzeugten Strom bis zu 1000 Jobs schaffen. Bald sollten die fertiggestellten Wasserkraftwerke 50 Megawatt produzieren. »Das wären bis zu 50 000 Jobs!«, rechnete er vor. Damit könne der Gewaltkreislauf durchbrochen werden: Gehe man von einer Zahl zwischen 5000 und 8000 Kämpfern in den bewaffneten Gruppen rund um den Park aus, deren Reintegration in die Gesellschaft schwer sei, »dann könnten wir diese mit den neuen Jobs leicht absorbieren«, so de Mérodes Friedensmathematik.

Der Belgier rechnete weiter. Bis 2020 könnten rund 28 000 Touristen pro Jahr den Virunga besuchen. Dies würde dann dem Kongo jährlich eine glatte Milliarde Dollar an Einnahmen einbringen. In den Nachbarländern würde der Tourismussektor einen enormen Beitrag zum Staatshaushalt ausmachen. »Ruanda macht 200 Millionen Dollar jährlich mit dem Tourismus«, so de Mérode damals. Kenia erwirtschaftet mit den Nationalparks sogar bis zu 3,5 Milliarden Dollar. »Das sind 100 Millionen Dollar mehr, als der kongolesische Staatshaushalt pro Jahr zur Verfügung hat«, sagte er: »Das ist kein Spiel, sondern ein strategisch bedeutender wirtschaftlicher Sektor für die Zukunft des Landes, wenn er gut entwickelt wird.«

In Anbetracht des Dauerkrieges im Ostkongo mochte einem bei diesen Prognosen schwindelig werden. Denn nichts im Kongo ist einfach. In einem Vierteljahrhundert Konflikt hatte sich eine ausgefeilte Kriegswirtschaft etabliert, in welcher mächtige, überregionale Netzwerke viel Geld machen. Diese Akteure haben kein

Interesse an Frieden. Doch der belgische Prinz versprach den rund vier Millionen Kongolesen im Umkreis des Virunga: Sobald der Virunga Profite abwirft, soll ein Drittel der Einnahmen in die Entwicklung ihrer Gemeinden fließen.

Im April 2014, kurz nach der Oscar-Nominierung des Netflix-Films *Virunga,* in welchem auch de Mérode eine Rolle spielt, geriet er mitten im Park in einen Hinterhalt. Er war auf dem Weg zurück aus Goma, wo er dem dortigen Militärstaatsanwalt Beweise im Fall des von SOCO bestochenen Major Feruzi übergeben hatte. Kurz vor der Wegkreuzung, wo die Straße zum Park-Hauptquartier nach Rumangabo abbiegt, fielen plötzlich Schüsse. Er überlebte gerade so mit fünf Kugeln im Leib.[42]

Inseln der Instabilität

Der Virunga mochte sich für Tourismus eignen, aber bot keine Sicherheit. Das bewiesen die Kugeln, die an jenem Tag de Mérode trafen, nur allzu deutlich. Die Menschen, die um den Virunga herum leben, wussten dies nur zu genau. Sie machten diese Erfahrung täglich.

Wie eine Insel im Herzen des Nationalparks lag das Verwaltungsgebiet Rutshuru mit der gleichnamigen Bezirkshauptstadt. Rund 1,5 Millionen Menschen lebten zu diesem Zeitpunkt in dem Bezirk wie auf einem Quasi-Atoll. Die Bevölkerung explodierte förmlich, drang immer tiefer in den Park ein. Die Grenze zwischen den Maisfeldern des Bauern und dem zu schützenden Urwald waren fließend – und umstritten.

Drei Überlandstraßen kreuzten sich in der gleichnamigen Kleinstadt Rutshuru. Sie alle führten durch den Park. Entlang der Hauptstraße wirkte im Sommer 2014 zuerst alles friedlich. Der Krieg gegen die M23 war bereits vorbei, Kinder schlenderten zur Schule, Frauen schleppten Tomaten auf den Markt, Lastwagen vollbeladen mit Holzkohle tuckerten gen Süden in die 80 Kilometer entfernte Millionenstadt Goma. Polizisten saßen im Restaurant und tranken Bier. Noch vor zwei Jahren beherrschten die M23-Rebellen das Gebiet. Von Rutshuru aus hatten sie 2012 zuerst den Virunga und dann Goma erobert. Ein Jahr später wurde die M23 geschlagen und zog sich über die Grenze ins Nachbarland Uganda zurück, wo deren Kämpfer und Anführer Makenga von Ugandas Armee kaserniert waren.[43]

Doch der erste Eindruck trog. Die ruandischen Hutu-Rebellen der FDLR und örtliche Milizen machten das Gebiet unsicher. Sie versteckten sich im Unterholz des Parks, wo sie Holzkohle herstellen: Sie entführten Leute, gar Kleinkinder, um Lösegeld zu erpressen. Sie überfielen Lkws aus Hinterhalten, um Beute zu machen. Tausende Soldaten der Armee wurden Anfang 2014 auf Militäroperationen in den Wald geschickt. Sie jagten die Rebellen ohne genügend Ausrüstung. Oft schlugen sie hungrig in Rutshuru auf, verlangten Verpflegung. »Wir leben hier auf einer Insel der Unsicherheit, und Schuld daran ist der Park!«, fluchte Innocent Gasigwa, Chef der Zivilgesellschaft in Rutshuru. Er starb kurz darauf an einem Herzinfarkt.[44]

Im Frühjahr 2014 saß Gasigwa in einem kleinen Zimmer ohne Fenster nahe dem UN-Lager in der Kleinstadt Kiwanja, nur wenige Kilometer von Rutshuru entfernt. Von Gasigwas Schreibtisch aus waren die weißen Sandsäcke mit Stacheldraht zu sehen. Bis vor wenigen Monaten hausten noch rund 2300 Vertriebene in Zelten vor dem UN-Lager. Von den UN-Blauhelmen erhofften sie sich Schutz. Doch dann hat Provinzgouverneur Julien Paluku die Menschen nach Hause geschickt. Es gäbe jetzt Frieden, hatte er erklärt.

Auch der damalige UN-Chef im Kongo, der Deutsche Martin Kobler, kam angereist. Mit dem Hubschrauber landete er im UN-Lager, weil die Straße durch den Park als nicht sicher galt. »Rutshuru ist jetzt eine Insel der Stabilität«, erklärte auch er und war wieder weggeflogen. Die »Inseln der Stabilität« waren Koblers Lieblingskonzept, unter Kongolesen höchst umstritten. Es baute darauf auf, dass der Staat – also Polizei und Armee – in der Lage sei, ein Gebiet zu sichern, wenn man es von den Rebellen zurückerobert hatte. Rutshuru war die erste, offiziell erklärte »Stabilitätsinsel« in Ostkongo. Nach dem Abgang der M23 war 2013 wieder eine staatliche Verwaltung eingesetzt. Sie hatte aber nur ein Jahresbudget von 700 Dollar. Als jedoch Buchprüfer vom Finanzministerium aus Kinshasa ankamen, machte sich der Verwalter aus dem Staub. Die Kasse war daraufhin leer. Das Verwaltungsbüro auch. Davor saßen unbezahlte Polizisten. Sie waren schon am Morgen sturzbetrunken.[45]

Das Beispiel Rutshuru zeigte: Sicherheit und Stabilität – Fehlanzeige! Nach Einbruch der Dunkelheit traute sich niemand mehr auf die Straße, denn ohne Strom war es selbst im Stadtzentrum stockduster. Die Bauern fürchteten am Tag, auf ihre Äcker zu gehen, um die Ernte einzuholen, weil Rebellen am Waldrand lauerten. »Der Park ist ein Brutkasten für Milizen«, so der Menschenrechtsbeauftragte Gasigwa. Er hatte gerade einen Bericht zusammengestellt und wollte ihn der UN-Mission vorlegen: Fast täglich ereigneten sich Entführungen, Plünderungen, Vergewaltigungen, Morde, Überfälle auf Fahrzeuge – die ganze Palette der Gewalt. »Die hohe Arbeitslosigkeit drängt junge Männer wiederum in die Miliz«, so Gasigwa. Derselbe Gewaltkreislauf seit 20 Jahren.

Einst hatten die Kongolesen die Hoffnung, dass UN-Blauhelme für Ordnung sorgen könnten, erzählte Gasigwa. Dennoch wurde Rutshuru zigfach von Rebellen erobert. 2012 kam die britische Ölfirma SOCO und eröffnete ein Büro. Die Einwohner standen Schlange, bettelten um Jobs. Niemand wurde angeheuert. Dann verschwand SOCO wieder. Stattdessen stellte Parkverwalter de Mérode klar: Ölbohrungen seien schlecht für die Umwelt. Jetzt würde der Virunga Jobs schaffen. Gasigwa zeigte sich skeptisch: »Ausgerechnet der Nationalpark, der für uns doch die Quelle der Unsicherheit darstellt, soll jetzt Rutshuru voranbringen?«.

Der Krieg gegen die Wilderei: Wie aus Wilderern Terroristen wurden

Als 2016 über 100 Tonnen Elfenbein in der kenianischen Savanne auf einem Scheiterhaufen abgefackelt wurden, war das der symbolische Höhepunkt im Krieg gegen die Wilderei. »Die steigenden Preise für illegales Elfenbein auf dem Weltmarkt führen zu Massakern in Afrikas Regenwäldern«, erklärte Kenias Präsident Uhura Kenyatta während der Zeremonie. »Wenn wir jetzt nicht handeln, riskieren wir, dieses großartige Tier zu verlieren.«[46]

Tierschützer hatten nach einer Elefantenzählung Alarm geschlagen: Laut Schätzungen waren in Subsahara-Afrika in der Zeit von 2006 bis 2016 über 111 000 Elefanten getötet worden. Die Hochphase der Elefantenjagd war im Jahr 2011. Alle 15 Minuten wurde zu jener Zeit in Afrika illegal ein Elefant erlegt. Mit knapp mehr als 400 000 Elefanten, die auf dem Kontinent noch übrig waren, brauche es nur noch elf Jahre, bis der letzte den Wilderern vor die Flinte läuft, so die Warnung von IUCN, die von zahlreichen NGOs weltweit übernommen wurde.[47]

Tansania war von der Wilderei am meisten betroffen gewesen, besonders der Selous. Dort war die Zahl der Elefanten 2011 auf einen alarmierenden Bestand zurückgegangen. Der 2016 vom WWF veröffentlichte Bericht »Saving Selous« vermeldete einen Rückgang um 90 Prozent in den vergangenen vier Jahrzehnten. Wenn die Wilderei so weiterginge, seien die Elefanten bis zum Jahr 2022 ausgerottet, hieß es damals.[48]

Die Ursachen für die massive Elefantenwilderei sind vielfältig und komplex. Und: Sie sind nicht nur in Afrika selbst zu suchen, sondern weltweit. Der Elfenbeinhandel war schon immer Teil des Welthandels, es ist ein nachfrageorientiertes Geschäft. Mit der zunehmenden Einbindung Afrikas in die Weltwirtschaft stieg auch die Nachfrage nach Elfenbein an. Masegeri Rurai, ZGF-Projektmanager in der Serengeti, beschrieb die Nullerjahre als Jahre des Wachstums, als Tansania sich wirtschaftlich für Investoren aus

China öffnete, die große Infrastrukturprojekte im Landesinneren verwirklichten. Mit dem zunehmenden chinesischen Engagement stieg auch die Nachfrage nach Elfenbein. »Die Wilderer organisierten sich damals, plötzlich trugen sie Maschinengewehre statt Pfeil und Bogen«, berichtete Rurai.

Der Tansanier war in einem Dorf am Rande der Serengeti aufgewachsen und erinnerte sich noch an das letzte Nashorn, das in seiner Heimatregion in den späten 1990er-Jahren erschossen wurde. »Die Regierung hat die örtlichen Gemeinden beschuldigt, Teil des Problems zu sein – dabei war das für sie einfach nur schnelles Geld«, so Rurai.[49] Johannes Kirchgatter, beim WWF Deutschland für Ostafrika zuständig, erklärte in diesem Zusammenhang, die Wilderer hätten sich infolge der hohen Nachfrage aus Asien gut ausgerüstet, auch mit Nachtsichtgeräten und Maschinengewehren. »Es waren keine armen Bauern, die versuchten, sich ihr Abendbrot ein bisschen aufzubessern oder sich vor dem Verhungern zu retten«, so Kirchgatter. »Das ist wirklich eine Mafia mit hohen Gewinnspannen.«[50]

Diese Mafia zeigte sich in Tansania bereit, gegen jeden vorzugehen, der sich ihnen in den Weg stellte. Im August 2018 wurde Tansanias bekanntester Elefantenschützer in Daressalam erschossen. Der weiße Südafrikaner Wayne Lotter, 51 Jahre, war 2016 durch den Dokumentarfilm *The Ivory Game* (auf Deutsch: *Das Elfenbein-Komplott*) berühmt geworden, der unter anderem von US-Schauspieler Leonardo DiCaprio produziert wurde. In dem Film ermittelt Tansanias Kriminalamt gegen einen Wilderer-Ring, der für den Tod Tausender Elefanten verantwortlich gemacht wurde. »Shetani Hana Huruma« nannte sich der Chef dieser Bande, übersetzt aus dem Kiswahili: der Teufel kennt keine Gnade. Er war im Oktober 2015 festgenommen worden, als er Elfenbein im Wert von rund 800 000 Euro verkaufen wollte. Im März 2020 wurde er zu zwölf Jahren Gefängnis verurteilt.[51]

Lotter war Mitgründer und Direktor der PAMS-Stiftung, die das Kriminalamt sowie die nationale Wildtierschutzbehörde

TAWA (Tanzania Wildlife Management Authority) unterstützt. Womöglich war er dadurch zum Ziel der Wildereibande geworden, denn der Film hat ihn weltweit berühmt gemacht. Lotter hatte in den Wochen vor seiner Ermordung Todesdrohungen erhalten und wurde dann gezielt auf dem Weg vom Flughafen ins Hotel erschossen. Ein anderes Auto stoppte sein Taxi, zwei Männer stiegen aus und ballerten los.[52]

Gegen diese Mafia kamen die Wildhüter nicht mehr an. In einer Studie von 2022 untersucht IUCN Fälle von 1535 Rangern, die in den vergangenen 16 Jahren in Afrika im Dienst ums Leben kamen. 648 von ihnen seien im Untersuchungszeitraum Tötungsdelikten durch Wilderer oder Milizen zum Opfer gefallen, so das Ergebnis.[53] Naturschutzorganisationen fordern seitdem eine bessere Ausbildung und Ausrüstung zur Selbstverteidigung der Ranger, um sich gegen diese schwer bewaffneten Wilderer zu behaupten. Ilka Herbinger vom WWF Deutschland, zuständig für das Kongobecken, erklärte, man habe als Partner eine »Sorgfaltspflicht« gegenüber den Rangern, die sich verteidigen müssten. Sie nennt das Beispiel des Salonga-Nationalparks im Kongo, wo sich mitunter fünf Ranger eine Waffe teilen.[54]

Der WWF veröffentlichte 2018 die Studie »Life on the Frontline« über die weltweiten Lebens- und Arbeitsbedingungen der Wildhüter mit Ergebnissen einer Umfrage unter mehr als 1300 Rangern in Afrika. Weniger als ein Viertel der Befragten gab an, Zugang zu einer Waffe oder eine ausreichende Ausbildung genossen zu haben. Das Fazit der Studie lautete: Bessere Ausrüstung – von den Schuhen, über Funkgeräte bis hin zur Waffe – führen zu besseren Ergebnissen und Verhaltensweisen der Wildhüter.[55]

Im Zuge des Krieges gegen die Wilderei reagierten internationale Geber und NGOs mit mehr Mitteln für eine bessere Ausrüstung und Ausbildung für die Wildhüter, meist unter den Schlagworten »Kapazitätsbildung« oder »Professionalisierung«. »Die Gefahr ist natürlich, dass es dann zu einem Wettrüsten kommt«, lenkte Kirchgatter vom WWF ein.[56] »Das heißt, es ist oft sinnvoller, statt in technische Ausrüstung zu investieren, die jetzt extrem technisch fortgeschritten ist, die echten Knackpunkte zu adressieren.«[57]

2017 meldete CITES zum ersten Mal seit Jahrzehnten einen Rückgang der Wilderei für Elfenbein, vor allem in den Ländern Ostafrikas.[58] Seitdem nehmen die Bestände in den meisten Ländern wieder zu. Auch erholten sich die Berggorillas weiterhin. Bereits 2011 vermeldete IUCN, dass sich die Zahl der Gorillas so sehr vermehrt habe, dass sie nicht mehr unter die Kategorie *critically endangered,* sondern nun nur noch unter *endangered* fallen.[59]

Ein wesentlicher Grund für den Rückgang der Wilderei seit 2016 war jedoch nicht die Aufrüstung der Wildhüter in Afrika, sondern in erster Linie der Importstopp für Elfenbein in China, bislang größter Abnehmer weltweit. Seitdem die Volksrepublik Ende 2016 dem Washingtoner Artenschutzabkommen beigetreten war, waren die Weltmarktpreise gesunken. Zunehmend wurden Lieferungen entlang der Handelsrouten zwischen Afrika und China sichergestellt.[60] Im Juli 2019 wurde am Hafen von Singapur eine Containerladung mit 8,8 Tonnen Elfenbein von über 300 Elefanten mithilfe von Informationen des chinesischen Zolls beschlagnahmt – ein erster Meilenstein.[61] Insgesamt, so chinesische Angaben, haben Chinas Zollbehörden allein im Jahr 2019 rund 1200 Tonnen sichergestellt.[62]

Diese Zollkontrollen in Asien hatten in Afrika einen unmittelbaren Effekt: Im Juni 2019 verkündete Tansanias Tourismusminister, Hamisi Kigwangal, den »Sieg im Krieg gegen die Wilderei.« Die Zahl der erlegten Elefanten sei um 70 Prozent zurückgegangen, sagte er stolz. Er dankte allerdings nicht den Bemühungen des chinesischen Zolls, sondern lobte die Anti-Wilderei-Einheiten, die in den vergangenen Jahren »gute Arbeit« geleistet hätten, die »Multi-Millionen-Dollar-Tourismusindustrie des Landes zu schützen«, die zu 90 Prozent von den Wildtieren abhänge.[63]

Rückblick: »Das weiße Gold des Dschihad«

Ausgerufen wurde der Krieg gegen die Wilderei 2012. Damals waren im kongolesischen Garamba-Nationalpark die Kadaver von 26 Elefanten entdeckt worden. Wo sonst ihre Stoßzähne sind, klafften blutige Stümpfe. Es war eines der größten Elefantenmassaker der vergangenen Jahre. Der Garamba galt einst als Kronjuwel unter den Jagdgebieten des kongolesischen Präsidenten Mobutu Sese Seko. Auch der bayerische Ministerpräsident Franz Josef Strauß war in den 1980er-Jahren dort mit dem Diktator auf Elefantenhatz gegangen. 2005 hatte African Parks den Park übernommen und wollte ihn mithilfe des Tourismus finanziell auf Vordermann bringen. Doch 2006 nisteten sich die Rebellen der ugandischen Miliz LRA nach ihrer Flucht aus ihrer Heimat in den Wäldern ein. Kurz nach der Entdeckung der Kadaver bezeichnete African Parks den Garamba als »Ground Zero« im Krieg gegen die Wilderei.[64]

Schnell wurden Vermutungen laut, die LRA-Rebellen hätten die Elefanten erlegt. Die ugandische Miliz war gerade von US-Behörden zur Terrororganisation deklariert worden.[65] Es war die Hochphase des weltweiten Krieges gegen den Terror, auch in Afrika. 2010 hatte die somalische, islamistische Miliz Al-Shabaab in Ugandas Hauptstadt Kampala Selbstmordbomben gezündet und dabei 74 Menschen getötet.[66] 2011 waren US-Spezialeinheiten nach Afrika entsandt worden, um die LRA zu zerschlagen.[67] Und auch gegen die Al-Shabaab waren US-Streitkräfte entsandt worden: Von seinen Stützpunkten am Horn von Afrika aus flog das US-Militär seit 2011 Drohnenangriffe auf Al-Shabaab-Einheiten in Somalia.[68]

Inmitten dieser Ereignisse wurde im Mai 2012 der britische Zoologe und Gründer der NGO Save the Elephants, Iain Douglas-Hamilton, nach Washington eingeladen. Der für Afrika zuständige Senatsausschuss beriet über die Herausforderungen der Wilderei und die Sicherheit in Afrika. In seiner »Zeugenaussage« vor dem Senat sprach Douglas-Hamilton von Umsatzzahlen im Elfenbeinhandel von bis zu neun Milliarden Euro pro Jahr. Dies sei mehr, als durch illegalen Waffen- oder Drogenhandel gewonnen würde. Als Akteure nannte er asiatische Syndikate, die nun vermehrt in Afrika tätig seien, sowie afrikanische Wilderer, die Beziehungen zu »kriminellen Gangs und Milizen in Ländern wie Sudan und Somalia« unterhielten.[69] Gemeint waren die islamistische Al-Shabaab-Miliz in Somalia, die Janjaweed-Milizen in Sudans Bürgerkriegsregion Darfur sowie die ugandische LRA, die Beziehungen nach Sudan unterhielt. Die Bekämpfung der Wilderei in Afrika wurde zu einem Teil des Krieges gegen den Terror. Die Wilderer wurden zu Terroristen erklärt.

Zur Bekämpfung des Terrorismus in Afrikas Nationalparks verlangte Douglas-Hamilton in seiner Rede reichlich militärische Ausstattung: Hubschrauber, Flugzeuge, Drohnen, GPS-Sender, die in Wildtiere eingepflanzt werden, um via Satellitenverbindung ihre Bewegung zu verfolgen, sowie andere »Hightechlösungen«. Konkret nannte er Softwareanwendungen, die seine NGO gerade entwickelt hatte: »Ein Algorithmus, der Verletzungen und Tod« feststellt und dann automatisch Patrouillen alarmieren könne.[70]

Seine Forderungen waren erfolgreich: 2016 wurde in den USA das Globale Anti-Wilderei-Gesetz verabschiedet, welches die US-Entwicklungsagentur USAID (United States Agency for International Development) beauftragte, in Afrika gegen die Wilderei vorzugehen.[71] USAID implementiert dieses Vorhaben seitdem durch die US-amerikanische Naturschutzorganisation WCS und den WWF. Sie finanzieren vor allem die Ausbildung und Ausrüstung der Wildhüter.

Im Auftrag des WWF: Söldner- und Sicherheitsfirmen

Douglas-Hamilton stützte seine Aussagen auf Recherchen, die die Sicherheitsanalysten Nir Kalron und Andrea Crosta zwischen 2010 und 2012 in Kenia durchgeführt hatten, einem Transitland für Elfenbein an die Häfen am Indischen Ozean. Ihr 2011 nur in Auszügen veröffentlichter Bericht mit dem Titel »Africa's White Gold of

Jihad« besagte, dass sich afrikanische Terrorgruppen durch den Elfenbeinhandel finanzierten. Angeblich handeln die Milizen mit rund drei Tonnen pro Monat.[72]

Der Israeli Nir Kalron ist bis heute eine der schillerndsten Persönlichkeiten im Krieg gegen die Wilderei. Bereits sein Vater hatte als Oberst der israelischen Luftwaffe die kenianischen Piloten der Wildtierschutzbehörde KWS (Kenyan Wildlife Services) trainiert. Als ehemaliger Elitesoldat in Israels Armee agierte sein Sohn als Sicherheitsberater, als die Piraterie am Horn von Afrika zunahm, sowie als Waffenhändler für Regierungen wie die von Libyens Präsident Muammar Gaddafi. 2012 entdeckte er neue Kunden für seine Dienste im Naturschutzsektor.

Kalrons private Sicherheitsfirma, die er mit Sitz in Tel Aviv 2012 gründete, ist mittlerweile die erste Adresse für die Ausbildung von Anti-Wilderei-Einheiten. »Maisha bedeutet Leben« – steht auf der Website der Maisha Group. Deren Präsident ist James Dutton, britischer Marineoffizier und ehemaliger Kommandant der NATO-Mission in Afghanistan. »Wir operieren nicht als private Armee oder unterlaufen die staatliche Souveränität der Länder«, erklärte Kalron seine Geschäftsidee. »Wir arbeiten mit Partnern wie WCS in verschiedenen Hotspots zusammen, bauen Verbindungen zu staatlichen Stellen auf, um spezielle Trainings abzuhalten, Geheimdienstinformationen zu teilen oder gemeinsame Operationen durchzuführen.«[73] In einem Interview legte er damals seine Motivation, für die Artenvielfalt zu kämpfen, dar: »Wir hatten das Gefühl, dass die Situation mit den Elefanten uns zu den Waffen gerufen hat.«[74] In seinem mittlerweile multinationalen Team habe er Experten für jegliche Disziplin, so Kalron: »Analysten aus israelischen Geheimdiensten, Spezialkräfte, Technikexperten.« Sie sprechen Arabisch, aber auch afrikanische Sprachen wie Hausa und Somali. Die meisten seien jedoch keine einfachen Söldner, sondern arbeiteten für Maisha, »weil sie emotional involviert sind«.[75] Konkrete E-Mail-Anfragen zu seinen späteren Missionen im Dschungel beantwortete Kalron jedoch nicht.[76]

Seinen ersten offiziellen Auftrag erhielt Kalrons Firma 2013 nach einem weiteren Elefantenmassaker. In der Zentralafrikanischen Republik hatten muslimische Rebellen, nachdem sie die Hauptstadt Bangui eingenommen hatten, im Dzanga-Sangha-Nationalpark mehr als 20 Elefanten erlegt, mit Maschinengewehren und Raketenwerfern. Der Park war gerade dabei gewesen, sich für den Tourismus zu öffnen und hatte im Rahmen des Fonds FTNS Gelder aus Deutschland erhalten. Verwaltet wurde er vom WWF Deutschland und WCS – die durch die Präsenz der Rebellen ihre Projekte in Gefahr sahen. WWF-Projektmanager Jean-Bernard Yarissem kam beim Ansturm der Rebellen auf den Park gerade so mit dem Leben davon. Er floh aus seinem Büro in den Dschungel und versteckte sich dort im Unterholz.[77]

In Tel Aviv sah Kalron die Bilder der Elefantenkadaver im Fernsehen und stieg kurz entschlossen ins Flugzeug.[78] Der ehemalige Elitesoldat mutierte in jenem Moment vom Analysten zum Söldner, der in den Dschungel vorrückte, um die Rebellen zu verjagen. Gemeinsam mit einer Handvoll Kameraden der israelischen Spezialeinheiten durchkämmte er den zentralafrikanischen Regenwald. Unter den leeren Patronenhülsen fand er welche, die aus Waffenfabriken im Iran stammen, Israels Erzfeind.[79]

Auch Kalrons Co-Autor, der in den USA wohnhafte Italiener Andrea Crosta, stieg in jenem Jahr in das Geschäft der Wilderei-Bekämpfung ein. Der damalige Sicherheitsberater für verschiedene Regierungen in Sachen Piratenbekämpfung gründete ebenfalls 2012 die NGO Elephant Action League in Kalifornien, die später zu ELI (Earth League International) umbenannt wurde. Seit 2014 betreibt sie die Internetseite »Wildleaks«, eine Whistleblower-Plattform gegen Wilderei, die eine »mögliche finanzielle Zuwendung von der US-Regierung« für Informationen über Wilderei verspricht.[80] Sein Team bestehe aus Geheimdienstlern und ehemaligen Mitgliedern der Strafverfolgungsbehörden wie dem US-Bundeskriminalamt FBI (Federal Bureau of Investigation), schreibt Crosta unter dem Stichwort »Berufserfahrung« auf dem

Onlinenetzwerk LinkedIn. Er bezeichnet ELI als »innovative gemeinnützige Organisation, die die Welten der Geheimdienste und des Naturschutzes zusammenbringt – im Dienste der Wildtiere, der Ozeane, der Wälder und der Menschen, die sie verteidigen.«[81]

Nur wenige Monate später, im Februar 2015, war das Problem offenbar unter Kontrolle – zumindest im Dzanga Sangha. Was genau in diesen Tagen in den dichten Wäldern geschah, lässt sich bis heute nicht nachvollziehen. Bekannt ist, dass der WWF 2014 ein siebenwöchiges Training für Anti-Wilderei-Einheiten finanzierte, das von Kalrons Elitesoldaten durchgeführt wurde, auch der Gebrauch von Waffen wurde geübt. Anfang 2015 meldete der WWF: »Friede ist eingekehrt im Dzanga-Sangha.«[82]

»Unhaltbare Annahmen«

Das Problem mit den Rebellen im Park hatte sich mit Maishas Unterstützung lösen lassen. Seitdem entstanden in Afrika zahlreiche solcher Sicherheitsfirmen, die ihre Dienste den nationalen Naturschutzbehörden und internationalen NGOs anbieten. Akademiker und Experten sehen Maishas Engagement jedoch mit Skepsis. Die Politologin Natasha White verfasste 2014 einen kritischen Artikel, in dem sie die Zusammenhänge zwischen dem Krieg gegen den Terror und dem Krieg gegen die Wilderei untersucht. Sie kommt hinsichtlich Kalrons und Crostas These, Terror-Milizen würden sich vom Elfenbeinhandel finanzieren, zum Schluss: »Die Rechtfertigung des Krieges [gegen die Wilderei] basierte auf einer Serie unhaltbarer Annahmen.«[83] Wie sich nämlich herausstellte, stützten Kalron und Crosta ihre Behauptungen – die Terror-Gruppen finanzierten sich durch illegalen Elfenbeinhandel – lediglich auf ein Gespräch mit zwei anonymen Informanten in einem Hotel in Nairobi. Wer diese Quellen waren, ist bis heute nicht bekannt. ELI veröffentlichte erst 2016 in einer aktualisierten Version des Berichts den einsichtigen Kommentar: »Elfenbein spielte im Gesamtbudget von Al-Shabaab eine relativ kleine Rolle.«[84]

Zu ähnlichen Schlussfolgerungen kam 2015 auch der erfahrene LRA-Experte Ledio Cakaj in seinem Bericht »Tusk Wars« im Auftrag der NGO Enough Project. Er interviewte in Uganda LRA-Deserteure und fragte sie nach dem Elfenbeinhandel. Sie bestätigten: LRA-Führer Joseph Kony tausche Elfenbein bei Sudans Militärs gegen Waffen ein. Die konkrete Menge sei schwer zu bestimmen, aber »die Schätzungen sind recht gering im Vergleich zu anderen Wilderer-Netzwerken in der Region«, hieß es abschließend in der Studie. Die Deserteure nannten eine Zahl, die weit unter der in Kalrons und Crostas Bericht geschilderten drei Tonnen monatlich lag, nämlich »insgesamt ungefähr 100 Stück«.[85]

Wie sich später durch Recherchen von Journalisten und Wissenschaftlern herausstellte, waren die 26 Elefanten in Kongos Garamba-Nationalpark gar nicht von der LRA erlegt worden. Eine forensische Untersuchung kam zu dem Schluss, dass sie Schusswunden von Scharfschützengewehren im Schädel aufwiesen. Offenbar waren sie vom Hubschrauber aus erschossen worden. Die UN-Mission im Kongo Monusco war im Besitz von Radaraufzeichnungen, die bewiesen, dass ugandische Armeehubschrauber unerlaubt in den kongolesischen Luftraum eingedrungen waren. Der Helikopter mit der Registrierungsnummer AF 605 gehörte zu Ugandas Luftwaffe, die zu jener Zeit mit amerikanischer »Beratung« die Militäroperationen gegen die LRA jenseits ihrer eigenen Landesgrenzen anführte. LRA-Experte Kristof Titeca, der sich in den vergangenen Jahren intensiv bemühte, die Zusammenhänge klarzustellen, resümiert, dass all die »Falschaussagen«, warum wer Elefanten tötet, eine »klare Agenda [haben] – nämlich Lobbyarbeit zu leisten für ugandische und amerikanische Militärs, um ihnen Zugang zum Kongo zu ermöglichen, wo sie die LRA jagen sollen.«[86]

Diese propagandistische Kriegsführung erreichte dennoch ihre politische Absicht: Nur wenige Tage nach dem Elefantenmassaker 2012 verkündete die AU (Afrikanische Union) die Entsendung einer regionalen Eingreiftruppe bestehend aus 5000 Soldaten.

Mit Ugandas Spezialeinheiten an der Spitze, und von 100 Beratern der US-Streitkräfte unterstützt, wurde die sogenannte Jagd auf den LRA-Anführer Kony jedoch zum gigantischen Plünderungsfeldzug. Sowohl ugandische als auch südsudanesische Militärs bereicherten sich am Elfenbein, ließen den Regenwald abholzen, um das Holz zu verkaufen, suchten in den Minen im Wald nach Gold. Ugandas Armee wies die Vorwürfe weit von sich. Die Beweise waren jedoch offensichtlich: Regelmäßig überquerten mit Holzstämmen beladene Armeelastwagen vom Kongo kommend die Grenze zurück nach Uganda.[87] Südsudanesische Airforce-Piloten, die ihre Maschinen im benachbarten Uganda reparieren und warten ließen, brachten Elfenbeinlieferungen mit.[88]

Im Gegensatz zum Dzanga Sangha Park, wo die Wilderei unter Kontrolle gebracht wurde, gingen die Elefantenmassaker im Garamba im großen Stil weiter. Auch hier hatte African Parks die Söldner von Maisha angeheuert. Doch obwohl afrikaweit die Zahl der getöteten Elefanten nach 2016 deutlich zurückging, wurden allein im Garamba Park 2017 rund 120 tote Elefantenkadaver gezählt. Mittlerweile sind gerade noch 1200 Elefanten übrig. Forscher wie Titeca sind sich sicher: »Der Garamba ist und bleibt ein Honigtopf für Wilderer.«[89]

Jene, die Jagd auf die Elefanten machten, waren jedoch weder Wilderer noch Terroristen, sondern trugen Armeeuniformen der ugandischen Streitkräfte, mit denen die US-Streitkräfte kooperierten.[90] Erst nachdem die Militäroperationen 2017 vorbei waren, ging die Zahl der getöteten Elefanten im Garamba zurück. »In nur 18 Monaten ging die Wilderei auf Elefanten um 50 Prozent zurück – im Jahr 2018 wurden bislang nur zwei getötet«, hieß es auf der Website anlässlich des 80-jährigen Bestehens des Parks im Jahr 2018.[91]

Die falschen Narrative, nach denen Terroristen mit Kampfhubschraubern Elefanten jagen, hat sich bis heute gehalten. Auch Kirchgatter vom WWF Deutschland erwähnte sie als Beispiel für die extreme Hochrüstung der Wilderei-Netzwerke. Kalrons Sicherheitsfirma Maisha trainiert bis heute in Ost- und Zentralafrika im Auftrag von WCS und WWF die Wildhüter. Im Kongo haben sie vor den Übergriffen im Kahuzi-Biéga die dortigen Ranger auch an schweren Waffen ausgebildet.[92] Laut dem für den Kongo einberufenen UN-Sanktionskomitee, welches das internationale Waffenembargo überwacht, verstoßen diese Trainings allerdings gegen UN-Auflagen.[93]

Die Militarisierung des Naturschutzes

Seit jenem Elefantenmassaker im Garamba Park 2012 lässt sich eine Tendenz beobachten, die in wissenschaftlichen und journalistischen Berichten als »Militarisierung« des Naturschutzes bezeichnet wird. Dabei geht es in der Definition nicht nur um die simple Ausrüstung der Wildhüter mit Waffen. Sie umfasst auch Maßnahmen, die sich militärischer Taktiken, Überwachungstechnologien und militärischen Geräts bedienen, sowie die zunehmende Beteiligung – ausländischer wie nationaler – militärischer Akteure im Naturschutz- und Tourismussektor.[94] Wildtierschutzbehörden haben für ihre Anti-Wilderei-Einheiten Offiziere der Armee angeheuert, die militärische Operationen planen und durchführen.

Der Begriff Militarisierung ist unter Naturschützern unbeliebt, weil er das positive Image ankratze, so der Politikwissenschaftler Christopher Day, der die Militarisierungstendenzen in verschiedenen Parks Afrikas untersucht hat.[95] Naturschützer sprechen daher lieber von »Law Enforcement«, also von »Strafverfolgung«, im Sinne einer polizeiähnlichen Tätigkeit. Doch bei der Planung von Anti-Wilderei-Operationen würden viel mehr militärische Kriegsführungstaktiken im Sinne der »Counterinsurgency«, also Aufstandsbekämpfung benutzt, konstatiert Day.[96]

Die Ausbildung und Ausstattung von Wildhütern mit militärischen Methoden und Mitteln ist in Afrika nicht neu. Bereits in den ehemaligen britischen Kolonien – darunter Kenia, Uganda,

Tansania – waren die Wildtierhüter, damals Einheiten der königlichen Marine, bewaffnet. Als diese Staaten in die Unabhängigkeit entlassen wurden, wurden die Ranger verfassungsrechtlich in den Sicherheitsapparat integriert. In Uganda trugen die Wildhüter zur Zeit der Unabhängigkeit einfache Jagdgewehre, um Elefanten zu töten, die ausbrachen und Äcker und Ernten der Bevölkerung zerstörten. Erst als sich in den 1990er-Jahren bewaffnete Rebellen wie die LRA im Murchison-Falls-Nationalpark verschanzten, wurden die Ranger mit Kalaschnikows ausgestattet. Bis vor wenigen Jahren wurde zur Verteidigung des Wildtierbestands die reguläre Armee entsandt, auch bei den Militäroperationen 2006, durch die die LRA schließlich aus dem Nationalpark vertrieben wurde. Mittlerweile sind die Ranger der Naturschutzbehörde UWA ähnlich gut ausgebildet und ausgestattet wie die Soldaten.

Ein Teil der Spezialausbildung wird direkt von westlichen Militärs durchgeführt. Der Militärattaché der britischen Botschaft in Uganda erklärte: »Wir trainieren nur – die Ausrüstung kommt von den Amerikanern.«[97] Er hat seit 2017 acht Trainingspakete für die verschiedenen Parks in Uganda organisiert. Die Wildhüter bekommen von Ugandas Armee zuerst eine zehnwöchige Grundausbildung, anschließend fliegen drei britische Militärinstrukteure aus Kenia ein. Sie sind dort im Rahmen des Krieges gegen den Terror stationiert und kommen regelmäßig auch nach Uganda, um Soldaten für ihren Friedenseinsatz in Somalia fit zu machen. Danach reisen sie in die Nationalparks, um dort die Ranger in denselben Methoden zu unterrichten. Der Militärattaché erhoffte sich für diese Trainings neben bisherigen Geldern aus dem Verteidigungsbudget mehr finanzielle Mittel aus dem Umweltministerium DEFRA (Department for Environment, Food and Rural Affairs) oder von dritten Partnern. DEFRA bezahlt seitdem das in Malawi gestartete Trainingsprojekt für die dortigen Ranger sowie ein ähnliches Projekt in Gabun.[98] Hier gehen also Entwicklungsgelder, die für den Naturschutz vorgesehen sind, direkt in militärische Unternehmungen im Rahmen des Krieges gegen die Wilderei.

Doch nicht überall wurde dieses Vorgehen positiv gewertet. Afrikas Wildhüterverband lobte in einer Pressemitteilung zwar das zunehmende Engagement ausländischer Ausbilder, doch merkte an: »Auch wenn es sich um ehrenwerte Intentionen handelte, gibt es zunehmend Bedenken.« Der Hauptkritikpunkt: Die Arbeit der Ranger unterscheide sich kaum von der eines Soldaten oder einer Soldatin in einem Kriegsgebiet. Der Gebrauch von Scharfschützengewehren würde aber im Einsatz gegen Wilderer unmittelbar zur Verhaftung der Ranger führen, denn »Ranger müssen stets die grundlegenden Menschenrechte respektieren, wenn sie mit Verdächtigen umgehen«.[99]

Das Forscher-Kollektiv BioSec an der Universität Sheffield, welches die Zusammenhänge zwischen Artenschutz und Sicherheit untersucht, sieht diese Tendenz mit Besorgnis: »Wir stellen fest, dass Naturschutz früher mehr ein ganzheitlicher Ansatz war«, so Francis Massé von BioSec. »Doch seitdem zunehmend mehr militärische Akteure die Entscheidungen treffen, verändert sich auch das Berufsbild der Wildhüter.« 90 Prozent seiner Zeit verbringe der Ranger mit Anti-Wilderei-Operationen, fast alle finanziellen Mittel werden dafür eingesetzt, »und auch in der Ausbildung nehmen militärische Taktiken einen zunehmend größeren Stellenwert ein«, stellte Massé in seinen Erhebungen fest. »Die Geldflüsse der Geber gehen zunehmend in Anti-Wilderei-Maßnahmen, die jedoch teuer sind, sodass kaum mehr Mittel für Gemeindeprojekte übrigbleiben.[100]

Es ist zudem festzustellen, dass vermehrt afrikanische Armeegeneräle in den Tourismussektor investieren. Sie bauen mit teuren Sondergenehmigungen innerhalb der Nationalparks Luxusunterkünfte. In der führenden Wildtierschutzorganisation UCF des britischen Elitesoldaten Keigwin sitzen sogar die höchsten Generäle Ugandas im Aufsichtsrat und prägen die Entscheidungen mit.[101] Im Juli 2022 schlug Kongos Tourismusminister auf einer Pressekonferenz vor, die Nationalparks von Generälen der Armee verwalten zu lassen, um sie militärisch zu schützen.[102]

Die Forscher von BioSec kritisieren, dass immer mehr kostenintensive, zivile wie militärische Sicherheitstechnologien Anwendung finden. Dies sei die langfristige Folge der zunehmenden Kommodifizierung des Naturschutzsektors, so ihre Schlussfolgerung: Wenn Schutzgebiete sowie deren Wildtierbestand in diesem Geschäftsmodell der Wildtierwirtschaft wie ein »Warenkorb« als Einkommensfaktor eines Staates, einer NGO oder einer PPP betrachtet werden, dann müssten die »Produkte« – also Flora, Fauna, Tiere – vor Plünderungen geschützt werden.[103]

Umso dringlicher wird dieser Schutz, wenn ein Großteil des Budgets vom Tourismus abhängt, sind sich die Wissenschaftler einig. Um Tourismus erfolgreich zu betreiben, sei Sicherheit eine Grundvoraussetzung, vor allem in unsicheren Krisenregionen. Welche Risiken sich aus unsicheren Umgebungen für Touristen ergeben, zeigte sich bereits im Jahr 1999. Damals waren im Bwindi-Nationalpark, auf der ugandischen Seite des Virunga, 31 ausländische Touristen und Parkangestellte entführt worden, acht von ihnen wurden brutal ermordet, darunter zwei amerikanische, zwei neuseeländische und zwei britische Touristen. 2003 wurden dafür drei ruandische FDLR-Rebellen vor Gericht gestellt und verurteilt.[104] Es war das grausamste Massaker an ausländischen Besuchern in der Geschichte der Region gewesen und hatte dem Touristensektor nachhaltig viel Schaden zugefügt.

In ihrem Aufsatz »Waging War to Save Biodiversity« kommt die Wissenschaftlerin Rosaleen Duffy von BioSec zu folgendem Schluss: Die Zunahme militärischer Akteure führe zu einem grundlegenden Richtungswechsel im Naturschutz. Waren in den 1980er- und 1990er-Jahren noch mehr partizipative Ansätze gepflegt worden, werden die Menschen mittlerweile zunehmend als Feinde betrachtet und die Schutzgebiete mithilfe ausgefeilter Überwachungstechnologien wie Festungen verteidigt.[105] Unter dem Schlagwort »Fortress Conservation«, also »Festungsschutz«, ist dieser militarisierte Ansatz in die Literatur eingegangen.

Naturschutz 2.0: Hochtechnologie in der Wildnis

Im Regal hinter dem Schreibtisch reihten sich Modelle von Leopard-2-Panzern. An der Wand hingen Fotos von der afrikanischen Savanne. Sobald Dirk Niebel, FDP, einst Minister für wirtschaftliche Zusammenarbeit und jetzt Cheflobbyist für Deutschlands größte Rüstungsschmiede Rheinmetall AG, anfing, von Afrikas Nationalparks zu erzählen, geriet er ins Schwärmen.[106]

An jenem sommerlichen Tag im Juni 2019 saß er braun gebrannt in seinem geräumigen Büro neben dem Brandenburger Tor in Berlin. Gerade war er von einer Reise nach Namibia zurückgekehrt. Er hatte gute Laune. Man merkte ihm an, die Nationalparks sind eine Herzensangelegenheit. Bereits als Entwicklungsminister von 2009 bis 2013 hatte Niebel Nationalparks besucht. Es war damals die Hochphase der Elefantenwilderei, ein Thema, das auch Tierliebhaber Niebel immer wieder antrieb. Im Mai 2013 besuchte er das KaZa-Schutzgebiet, das zu jener Zeit gerade gegründet wurde: ein Megaprojekt auf einer Fläche so groß wie Schweden. Dort, wo Angola, Botswana, Namibia, Sambia und Zimbabwe aufeinandertreffen, wurden bereits bestehende Naturreservate zusammengeschlossen. Über diese gewaltige Landfläche sollte es für Antilopen und Elefanten wieder möglich werden, über große Entfernungen zu migrieren.

Als Entwicklungsminister unterstützte Niebel damals das Projekt mit 48 Millionen Euro für die Einrichtung von Parkstationen und die Ausbildung von Wildhütern, nicht nur, weil im KaZa die Hälfte des Elefantenbestandes Afrikas geschützt werden sollte, sondern auch, weil »dort gleich drei Ziele miteinander verbunden sind«, so die Presseerklärung anlässlich seiner Reise 2013: »Die Biodiversität wird erhalten, gleichzeitig entsteht lokale Entwicklung durch nachhaltigen Tourismus. Außerdem sichert KaZa durch die grenzüberschreitende Zusammenarbeit die Stabilität und den Frieden in einer ehemals von Konflikten geprägten Region.«[107]

Niebel hatte sich in seiner Zeit als Minister auch gegen den Bau einer geplanten Straße durch die Serengeti eingesetzt, die Migrationskorridore der Wildtiere unterbrechen würde.[108] Er bot Tansanias Regierung an, eine Machbarkeitsstudie für eine mögliche Umgehungsstraße zu finanzieren.[109] Journalisten, die mit ihm reisten, beschrieben gern, wie er lieber in Zelten schlief statt in Luxus-Lodges. Niebel war einst Oberfeldwebel bei den Fallschirmjägern der Bundeswehr gewesen. Symbolträchtig trug er bei Afrika-Reisen gern seine Bundeswehrmützen, verschenkte Kopien davon an afrikanische Kinder als Werbegag.

Auch als Cheflobbyist für Rheinmetall pflegt er nach wie vor seine Afrika-Leidenschaft. Er hat sich überlegt, wie die Hochtechnologie seines Rüstungskonzerns bei der Erhaltung der Artenvielfalt auf dem Kontinent helfen könnte. Niebel zeigte Grafiken eines ideal geschützten Parks, den er in der ehemaligen deutschen Kolonie Namibia hochrüsten will, einem ansonsten bettelarmen Land. Ausgesucht hat er sich ausgerechnet den Etosha im Nordwesten des Landes, der 1907 vom deutschen Kolonialgouverneur Friedrich von Lindqvist als Game Reserve aufgesetzt worden war. Dieser erstreckte sich zu jener Zeit über 100 000 Quadratkilometer von der Wüste im Landesinneren bis zur Atlantikküste und war damals das größte Schutzgebiet der Welt.[110] Bis heute trägt das Eingangstor zum Park den Namen des deutschen Gründers.

Abertausende Menschen von der Ethnie der Hei//om und Ovambo mussten damals diesem Schutzgebiet weichen. In einer 2018 vor Namibias Obergericht angestrengten Sammelklage der Hei//om fordern die Mitglieder Entschädigungszahlungen, da durch die Gründung 1907 unter den Deutschen ihre »Lebensgrundlage stark eingeschränkt« worden sei und sie 1954 letztlich vom südafrikanischen Regime endgültig aus ihrem Lebensraum vertrieben worden waren.[111]

Über hundert Jahre später will Niebel, dass das ganze Arsenal der deutschen Verteidigungstechnologie in genau diesem Park zum Einsatz kommt, ein »Gesamtkonzept zur Rundumüberwachung«, wie er es nannte, »von Sensorik, über Grenzzäune bis hin zur Drohnenüberwachung, satellitengestützte Übertragung von Fotos in ein Kommando- und Kontrollsystem, Qualifizierung der Ranger – damit wir Wildereibekämpfung neu denken«.[112] Neu denken bedeutet seiner Ansicht nach, »bei den ganzen Geldern, die auch heute schon für den Schutz von nachhaltigem Erhalt der Biodiversität bereitgestellt werden«, sei es an der Zeit, »vom Klein-Klein zum Gesamtkonzept zu kommen«, erklärte er.[113]

Niebels Idee ging weit über das Bestehende hinaus. Er plante, den 23 000 Quadratkilometer großen Park mit einem 850 Kilometer langen Zaun einzugrenzen, um die Wildtiere ein- und die Wilderer auszusperren – ein Konzept, das von vielen NGOs und Parkverwaltungen verfolgt wird. Die Zaunanlagen lassen sich mit Bewegungssensoren, Tag- und Nachtsicht-Überwachungskameras ausstatten. Drei Beobachtungsdrohnen sollen diese Anlagen überfliegen. Wenn sie Eindringlinge ausspähen, soll eine 400 Mann starke Anti-Wilderei-Einheit losgeschickt werden, mit schusssicheren Westen und gepanzerten Patrouillenfahrzeugen. Ein Großteil dieser Konzepte wurde von den europäischen Rüstungskonzernen mit europäischen Forschungsgeldern für den EU-Migrationsabwehrschirm entwickelt.[114] Sie sollen jetzt nicht nur an Afrikas Grenzen zur Verhinderung von Migration, sondern auch in Afrikas Nationalparks zur Anwendung kommen.

Für sein Vorhaben, das Niebel im Umfang zwischen 15 und 20 Millionen Euro dem BMZ vorgelegt hat, erhoffte sich das Rüstungsunternehmen eine Anschubfinanzierung aus deutschen Steuergeldern, so Niebel. Langfristig solle sich der Park vom Tourismus und dem Verkauf von Abschusslizenzen an Großwildjäger finanzieren. Er sei bereits sowohl auf die Parkverwaltung in Namibia zugegangen als auch auf das BMZ in Deutschland, auf die KfW, die GIZ, einige Philanthropen sowie das amerikanische Außenministerium, zählte er auf. »Durch die Bank weg waren alle vom Konzept begeistert, aber keiner will das Geld in die Hand nehmen«, seufzte der Cheflobbyist. Niebel hatte offenbar ein Finanzierungsproblem. Als Grund, warum Rheinmetall das Projekt nicht selbst fördere, führte er an: »Für ein M-Dax-Unternehmen ist das zwar kein wirklich großes Geschäft, aber eine wirklich große Ausgabe.« Diese müsse man gegenüber den Aktionären erklären. Denn: »Für ein reines Social Responsibility Project« sei es dann doch »ein bisschen dick.«

»Jurassic Park«

Niebels Konzept war gar nicht so neu und wurde bereits in ähnlicher Form von African Parks und anderen internationalen Organisationen angewandt. Wer heute den Kontrollraum eines modernisierten Nationalparks betritt, traut seinen Augen kaum. »Es erinnert an Jurassic Park«, so Politikwissenschaftler Christopher Day, der im Zuge seiner Recherche zahlreiche Kontrollzentren besucht hat, auch den des Virunga.[115] Auf gigantischen Bildschirmen können die Sicherheitsanalysten die Bewegung von Elefantenherden als grüne Punkte nachvollziehen. Vor allem die großen und wertvollen Tiere wie Löwen, Gorillas oder Elefanten sind mit GPS-Sendern ausgestattet. An Wasserstellen, wo sich Tiere in großen Herden sammeln und eine leichte Beute für Wilderer darstellen, sind Überwachungskameras installiert, die ihre Bilder direkt in den Kontrollraum übertragen. Viele Nationalparks werden derzeit in Afrika eingezäunt, zum Teil nur mit niedrigen Elektrozäunen, die Wildtiere abschrecken sollen, aus dem Park auszubrechen; zum Teil aber auch mit meterhohen, überwachten Abwehrschirmen, wie Rheinmetall sie installieren will. Mit Hilfe ausgefeilter, satellitengestützter Überwachungstechnologie lassen sich so Eindringlinge aufspüren; auch die, die nur Feuerholz holen.

All diese Ausrüstung ist extrem teuer. In Niebels Vorschlag kostete allein die Anlage mit sechs Drohnen, drei Funktürmen und einem Kommunikationsnetz zwischen vier und sechs Millionen Euro, die Ausrüstung der Ranger eine weitere Million Euro. Die Ausbildung wurde mit zwei Millionen veranschlagt und die

Wartung der Gerätschaften mit einer Million für einen Zeitraum von fünf Jahren.[116]

In Ugandas »Elephant Actionplan« von 2016 bis 2026, welchen die UWA im Rahmen des MIKE-Projekts aufgesetzt hat, ist die Anschaffung der Geräte und Software zwar nicht aufgeschlüsselt, dafür aber die Ausbildungsprogramme – von Hundestaffeln über Geheimdienstabteilungen bis hin zu Spionage-Netzwerken in den Dörfern, die den Behörden Informationen über potenzielle Wilderer liefern. Das Budget umfasst allein für diese Programme umgerechnet 4,5 Millionen Euro.[117]

Die Ausstattung der afrikanischen Wildtierschutzbehörden mit Hochtechnologie, die in westlichen Industrienationen hergestellt wird, führt zunehmend zu einer engeren Zusammenarbeit zwischen Wirtschaftsakteuren der Verteidigungsindustrie, westlichen Naturschutzorganisationen sowie den internationalen Gebern. Der WWF ist mittlerweile ein bedeutender Kunde für die Hersteller von Drohnentechnologie. Seit 2012 testet die NGO im Rahmen ihres Projekts »Wildlife Crime Technology« die Anwendung von Hochtechnologien im Artenschutz. Auf der WWF-Website ist eine Zeitleiste veröffentlicht, auf welcher von 2012 an alle Hightech-Anwendungen, die der WWF in der Region eingeführt hat, aufgelistet sind: Wärmekameras, Drohnen, Überwachungs- und Nachtsichtgeräte. »Kann Hochtechnologie den Planeten retten?«, lautet dort die Frage. Die Antwort fällt positiv aus.[118] Diese Innovationen seien zwar »effektiv, aber nur das i-Tüpfelchen«, erklärte Kirchgatter vom WWF-Deutschland: allerdings erst, nachdem das Gehalt der Wildhüter, Fahrzeuge und der Stromanschluss bezahlt worden seien. Oft fehle es aber an Gummistiefeln, so Kirchgatter. »Eine Militarisierung ist nicht Ziel und Lösung des Problems.«[119]

Im BMZ hatte man Niebels Vorschlag zwar zur Kenntnis genommen, sagte ein Ministeriumssprecher auf Anfrage. Er stellte aber klar: Die Rheinmetall-Vorschläge würden nicht weiterverfolgt.[120] Was Niebel mit Rheinmetall versuchte, war Ivor Ichikowitz bereits gelungen. Der Gründer und Geschäftsführer der südafrikanischen Paramount Group und einer der reichsten Unternehmer des Kontinents hatte Afrikas Nationalparks als neue Kunden gewinnen können. Seine Firma produziert Kampfhubschrauber, Kampfflugzeuge, Kriegsschiffe und gepanzerte Fahrzeuge. Zu ihren Abnehmern gehören normalerweise Regime wie in Saudi-Arabien und Kasachstan.

Ichikowitz' gleichnamige Familienstiftung will sich in Zukunft für den Artenschutz einsetzen, verkündete der Milliardär auf einem Forum in Griechenland Anfang 2019. Bereits 2016 lieferte Paramount Kampfhubschrauber zur Wilderei-Bekämpfung an die National Parks Agency in Gabun. Auf der Website der Stiftung prangt eine Liste afrikanischer Parkbehörden und NGOs, die mit Trainings und Ausrüstung versorgt wurden. Berühmt geworden ist die weltweit erste K9-Hundestaffel, die mit Hilfe von Fallschirmen aus dem Flugzeug oder Hubschrauber abspringen kann. Der speziell trainierte Schäferhund mit dem Namen »Arrow« hat es 2016 sogar ins *Guinessbuch der Rekorde* geschafft.[121]

Und auch Niebel blieb dabei: Als »guten Grund«, warum nun ausgerechnet Nationalparks in armen Ländern wie Namibia mit teurer, deutscher Hochtechnologie ausgestattet werden sollen, griff er auf ein Argument zurück, das er wohl zu seiner Zeit als Minister ständig zitiert hat: »Drei Terrororganisationen finanzieren sich nachweislich durch illegalen Wildtierhandel«, erklärte er. »Sie alle operieren zwischen dem Horn von Afrika und dem Tschadbecken, also da, wo unter anderem auch unsere Flüchtlinge produziert werden«, war er sich sicher. Es gäbe also »viele gute Gründe« warum man illegalen Wildtierhandel bekämpfen sollte. Namibia sei ein »gutes Umfeld«, so Niebel, um die »teure Variante des Wildtierschutzes« anzuwenden. Nämlich: die präventive Verhinderung der Wilderei sowie Wilderer dingfest machen. »Es gibt andere Länder, da kostet die Bekämpfung der Wilderei den Preis einer Patrone.«

IV
ZÄUNE UND TERRITORIEN
»LEBEN AM RANDE DER WELT«

Queen-Elizabeth-Nationalpark: Der Elefant auf dem Kürbisacker

Matthias Kamanya linste durch ein Fernglas und zeigte in der Savanne. »Sehen Sie den Elefanten dort unter dem Baum?«, fragte er und suchte in der Dämmerung die Umgebung ab. »Ich sehe nur einen, aber die anderen sind sicher nicht weit, um diese Zeit sind sie hungrig.« Der junge Ugander stand auf der Veranda mit atemberaubender Aussicht über den Queen-Elizabeth-Park im Westen des Landes, direkt an der Grenze zum Kongo. Er trug eine schicke Uniform mit dem Logo der Katara-Lodge auf der Brust.

In jenem Januar 2019 war gerade die Hauptsaison zu Ende gegangen. Zu Weihnachten sind die Unterbringungen meist ausgebucht. Danach legt sich der Tourismusbetrieb. Wie viele Lodges, so fällt auch die Katara-Lodge wieder in einen Winterschlaf: Das Personal wird nach Hause geschickt. In den Monaten bis zu den Sommerferien in Europa und Nordamerika, woher die meisten Touristen stammen, hält neben dem Gärtner, dem Koch und dem Reinigungspersonal nur Kamanya hier die Stellung.[1]

Die Lodge klammert sich an einen Hang entlang der Grenze des Nationalparks, genau dort, wo die hügelige, fruchtbare Landschaft in die trocken-heiße Savanne abbricht. Unterhalb der Lodge erstrecken sich an den Hängen die Äcker der Einwohner: Maisfelder, Kaffeesträucher, Bananenplantagen. Wenn die Ernte reif ist, bedeutet das ein Festmahl für Elefanten.

Die Tiefebene ist der Lebensraum von Elefanten, Büffeln, Antilopen und Löwen – ein Schutzgebiet, in welchem laut Gesetz Menschen nichts zu suchen haben, außer Touristen, die viel Geld für eine Safari bezahlen. Der Wildtier-Tourismus war vor der Corona-Pandemie mit umgerechnet rund 1,5 Milliarden Euro die größte Einnahmequelle für Ugandas Staatshaushalt, mehr als der Export von Kaffee, Tee, Baumwolle und Gold zusammen.[2]

An jenem Abend im Januar 2019 kam Dorfvorsteher Januaro Twinomuhangi vorbei, um sich mit Hilfe von Kamanyas Fernglas einen Überblick zu verschaffen. »Sie sind schon da«, berichtete der junge Mann. Der Ältere mit den grauen Bartstoppeln zückte sein Telefon und hastete den Hügel hinab. Seine Gummistiefel quietschten. Die Leuchtreifen auf seiner Regenjacke reflektierten das Licht der Taschenlampe. Per Telefon trommelte Twinomuhangi die Dorfbewohner zusammen: »Wenn sie uns wieder alles wegfressen, dann sind wir verloren«, fürchtete er.

Der Queen Elizabeth ist einer jener Parks, in welchen sich die Elefantenpopulation extrem vermehrt hat: In Uganda selbst waren die Vorfälle von Wilderei so dezimiert, dass die Population nun wieder wuchs. Zudem war ein Großteil der Elefanten aufgrund des Krieges aus dem angrenzenden Virunga nach Uganda geflohen. Sie suchten hier Schutz.

NGOs, die sich im weltweiten Kampf gegen den Elfenbeinhandel engagieren, bezeichnen Uganda als Erfolgsgeschichte. Doch für Dorfvorsteher Twinomuhangi war es eine Katastrophe. Denn die zahlreichen Wildtiere ernähren sich immer weniger vom Savannengras, sondern immer mehr von Melonen, Kürbissen, Mais und Hirse der Bauern. Sie fressen sogar Kaffeebohnen, die die Tiere aggressiv machen, klagte der Dorfvorsteher.[3]

»Es ist ein Krieg zwischen Mensch und Tier«, sagte er und hockte sich am Fuß des Hanges unterhalb der Lodge auf die Lauer. Der Vollmond ging auf und tauchte die Savanne in ein gleißendes Licht. Die Zikaden begannen zu zirpen. Von Weitem kamen die Dorfbewohner angestiefelt. Männer und Frauen in Flip-Flops, bewaffnet mit Speeren, Macheten, Trompeten und Trommeln. »Wenn sie kommen«, so der Dorfvorsteher, »dann machen wir Lärm, um sie zu vertreiben. Dann zündete er ein Streichholz an, um ein Lagerfeuer zu entfachen, das die Tiere verscheuchen soll. Und die Speere? »Die sind nur zur Notwehr«, erklärte er und rammte die Spitze in den Boden. »Wenn wir Elefanten töten, werden wir von den Rangern verhaftet oder gar erschossen.«

Es knackte im Gebüsch, Zweige brachen. In mühseliger Knochenarbeit hatten die Gemeindemitglieder Gräben zwischen den Äckern und dem Park ausgehoben, Dornenbüsche darin gepflanzt, aus Ästen und Stämmen Blockaden errichtet – doch es half alles nichts. Die Dickhäuter brachen einfach durch. Wieder knackte es. Der Dorfvorsteher schaltete seine Taschenlampe ein. Der Lichtstrahl blendete die Elefantenkuh. Sie schnaufte kurz auf und trabte davon – in Richtung Kaffeeplantage. Twinomuhangi und seine Leute spurteten hinterher. Die Kaffeebohnen sind ihre wichtigste Einkommensquelle. Sie verkaufen die Erträge an eine Rösterei, davon bezahlen sie die Schulgebühren für ihre Kinder.

Zwischen den Kaffeesträuchern fand Twinomuhangi schließlich Dung auf der Erde. Zweige waren abgebrochen. Doch von dem Tier war nichts mehr zu sehen. Der alte Mann hockte sich gähnend ins Gebüsch. Solange die Ernte nicht eingebracht war, schlief hier niemand: »Bis zum Morgengrauen sind wir auf Patrouille.«

Prinz William sei schuld

In dieser Nacht hatten die Bauern von Katara Glück. Die Herde kam nicht wieder. Offenbar hatte sie zwei Kilometer weiter im Nachbardorf Buhingo ihr Abendessen gefunden – auf Richard Akureebas Kürbisacker. Mit tiefen Sorgenfalten auf der Stirn stand der hagere ältere Mann am nächsten Morgen vor seiner kleinen Hütte. Wo noch am Abend die prallen Kürbisse gelegen hatten, häufte sich Elefantendung.[4]

Der Vater von acht Kindern war der Anführer der sogenannten Wildtierpfadfinder, einer Initiative finanziert von Michael Keigwins Organisation UCF, eine der wichtigsten Partnerinnen der Wildtierschutzbehörde UWA. Die NGO unterstützte bislang lokale Gemeinden und schulte sie in Bienenzucht. Elefanten haben Angst vor Bienen, deswegen wurden entlang der Parkgrenze in gewissen Abständen Bienenstöcke aufgestellt, die durch einen feinen Draht miteinander verbunden sind. Berührt ein Elefant den Draht, werden die Holzkisten geschüttelt und die Bienen aufgescheucht.

Das Problem habe in den vergangenen Jahren zugenommen, berichtete Akureeba während er den Pfad zwischen den Bienenkisten abschritt, um zu sehen, wo die Herde in der Nacht zuvor durchgebrochen war. Der Bienenzaun ist nicht nur eine Markierung für Elefanten, sondern auch für die Menschen, so der Dorfvorsteher. »Das ist die Grenze, die wir nicht übertreten dürfen«, erklärte er. »Wenn wir dort hinunter gehen, werden wir als Wilderer bezichtigt und verhaftet.« Es sei, wie am Rande der Welt zu leben.

Am Ende des Bienenzauns erhob sich eine Baustelle: Ziegelsteine, Holzlatten und Wellbleche lagen dort bereit. Ein ausländischer Investor baute hier eine Lodge. Inmitten der Baustelle ein Zementblock mit Gravierung, der Grenzstein, den die Parkverwaltung vor 15 Jahren gesetzt hatte. Akureeba erinnerte sich noch genau: Es war der Tag, als die Landkonflikte begannen. »Mein Vater war 1952 Dorfvorsteher und hat den britischen Kolonialherren Teile unseres Gemeindelandes für den Park überlassen und damals die Grenze dort unten festgelegt«, erzählte er und deutete den Hang hinunter. Doch 2004 waren Geologen mit bewaffneten Parkwächtern nach Buhingo gekommen. Sie zeigten Akureeba GPS-Koordinaten. »Sie sagten, die Grenze verläuft hier.« Die Unstimmigkeiten konnte er sich nicht erklären. Sie setzten den Grenzstein mitten ins Dorf. Die Einwohner hatten in Anbetracht der bewaffneten Ranger keine Wahl. Hütten wurden abgerissen, sie mussten umsiedeln.

Für den Investor gab es eine Sondergenehmigung aus der Hauptstadt, und er begann mit dem Bau der Lodge, wo einst die Häuser gestanden hatten. Meist erhielten europäische Investoren, aber auch Ugandas Politiker und Generäle die Lizenzen. Akureeba klagte: Touristen dürfen gegen Gebühr im Park ein- und ausgehen. Dem Dorfvorsteher war es lediglich gelungen, mit der Parkverwaltung auszuhandeln, dass seine Gemeindemitglieder an einem Tag in der Woche Feuerholz im Park suchen dürfen. »Immer montags«, nickte er, »wenn wir beispielsweise dienstags Holz holen, riskieren wir unser Leben.«

Dabei sind die Menschen hier die ursprünglichen Bewohner dieser Savanne. Ein Großteil der Bevölkerung gehört zur Banyaruguru-Ethnie, traditionell Jäger. Viele haben bis zur Parkgründung 1952 anlässlich des Besuchs der englischen Queen in ihrer Kolonie innerhalb der heutigen Parkgrenzen gelebt und gejagt. Doch die Kolonialherren wollten ihrer Königin einen menschenleeren Garten voller Wildtiere präsentieren. Da wurden die Banyaruguru ausgesiedelt und zum Ackerbau gezwungen, die Jagd wurde unter Strafe gestellt. Seit der jüngsten Gesetzesänderung 2019 gibt es für Wilderei nun lebenslange Haftstrafen.[5] Die meisten Bewohner haben noch nie ein Wildtier gesehen, außer es steht auf ihrem Acker.

Manchmal bereut Akureeba die Entscheidung seines Vaters, den britischen Kolonialherren das Land für den Park überlassen zu haben. Besonders, nachdem er erfahren hatte, dass die Bienenzaun-Projekte nicht weiter finanziert werden würden. Die Einwohner von Buhingo erhofften sich eine Verlängerung des Projektes. Doch wie so viele internationale NGOs schlägt auch UCF einen Richtungswechsel ein: mehr Geld für Kapazitätsbildung der Parkwächter, also Trainings und Ausrüstung – das heißt aber umgekehrt: weniger Geld für Gemeindeprojekte.[6]

In vielen Naturschutzorganisationen Afrikas ist dieser Paradigmenwechsel umstritten. Einige UCF-Mitarbeiter haben als Reaktion ihre Anstellung gekündigt.[7] Eine britische Mitarbeiterin, die nicht namentlich genannt werden möchte, gab Prinz William in London die Schuld. Der Herzog von Cambridge war in jenem Jahr gerade dabei, die wohltätigen Wildtierschutzprojekte seiner Großeltern zu übernehmen. Damit wurde er zu einem der weltweit einflussreichsten Patrone des Naturschutzes in Afrika. Er erklärte das rasche Bevölkerungswachstum auf dem Kontinent zum Hauptproblem seiner Artenschutzanstrengungen.[8]

Zäune und Grenzen

»Wir haben keine Pufferzone mehr zwischen dem Park und dem Ackerland,« erläuterte Parkdirektor Edward Asalu das Problem mit den Elefanten. Der große kräftige Mann in grüner Uniform saß in seinem schlichten Büro im Hauptquartier der Parkverwaltung. An der Wand hingen historische Karten des Parks und Fotos von den früheren Parkdirektoren, darunter britische Kolonialbeamte. Das Steingebäude liegt direkt neben dem Eingangstor, wo Touristen ihre Eintrittsgebühren bezahlen müssen. Davor waren Jeeps geparkt, daneben stand der klimatisierte Allradwagen des Parkdirektors mit Regierungsnummernschild. Asalus schicke Offiziersuniform war mit goldenen Schulterklappen bestückt. Er bekleidet in Ugandas Wildtierschutzbehörde UWA quasi den Rang eines Generals und befehligt 400 frisch ausgebildete, bewaffnete Ranger.[9]

Asalus Statistiken klangen wie eine Erfolgsgeschichte: Seit 2016 sei kein einziger Elefant mehr getötet worden. »Bis 2016 war die Wilderei für Elfenbein ein ernstes Problem, auch mit Waffen.« Doch nun verzeichnete der Park einen enormen Anstieg der Elefantenpopulation. »In fast jeder Herde sehen wir nun auch Nachwuchs«, berichtete der Parkchef erfreut. Diese Erfolge verdanke Uganda der EU, die in der Region das sogenannte MIKE-Projekt von CITES finanziere, auch die Ausbildungsprogramme und neue Ausrüstung für die Ranger. »Als das MIKE-Projekt angefangen hat und unsere Ranger den Elefanten fast täglich auf Schritt und Tritt gefolgt sind«, so Asalu, »da mussten auch die Wilderer einsehen, dass das kein gutes Gebiet mehr für sie ist.«

Seit 2017 trainieren britische Soldaten und israelische Sicherheitskräfte von Maisha auch im Rahmen des MIKE-Programms Ugandas Ranger. Die Amerikaner statten sie mit Fahrzeugen, Drohnen, Funkgeräten, Nachtsichtgeräten und schusssicheren Westen aus. Eine eigene Geheimdienstabteilung wurde in der UWA eingerichtet, die nun gezielt gegen die Wilderermafia vorgeht.[10] Sie hört alle Telefone derjenigen ab, die sich im Einzugsbereich des Parks aufhalten. Mit Erfolg: Zahlreiche illegale Eindringlinge konnten festgenommen werden. Asalu zeigte auf seine Statistik: In nur einem Jahr wurden 458 Menschen festgenommen, die meisten waren jedoch keine Wilderer, sondern Fischer und Kuhhirten, die sich unerlaubt im Park aufhielten. 172 Personen wurden wegen Wilderei zu jeweils drei Jahren Gefängnis verurteilt. 627 Fallen und vier Jagdgewehre wurden beschlagnahmt.[11]

Mittlerweile ist Uganda nur noch Durchgangsland für Elfenbein aus den Nachbarländern, vor allem aus den Kriegsgebieten des Kongo und dem Südsudan. Und auch in dieser Hinsicht gab es Erfolge zu melden. Ende Januar 2019 hatte Ugandas Zollbehörde rund 800 Stoßzähne in einem Lastwagen beschlagnahmt, der von Südsudan über die Grenze kam. Ein Ring vietnamesischer Händler wurde verhaftet – eine Erfolgsmeldung im Kampf gegen den internationalen Elfenbeinhandel; einer der letzten großen Versuche des asiatischen Mafiaringes, Elfenbein aus dem Inneren des Kontinents gen Asien zu schmuggeln.[12] Asalu wirkte zufrieden: »Wir haben genug Ausrüstung und Ausbildung, wer auch immer Chaos in unsere Parks bringen möchte – wir werden mit ihnen fertig.«

Was Asalu nach dem Sieg über die Wilderei nun nicht schlafen ließ, waren die Anrufe der Dorfvorsteher. Fast jede Nacht musste er seine Ranger losschicken, um die Tiere vor den Speeren der Bauern zu retten. »Wir testen derzeit neue Lösungsmethoden«, seufzte er. »Damit wir alle wieder mehr Schlaf bekommen.«

Nur wenige Kilometer entfernt hat die afrikanische NGO Space for Giants einen 50 Kilometer langen elektrischen Zaun errichtet, um die Tiere im Park – und die Menschen draußen – zu halten.

Ugandas Präsident Museveni ist Gründungsmitglied des Giants Club, einem Naturschutzprogramm, organisiert von Space for Giants, in welchem Staatschefs, internationale Geber und Wissenschaftler regelmäßig über die besten Ideen diskutieren, wie sich die zunehmenden Konflikte zwischen Wildtieren und Menschen entzerren lassen. Elektrische Zäune sollen helfen, so lautete ihre Entscheidung nach den Gesprächen in Botswana 2018.[13] Sie werden versorgt durch Solarpanels, während die Bevölkerung in den Dörfern nebenan im Dunkeln sitzt.

Ein Zaun ist im Vergleich zu Bienenstöcken ein teures Konzept. Bis zu 6000 Euro kostet ein einziger Kilometer.[14] Insgesamt sind für den neuen Zaun an der Südseite des Parks über zwei Millionen Euro ausgegeben worden, ein »ziemlich bescheuertes Projekt«, so Elefantenforscher Keigwin. Zäune unterbrechen die Migrationskorridore der Wildtiere, seien teure Investitionen und benötigen sehr viel Lobbyarbeit in Form von internationaler und lokaler Werbung und Sensibilisierung bei den lokalen Gemeinden.[15] Auch Hotel- und Lodgebetreiber setzen immer mehr auf die Einzäunung ihrer Luxusanlagen. Nicht nur um die gefräßigen Wildtiere draußen zu halten, sondern auch, um die Touristen zu schützen.

Im April 2019 war im Queen-Elizabeth-Park eine amerikanische Touristin entführt worden. Kimberly Endicott hatte sich einen lang ersehnten Traum erfüllt. Sie wollte zuerst in Uganda die Gorillas und dann die Elefanten sehen. Während ihrer Safari entlang der Grenze zum Kongo kam plötzlich ein bewaffneter Mann aus dem Busch gestürmt. »Zuerst dachte ich, es sei ein Ranger«, berichtete die Frau später.[16] Dann fiel ihr auf: Der Bewaffnete trug keine Uniform. Ugandas Geheimdienste, die die Geiselnehmer später aufstöberten, mutmaßten, es handle sich um die Rebellen der islamistischen Miliz ADF, die sich seit zehn Jahren im benachbarten Virunga im Kongo verschanzt haben, nur wenige Kilometer entfernt. Ugandas Tourismusminister bestätigte später, es seien fast eine halbe Million Euro Lösegeld bezahlt worden.[17] Seitdem waren

Lodgebetreiber angehalten, für Sicherheit zu sorgen. Elektrische Zäune sind da eine einfache Installation, doch auch gefährlich für die Tiere. Im Mai 2022 starben unweit von Akureebas Kürbisacker drei Löwen an Stromschlägen an einem Zaun.[18]

Der Zaun erwirtschaftet zwar kein Einkommen wie durch die Honigproduktion, aber die Anwohner verbinden damit die Hoffnung auf mehr Schlaf und sichere Ernten. Doch der Zaun markiert auch das Hoheitsgebiet des Parks. Die Landenteignung, die während der Kolonialzeit begann, wird somit endgültig. Dies entfacht weitere Konflikte.

Rund um die Parks wird seitdem um jeden Quadratmeter gestritten. Im Dorf Nyakahita, jenseits des Zauns, saß im Januar 2019 Dorfvorsteher Medard Akampurira mit einem Vertreter des Parks unter einem Akazienbaum auf Plastikstühlen, um die Grenzziehung zu besprechen. Beide Seiten waren sich einig: Der Zaun kann Konflikte entzerren. Doch jetzt ging es für die Bauern um jeden Quadratmeter. Die Holzpfähle, die in die Erde gehauen wurden, um den Zaun daran entlang zu befestigen, führten mitten durch ein Baumwollfeld, das in voller Blüte stand. Die Dorfbewohner protestierten.[19]

Die Stimmung war angespannt. Parkvertreter Jackson Maate in grüner Offiziersuniform hatte zwei bewaffnete Ranger mitgebracht. »Zum Selbstschutz«, erklärte dieser. »Zur Einschüchterung«, war sich Dorfchef Akampurira sicher. Zwischen den beiden gab es seit langem Streit: 2017 war ein Gemeindemitglied erschossen worden. Akampurira zeigte Fotos des Schwerverletzten auf seinem Handy. Er lag blutend mit einer Wunde am Oberschenkel auf einem Krankenhausbett, wo er letztlich verstarb. Acht weitere Dorfbewohner seien im Park spurlos verschwunden, so Akampurira. »Die Ranger töten sie einfach und werfen die Leichen den Krokodilen vor«, beschuldigte er die Parkverwaltung. Seitdem die Ranger von britischen Spezialkräften trainiert worden seien, hätten diese Vorfälle zugenommen, sagte er. »Haben die Briten sie ausgebildet, um uns zu töten?«

Maate schüttelte den Kopf und argumentierte: »Diese Wilderer kommen mit Waffen in den Park und wir feuern nur Warnschüsse.« Akampurira lenkte ein: »Ja, einige unserer Leute jagen, aber das tun sie aus Armut, wenn die Elefanten die Ernte vernichten.« UWA-Offizier Maate verdrehte die Augen. Der Safari-Tourismus erzeuge das größte Einkommen für den Staatshaushalt. »Und unser Job ist es, dieses Einkommen zu schützen.«[20]

Schießbefehle

Als Fall Nummer CRB-575-2018 hatte die Mordkommission am 26. Juni 2018 vier Vermisste registriert. Die Fallnummer war in einem karierten, blauen Buch notiert, das auf dem staubigen Rezeptionstresen in der örtlichen Polizeiwache lag. »Laufende Ermittlungen« war daneben vermerkt.[21] Hinter der Fallnummer verbergen sich die Schicksale von vier Familien, die bis heute im Park nach ihren Angehörigen suchen.

Es gab einen Überlebenden: den 22-jährigen Jean Bosco Byamurama. Er wirkte schwer traumatisiert und hinkte, weil ihn eine Kugel ins Knie getroffen hatte. Ein halbes Jahr später saß er mit seinem Vater und dem Onkel vor der Hütte im Dorf Kyema hoch oben auf einem Hügel, rund sechs Kilometer vom Park entfernt, und berichtete vom 26. Juni 2018, einem Dienstag. Die Dorfbewohner dürfen nur montags den Park betreten, zum Feuerholzholen. Dies wurde ihnen womöglich zum Verhängnis. Byamurama und seinen Kumpanen fehlte es an Geld und Essen. Sie wollten jagen. »Wir sind früh aufgestanden«, berichtete der junge Mann: er, sein älterer Bruder Julius Byamugisha, Cousin Visensio Busingye sowie zwei Freunde aus dem Nachbardorf; alle von der Jäger-Ethnie der Banyaruguru. Zu Fuß seien sie mit Fallen, Speeren und Macheten gerüstet in den Park marschiert. Im Morgengrauen ging ihnen ein Büffel in die Falle – Fleisch, das sie verkaufen wollten.[22]

»Als wir das Tier zerlegten, kamen die Ranger«, erzählte der junge Mann stockend. »Sie haben ohne Warnung geschossen.«

Eine Kugel traf seinen Bruder in die Brust, eine andere erwischte ihn selbst am Knie, er konnte durch das Gebüsch davonkriechen. Als er gegen Mittag blutend zu Hause ankam, brach er an der Türschwelle zusammen. Vater Melelkiad Kyomukama brachte ihn ins Krankenhaus. Die Ärzte entfernten die Kugel. Mit dieser ging der Vater zur Polizei. Dort wurde der Fall CRB-575-2018 verzeichnet.

»Wir fuhren mit der Polizei zum Parkeingang – doch die Ranger ließen uns nicht hinein«, berichtete Vater Kyomukama. Am Tag darauf seien dann Parkwächter nach Kyema gekommen und hätten erklärt: Wer illegal in den Park gehe, riskiere sein Leben. »Sie versicherten uns, am nächsten Tag den Tatort besichtigen zu dürfen. Wir hatten das Gefühl, sie haben die Leichen schon weggebracht und den Krokodilen vorgeworfen.« Als der Vater mit den Polizisten schließlich die Stelle im Park begutachtete, fanden sie nur noch Blutspuren.

Bei den Vorwürfen der illegalen Tötungen wurde Parkchef Asalu während des Interviews nervös. Präsident Museveni hatte bei seinem letzten Besuch im Park gewarnt, er sei von den zahlreichen Todesmeldungen »genervt«.[23] Asalu erinnerte sich, er hatte den Präsidenten empfangen. »Die Anschuldigungen sind alle nicht wahr«, sagte er und stellte klar: »Das Gesetz erlaubt uns nicht, auf Menschen zu schießen.« Dies ist die eine Seite der Geschichte. Andererseits hatte Museveni in seiner Rede betont: »Wenn jemand eine Waffe trägt, dann sollt ihr schießen – doch wenn sie nur Speere und Netze tragen, warum tötet ihr sie?«[24]

Bereits in der Vergangenheit gab es in anderen afrikanischen Ländern Schießbefehle gegen Wilderer. 1988 hatte der damalige kenianische Präsident, Daniel Arap Moi, der Wildtierschutzbehörde KWS, die zu jener Zeit von dem Briten Richard Leakey gemanagt wurde, einen Schießbefehl gegen Wilderer erteilt. In Ostafrika ist Leakey bis heute berühmt und berüchtigt für seine rassistische und brutale Haltung gegenüber den Kenianern. Als er im Januar 2022 im Alter von 77 Jahren in Kenia starb, feierten die westlichen Medien ihn hingegen als einen Helden. Und auch Kenias Präsident pries Leakey an seinem Todestag: »Er hat unserem Land mit Auszeichnung gedient.«[25]

In Simbabwe und Tansania wurden in den 1980er- und 1990er-Jahren gezielte Operationen gegen Wilderer in den Parks und den umliegenden Gemeinden durchgeführt, ebenfalls mit der Erlaubnis zu schießen. Berühmt geworden ist die 1987 in Südafrika durchgeführte »Operation Lock«, die vom WWF als Anti-Wilderei-Mission finanziert wurde. Der WWF heuerte damals die private südafrikanische Sicherheitsfirma KAS an, die enge Beziehungen zum Apartheidregime unterhielt. Sie nutzte Kampfhubschrauber, um einerseits mutmaßliche Wilderer in den Parks aufzustöbern, andererseits machten die KAS-Söldner vor allem Jagd auf Mitglieder der Anti-Apartheid-Bewegung, also auf politische Gegner.[26]

In Botswana ist diese »Shoot to Kill«-Politik, die dort 2013 ausgerufen wurde, nach wie vor aktuell. 2015 wurde in den Medien publik, dass botswanische Wildhüter 30 Namibier und 22 Simbabwer töteten, die sie in den grenznahen Parks angetroffen hatten.[27] Tshekedi Khama, Botswanas Umwelt- und Tourismusminister und Bruder des damaligen Präsidenten Ian Khama, warnte in aller Öffentlichkeit: »Wenn du nach Botswana kommst, um zu wildern, dann besteht die Möglichkeit, dass du nicht lebend zurückkehren wirst.«[28]

Diese Politik hatte offenbar Erfolg: Jahrelang wurde in Botswana kein einziger Elefant erlegt. Die botswanischen Parks galten als so sicher, dass ganze Herden aus den Nachbarländern migrierten, vor allem Elefanten und Nashörner. Das Land beherbergt mittlerweile die größten Elefantenbestände Afrikas. Als Botswanas frisch gewählter Präsident Mokgweetsi Masisi 2018 diesen Schießbefehl wieder aufhob und die Parkranger radikal entwaffnen ließ, wurden kurz darauf rund 90 Elefantenkadaver gefunden. In einer Pressemitteilung kritisierte die Regierung Medienberichte, wonach die Wilderer wieder nach Botswana gekommen seien, weil dort die Ranger keine Waffen mehr trügen. Vielmehr sei mittlerweile die Armee beauftragt worden, gegen Wilderer vorzugehen.[29]

Gibt es auch in Uganda einen solchen Schießbefehl? Asalu verwies auf seine Statistik. Tote durch Schüsse der Ranger waren darin nicht gelistet. Er zählte aber bereitwillig auf: 2016 habe ein Soldat einen Wilderer erschossen. Oft würden sich die Wilderer im Streit um die Beute gegenseitig erschießen, erläuterte er. Im Dezember 2018 sei ein Mann von einem Büffel zertrampelt worden, sechs illegale Fischer seien im See ertrunken. Und die vier toten Männer vom 26. Juni 2018? Asalu räusperte sich, wirkte etwas verlegen: »Die Ermittlungen laufen noch – die Leichen wurden nie gefunden, obwohl wir mit unseren Drohnen danach gesucht haben.«

Vater Kyomukama half das wenig. Er musste nun 18 Waisenkinder seines getöteten Sohns und seines Neffen versorgen. Zu befürchten, dass die Körper von Wildtieren zerfleischt wurden, mache den Abschied noch schlimmer, sagte er. »Wenn wir sie wenigstens beerdigen könnten.«

Asalu jedoch betonte erneut: »Für diejenigen, die nicht legal durch unsere Parkpforten kommen und sich in meinen Büchern registrieren – für diese Menschenleben bin ich nicht verantwortlich!«

Festungsschutz: Die unabhängige Republik Virunga

Neuer Stacheldraht, eine neue mannshohe Mauer aus Lavagestein, blau-weiße Holzpfosten am Straßenrand. Daneben ein Schild: »Grenze des Virunga-Nationalparks«. Wer im Jahr 2015, von der Millionenstadt Goma aus kommend, die Überlandstraße gen Norden hinaus fuhr, sah es sofort: Der Park hatte hochgerüstet. Nach den Schüssen auf den Parkdirektor im April 2014 auf jener Straße, an der der Belgier de Mérode nur knapp überlebte, war der Virunga monatelang für den Tourismus geschlossen gewesen, was wieder zu finanziellen Verlusten geführt hatte. Dann machte er endlich wieder auf und man hoffte auf Besucher.

Wie ein Raumschiff aus einer anderen Welt wirkte das frisch gestrichene Hauptquartier der Parkverwaltung mitten im Dschungel: gut ausgestattete Büros, eigene Stromversorgung, Satellitenschüssel im Hof. Daneben parkten moderne Baumaschinen, Betonmischer, Bagger. Damit wurden die Wasserkraftwerke am nahegelegenen Rutshuru-Fluss errichtet, die bald Strom liefern sollten, eine seltene Ressource im Ostkongo. Dutzende Safari-Jeeps standen für Touristen bereit. Die Fünf-Sterne-Luxus-Lodge neben dem Verwaltungsgebäude mit ihren beheizten Sprudelbadewannen wartete seit Jahren auf Besucher, die Geld bringen. Darum herum wurden nun elektrische Zäune hochgezogen und bewaffnete Wildhüter als Schutztruppen für die Touristen abgestellt. Ein Großteil des Budgets wurde für Sicherheit ausgegeben, damit der Virunga wieder öffnen konnte.

2015 hatte der Virunga gerade eine neue Langzeitfinanzierung mit der EU vereinbart. Die EU-Kommission stellte aus ihrem 11. Fond für wirtschaftliche Entwicklung (11. EDF) 15 Millionen Euro bereit, um die Elektrifizierung der Region voranzutreiben.[30] Im Mai 2015 startete sie zudem ihre groß angelegte Initiative »Biodiversity4Life«, laut EU-Kommission »entwickelt, um den ärmsten Ländern dabei zu helfen, Ökosysteme zu schützen, Wildtierkriminalität zu bekämpfen und grüne Volkswirtschaften zu entwickeln«. Seitdem hat die EU bis 2022 laut eigenen Angaben 110 Millionen Euro für den Virunga ausgegeben. Davon flossen knapp sieben Millionen Euro in Gehalts-Prämien für die Ranger sowie fast eine Million Euro in Trainings.[31]

Der Park hatte auch in den Tourismus gewaltig investiert: In Kibumba, am südlichen Zipfel des Parks, war ein neues Camp eröffnet worden. Auf der Insel Tchegera im Kivusee, unweit des Ufers der Millionenstadt Goma, baute man ebenfalls ein neues Touristencamp. In Lulimbi, nördlich von Rutshuru und mitten im Park, wurde im Virunga zu jener Zeit eine weitere Unterkunft geplant.[32] Um diese Investitionen und das Leben der Angestellten zu schützen, waren nun auch die Parkwächter militärisch trainiert worden. In einem Konvoi mit gut ausgerüsteten Wildhütern brauste Parkdirektor de Mérode die 40 Kilometer von Goma bis ins Hauptquartier nach Rumangabo. Seine Leibwächter trugen Panzerfäuste und moderne Sturmgewehre. Lange Munitionsketten waren um ihre Schultern gewunden. Auf einem der Pick-Ups mit dem Gorilla-Logo war ein gewaltiges Maschinengewehr aufgebockt. Aus dem Naturschützer war der Kommandant einer paramilitärischen Truppe geworden.

Rückblick: Zoologen im Dschungel

Die Hochrüstung war eine grundlegende Trendwende in Kongos Naturschutzpolitik. Denn während der belgischen Kolonialzeit waren die meisten Parks in Belgisch Kongo von Zoologen gegründet worden. Es gab dort zunächst – anders als in den britischen Kolonien – keine bewaffneten Wildhüter. Die belgischen Tierschützer beschäftigen unbewaffnete »Ecoguards«, wie sie bis heute genannt werden, um Fährten zu lesen und Tiere zu zählen.

Diktator Mobutu, der die Parks als seine eigenen Jagdgründe betrachtete, machte die Einheit der Ecoguards zur Leibgarde seiner Tiere. Sie war ihm direkt unterstellt. Erst in den 1970er-Jahren, als zunehmend mehr Finanzmittel von außen in die Parks flossen, wurden die Ecoguards in der neu gegründeten Behörde ICCN in das Tourismusministerium integriert. Sie trugen nur vereinzelt Waffen, einfache Jagdgewehre, zum Selbstschutz.

Als zum Ende der Mobutu-Ära während des Völkermordes 1994 in Ruanda Millionen von Flüchtlingen aus dem Nachbarland in den Ostkongo eindrangen, waren die beiden Nationalparks – der Virunga sowie der Kahuzi-Biéga – entlang der Grenze quasi ungeschützt. Auch die ruandischen Völkermörder, die samt ihren Waffen in den Kongo geflohen waren, versteckten sich in den Wäldern des Parks und formten dort später die FDLR, die bis heute die größte Bedrohung für Mensch und Natur darstellt und seither den illegalen Holzkohlehandel kontrolliert.

Die Armee war mit dem Sturz Mobutus 1996 zerfallen und nicht willig oder in der Lage, es mit den über hundert Rebellengruppen im Land aufzunehmen. Es kam infolgedessen zu zahlreichen Kriegen, in welchen sich die Milizen und Bürgerwehren im Dschungel stetig vermehrten, weil der Staat den Menschen keine Sicherheit brachte. Diesen bewaffneten Gruppen waren die Wildhüter fast hilflos ausgeliefert.

In den Nullerjahren begann deswegen die Parkverwaltung, mit finanzieller Unterstützung der EU, der ZGF und WCS ihre Ranger zu trainieren. Ein Filmteam kam 2006 in den Virunga geflogen, um einen ehemaligen Soldaten der britischen Spezialeinheiten, Oberstleutnant Conrad Thorpe, mit der Kamera zu begleiten. Der Elitesoldat sollte rund 600 Wildhüter fit machen für ihren gefährlichen Kampf gegen Wilderer und Milizen. »Ein umstrittener neuer Ansatz«, wie es in dem Film *Guns for Hire* heißt.[33]

Die Parkverwaltung hatte in einem verfallenen, einst von belgischen Kolonialherren gebauten Touristenresort in der Savanne am Edward-See ein Trainingscamp eingerichtet. Die meisten Wildhüter benötigten zunächst eine simple Grundausbildung: Wie setzt man die Waffe an? Wie zielt man richtig? »Kein Wunder, dass so viele Ranger getötet wurden«, so der Kommentar des Dokumentarfilmers. Nur die Hälfte von ihnen trug eine Waffe, meist eine alte Kalaschnikow. Was der Film auf erschreckende Weise zeigt: den brutalen Umgang mit der Bevölkerung. Unter vorgehaltenen Waffen schreien die Ranger einen Wilderer an, der eine Schlingenfalle im Gebüsch gelegt hatte. Sie drohen damit, ihn zu erschießen, wenn er keine Informationen preisgibt zu seinen Hintermännern. Der offenbar bettelarme Mann nässt sich schier ein, als ihn die Ranger mit ihren Gewehrläufen umzingeln, eine beschämende Situation.[34]

Diese Grundausbildung reichte irgendwann nicht mehr. Stetig veröffentlichte in diesen Jahren der Virunga in Pressemitteilungen Spendenaufrufe für seinen »Fallen-Ranger-Fund«, der 2007 aufgesetzt worden war.[35] Mit Hilfe von Spendengeldern sollten die

Witwen und Kinder derjenigen Wildhüter unterstützt werden, die im Park während ihrer Arbeit gestorben waren, meist getötet von Rebellen oder Wilderern. Nach dem Überfall auf den Nationalpark durch die M23 Rebellen 2012, entschieden Buffett und de Mérode, eine spezielle Rangereinheit zu trainieren, die es mit den Milizen aufnehmen konnte. Nie mehr sollten Rebellen ein Weltkulturerbe unter ihre Kontrolle bekommen.

Von britischen, belgischen und französischen Militärtrainern wurde von 2014 an eine zunächst aus 300 Rangern bestehende Spezialtruppe ausgebildet: die sogenannte QRU (Quick Response Unit), die schnelle Eingreiftruppe. Sie war besser geschult als die Soldaten der Armee und war zu Beginn unabhängig vom Verteidigungsministerium. Ausgestattet mit Scharfschützengewehren, Raketenwerfern und Infrarot-Nachtsichtgeräten wurden die Ranger in den Krieg geschickt, um gezielt gegen die Milizen vorzugehen. Dies machte den Generalstab in Kinshasa hellhörig. Im Virunga-Geschäftsbericht war später von der »kritischen Natur« der Beziehungen zwischen der Virunga-Parkverwaltung und Kongos Regierung die Rede.[36]

Kongos führende Generäle argwöhnten, der US-amerikanische Milliardär und der belgische Parkdirektor würden eine Privatarmee aufbauen. Diese Befürchtungen wurden später auf erschreckende Weise wahr. Mit belgischer Unterstützung wurde im Februar 2017 ein Friedensfestival in Goma abgehalten. Musikbegeisterte aus der ganzen Region waren angereist, Botschafter und UN-Vertreter aus der Hauptstadt Kinshasa eingeflogen worden. Doch bei den Proben in der Nacht vor Festivalbeginn wurde ein Musiker auf der Bühne erschossen – von einem betrunkenen Polizisten, der eigentlich das Gelände sichern sollte. Kurzerhand musste eine private Sicherheitsfirma angeheuert werden, weil niemand mehr der Polizei traute. Der belgische Botschafter hatte offenbar Virunga-Chef de Mérode angerufen. Dieser schickte eine gut bewaffnete Leibwächtereinheit, um die westlichen Diplomaten zu schützen.[37] Im Dokumentarfilm *Guns for Hire* musste sich auch der ZGF-Vertreter im Kongo, die damals noch den Virunga unterstützte, die Frage gefallen lassen, ob er eine »Armee für Frankfurt« würde ausbilden lassen.[38]

Durch ein Dekret wurde schließlich 2015 das Naturschutzinstitut ICCN reformiert und unter die Hoheit des mächtigen und für Korruption und Kriegsverbrechen berüchtigten Verteidigungsministeriums gestellt. Sämtliche Ecoguards sind seitdem in die Sicherheitsstrukturen integriert – ein Versuch, nicht die Kontrolle über die Wildhüter zu verlieren.[39]

Oberkommandierender dieser Einheiten, die in allen Parks im Kongo nach und nach aufgestellt werden, ist bis heute Brigadegeneral Maurice Aguru, bis 2015 Chefausbilder und oberster Kommandant der Trainingseinrichtungen von Kongos Armee – ein gestandener Haudegen, dem es in Jahrzehnten seiner Aufsicht über die Militärakademien nicht gelungen ist, den Regierungssoldaten Umgang mit Menschenrechten beizubringen. Damals lag die Gesamtzahl der Wildhüter im Kongo bei rund 4000. Bei einer großen Parade der Truppen in Kinshasa 2019 sprach der damalige ICCN-Generaldirektor Wilungula davon, 2000 weitere Wildhüter in die Kampftruppen zu rekrutieren. Im Jahr 2020 fanden landesweit Rekrutierungen statt. Realistisch benötige das Land in der Zukunft bis zu 10 000 Ranger, um die Schutzgebiete adäquat zu sichern, stellte Aguru damals klar.[40]

Die offiziellen Aufgaben der Wildhüter lauten seitdem: »Verteidigung der nationalen Sicherheit«, »Schutz der Natur, zum Zweck der Einkommen« sowie die »Durchführung des Tourismus«.[41] Oberste Funktionen seien der »Kampf gegen die Wilderei« und »andere Verbrechen« in den Schutzgebieten, so das Dekret.[42]

Mittlerweile führen die Offiziere der Parks entweder eigenständig oder gemeinsam mit der Armee militärische Operationen gegen Rebellen und Milizen durch, wobei die QRU-Offiziere innerhalb und entlang der Parkgrenzen gegenüber der Armee die Befehlshoheit innehaben.[43] Kongos einst unbewaffneten Ecoguards ziehen seither mit Panzerfäusten durch den Dschungel.

Viele Wildhüter sagen, ihre Arbeit habe sich durch diese Reform grundlegend verändert: »Ich wollte Ecoguard werden, wie mein Großvater und mein Vater«, so einer der QRU-Ranger, der seinen Namen aus Sicherheitsgründen nicht veröffentlichen will. »Doch anstatt Tiere zu schützen, haben sie mich zur Kampfmaschine gemacht.«[44] Heute – nach beinharter Militärausbildung, Schießübungen, Überlebenstraining im Wald und über zwei Jahren Kampferfahrungen – zeigte er sich ernüchtert: Er leide an posttraumatischem Stress. »Mit Naturschutz hat mein Job fast gar nichts mehr zu tun«, klagte er. In seinen zwei Dienstjahren habe er keinen einzigen Gorilla zu Gesicht bekommen, dafür aber »unzählige Menschen erschossen«.[45]

Der Ranger, der aus dem Ort Rumangabo stammt, gab zu: Die Wildhüter seien dort nicht mehr gern gesehen. Seitdem der Park mehr und mehr Kapazitäten aufwendet, um Eindringlinge aufzuspüren, häuften sich die Konflikte mit der Bevölkerung. »Wir tragen bei Einsätzen deswegen schwarze Masken, damit die Leute uns nicht erkennen«, sagte er. Er wurde dann bitterernst: Zwar wurde ihm beigebracht, wie man jemanden festnimmt, auch dass man nicht auf Zivilisten schießt, »doch wenn wir in die rote Zone geschickt werden, wo jeder Bauer und jeder Fischer potenziell einer Miliz angehören kann und die Rebellen keine Uniformen tragen, dann gibt es keinen Unterschied mehr zwischen dem Feind und der Bevölkerung«.

Vitshumbi: Tiere besser geschützt als Menschen

Mit schmerzverzerrtem Gesicht hob Kasereka Matembela seine verbundene Hand. Eine Kugel hatte dem Fischer die Daumensehne durchtrennt, daraufhin konnte er nicht mehr arbeiten und sah verzweifelt aus. »Meine vier Kinder sind hungrig«, klagte er.[46] Matembela hatte Glück. Als Einziger hatte er den Zwischenfall auf dem Edward-See inmitten des Virunga am 23. Mai 2019 überlebt. Was er erzählte, klang haarsträubend: Er hatte mit seinen vier Kameraden gerade die Netze ausgeworfen, als sich ein Motorboot näherte mit zwei bewaffneten Milizionären an Bord, im Kongo Mayi Mayi genannt. »Sie haben uns als Geiseln genommen.« Lösegelderpressung oder illegale Besteuerung des Fischfangs sind typisch für die Milizen in jener Gegend. Ein Blick auf die Landkarte im Hauptquartier zeigt: Vitshumbi liegt mitten in der »roten Zone«.

Zuerst hatte er Hoffnung, so Matembela: Ein ICCN-Patrouillenboot näherte sich. Die Ranger bewachen die Gewässer, damit die Fischer nur in den vorgeschriebenen Zonen ihre Netze auswerfen, um die Fischbestände zu schützen. »Ich dachte, die Ranger würden uns helfen«, so Matambela. »Doch sie eröffneten direkt das Feuer.« Seine vier Kameraden sowie die beiden Geiselnehmer seien im Kugelhagel gestorben, erzählte er. Er selbst sei ins Wasser gefallen, habe sich aber am Bootsrand festhalten können. Da traf die Kugel seine Hand und er ging unter. »Ich kann von Glück sagen, dass sie mich gerettet haben.«

Später wird Virunga-Sprecher Joel Wengamulay bestätigen, dass zu diesem Vorfall immer noch Ermittlungen laufen. Er versicherte, dass es Aufgabe der Ranger sei, Zivilisten zu schützen und verwies darauf, dass die Zahl der Geiselnahmen in dieser Gegend von 144 im Jahr 2015 auf nur noch 18 im Jahr 2019 gefallen sei. Dies beweise einen positiven Effekt der Patrouillen.[47]

Die Fischer des kleinen Ortes Vitshumbi am südlichen Ufer des Edward-Sees, der den Ostkongo von Uganda trennt, haben kein leichtes Leben. Denn seit 1925 die Grenzen des Nationalparks von den Belgiern am Reißbrett gezogen wurden, gehört Vitshumbi zum Virunga. Laut Naturschutzgesetz dürfen in den Nationalparks aber keine Menschen leben. Dass Matembela dennoch hier geboren war, verdankte er einem Kompromiss der Geschichte: Bei der Gründung des Parks unter belgischer Kolonialherrschaft wurden 13 Gemeinden aus dem Park ausgesiedelt. Matembelas Vorfahren lebten damals im Dorf Katanda, nur ein Dutzend Kilometer südlich von Vitshumbi. Die Kolonialherren zerstörten die Holzhäuser dort, da das Land nun zum Park gehören sollte. Heute steht dort ein Gedenkstein mitten in der Savanne. Die Bewohner von Katanda schleppten ihre Habseligkeiten bis nach Vitshumbi. Das Dorf am Edward-See gehörte auch zum Park, doch hier hatten die Belgier einst Häuser aus Stein errichtet, die nicht so einfach zu zerstören waren. In diese zogen die Leute ein, auch wenn dies gegen das Gesetz war.

Matembalas Großvater ernährte seine Familie noch von der Jagd. Doch das Jagen wurde unter Androhung hoher Strafen untersagt, ebenso der Ackerbau. So lernte Matembelas Vater als Junge das Fischen – und bis zum Mai 2019 tauschte auch er jeden Morgen seinen Fang auf dem Markt am Ufer des Sees in Vitshumbi gegen Seife, Streichhölzer, Bohnen und Reis.

Vitshumbi ist quasi eine Enklave inmitten des Parks, in einer hoch gefährlichen Umgebung. In der Savanne rings herum tummeln sich nicht nur Wildtiere, sondern auch Dutzende Rebellengruppen. Nur zwei Mal am Tag kommt ein Konvoi zahlreicher Lastwagen vorbei, der von Soldaten geschützt wird. Sie stoppen kurz in Vitshumbi, um Waren aus der entfernten Stadt Goma abzuliefern und Fisch aufzuladen. Am Ortseingang kontrollieren Parkwächter an einer Straßensperre jedes Fahrzeug. Sie bestimmen, was nach Vitshumbi hinein und aus Vitshumbi hinaus transportiert werden darf. Ein Leben wie auf einer bewachten Insel.

Die Schießerei auf dem See war der Höhepunkt eines Konflikts, der sich seit November 2018 zugespitzt hatte. Damals, während der heißen Wahlkampfzeit, war Provinzgouverneur Paluku an den Edward-See gekommen. Die Leute klagten über zerfallene Häuser und den Mangel an Baumaterialien. Immer wieder hatten die Parkranger Lastwagen mit Wellblechen, Zement und Holz nicht durch ihre Straßensperre gelassen, denn laut Gesetz darf im Park keine permanente Behausung gebaut werden. Da versprach Gouverneur Paluku den Einwohnern Baumaterialien und erhoffte sich dafür Wählerstimmen: »Vitshumbi ist nicht der

Privatbesitz des ICCN«, brüllte er in die Menge. Die Einwohner jubelten.[48]

Als elf Tage nach Palukus Besuch erneut ein Lkw mit Ziegeln und Zement von den Rangern blockiert wurde, kam es zum Eklat, so Natalus Makuta, Vertreter der kongolesischen Umwelt- und Menschenrechtsorganisation CREDDHO (Centre de Recherche sur l'Environnement, la Démocratie et les Droits de l'Homme). Er hat die Vorfälle untersucht.[49] Während der kleine Mann erzählte, stolzierte er an den verfallenen Häusern vorbei in Richtung See. Diesen Weg seien im November 2018 auch die Schüler und ihre Eltern entlangmarschiert, die gegen die Lkw-Blockade protestierten. Auf dem Weg zur ICCN-Station am Ufer hätten sich ihnen auch zahlreiche Fischer angeschlossen, so Makuta: »Dann fielen plötzlich Schüsse«, erinnerte sich der Alte und zeigte auf zwei Gräber am Wegesrand. Auf den Holzkreuzen stehen mit blauer Farbe zwei Namen: Adam und Ezeckiel Mumbere, beide nicht einmal 40 Jahre alt. Todestag: 28. November 2018.

Auch auf der Virunga-Internetseite gedenkt man an jenem Tag eines Toten: »Ranger Ezechiel Masumbuko killed in action«, lautet dort die Schlagzeile.[50] Von Schülerprotesten und zwei toten Fischern steht da nichts. Auf Anfrage bezüglich der Vorfälle in Vitshumbi erklärte der Virunga-Sprecher: »Das war ein gewaltsamer Angriff auf eine Ranger-Position von Mayi Mayi Milizen, kein Protest.« Es seien Ermittlungen eingeleitet worden. Die Ranger hätten sich aber »angemessen verhalten«. Die Ranger seien von Rebellen attackiert worden und hätten sich verteidigt. Er versicherte: »Unsere Ranger sind hinsichtlich der Menschenrechte gut ausgebildet.«[51]

»Wir haben keine Milizen und keine Waffen bei uns im Dorf«, versicherte Makuta vor den Gräbern. »Die Ranger haben wild geschossen«, so seine Schlussfolgerung. Vier Schüler seien verletzt worden. Was an jenem Tag genau geschehen ist, bleibt ungeklärt. Klar ist: Die Menschen in Vitshumbi fühlen sich sowohl den Milizen als auch den Parkrangern hilflos ausgeliefert. Dies sei der falsche Weg, Naturschutz zu betreiben, so Makuta. Er guckte einige Sekunden grübelnd auf die Kreuze. Dann legte er die Stirn in Falten. »Wir sehen immer mehr, dass die Ranger die Menschen wie Tiere behandeln«, sagte er und folgerte: »Die Tiere im Kongo sind besser geschützt als wir Menschen.«

Hoffnung: Strom, Jobs und Sicherheit?

Vitshumbi, Ishasha, Kiwanja, Rutshuru, Rugari, Kibumba, Mugunga – lauter kleine Dörfer am Rande des Parks, deren Einwohner sich von den großen Virunga-Plänen so viel erhofft hatten und die mittlerweile bitter enttäuscht sind. Die Kongolesen hatten in den vergangenen Jahren gesehen, wie in den Virunga enorm viel Geld investiert wurde: Vor ihren Augen waren Staudämme, Wasserkraftanlagen, Stromtrassen, Luxus-Lodges entstanden, in welcher eine einzige Übernachtung fast so viel kostet wie das Jahreseinkommen einer ganzen Familie. In fast jedem dieser Dörfer entlang der Überlandstraße, die durch den Park führt, steht mittlerweile ein Hochspannungsmast. Aber nur die Hauptstraßen in den Städten Rutshuru und Kiwanja sind beleuchtet und das örtliche Krankenhaus und die Schulen haben nun Strom, gestiftet vom Virunga. Doch in den kleinen Dörfern bleibt es nachts weiter stockduster. Hier regieren nach Einbruch der Dunkelheit nach wie vor die Milizen. Denn die Einwohner können sich den vom Virunga angebotenen Strompreis nicht leisten, sagen sie. Allein die Anschlussgebühr kostet umgerechnet rund 250 Euro, für viele ein halbes Jahreseinkommen.[52]

Viele junge Leute hatten sich alternative Jobs versprochen, um nicht die Äcker ihrer Vorfahren harken zu müssen. Doch die Betriebe, die diese Arbeitsplätze schaffen sollten, kämpften von vornherein mit hohen Stromgebühren. So auch Abubaker Djamali. Der Schreinermeister hat seine Werkstatt 2014 kurz nach Ende des Krieges mit der M23 in Rutshuru aufgemacht, der Stadt im gleichnamigen Verwaltungsbezirk. »Alles ist möglich« steht in großen weißen Buchstaben gepinselt an der Hauswand seines Hinterhofes, in welchem seine neun Angestellten Eukalyptusstämme vom Lastwagen hieven. Ein Siegel am Stamm zeigte: Sie stammten aus den mit WWF-Geldern aufgeforsteten Waldstücken rund um den Park.[53]

Der junge Kongolese hatte damals das ganze Ersparte seiner Familie in eine eigene Werkstatt investiert, berichtete er und zeigte auf den Schriftzug an der Hauswand. Er hatte soviel Hoffnung gehabt, dass »der Virunga-Strom uns bald das Arbeiten erleichtert«, erzählte er und wuchtete einen Baumstamm auf den Sägetisch. Gezielt schob er den Stamm auf das Schneidebrett zu. »Sie haben uns damals so viel versprochen«, seufzte er, während die Späne flogen. Er hat Sägen gekauft, eine Werkstatt angemietet und das letzte Geld in die Anschlussgebühr für den Virunga-Strom investiert, in der Hoffnung, dass er diese Investition bald wieder einspiele. »Doch dann bekam ich die Stromrechnungen und war entsetzt«, sagte er: »Das konnte ich mir einfach nicht leisten.« Zur selben Zeit investierte die Katholische Kirche in ein benachbartes Wasserkraftwerk am Rutshuru-Fluss, unweit von dem des Virunga. »Da kostet der Strom nur halb so viel«, so Djamali. Er sattelte um.

Im Jahr 2014 war die erste, vom Park gebaute Wasserkraftanlage mit 35 Megawatt in Betrieb gegangen, in Mutwanga, am nördlichen Ende des Parks am Fuße des Ruwenzori-Gebirges.[54] Das Virunga-Projekt galt als möglicher Garant, im Osten des Landes nach über 20 Jahren endlich Frieden schaffen zu können. Als Ende 2015 das vom Virunga gebaute Wasserkraftwerk in Matebe östlich von Rutshuru mit 13,6 Megawatt an den Start ging, wurde dies groß gefeiert. Der damalige Präsident Kabila reiste aus der Hauptstadt an, Milliardär Buffett kam aus den USA eingeflogen. Gemeinsam mit ICCN-Direktor Wilungula schnitten sie feierlich das Band in den Farben der kongolesischen Flagge durch. »Wir können mehr Wald in diesem Park wieder aufforsten und wir können dazu beitragen, die globale Erwärmung abzuschwächen«, sagte Wilungula und versprach den hier lebenden Kongolesen, sie würden bald alle mit Strom kochen statt mit Holzkohle. Mit EU-Geldern würden durch weitere Projekte insgesamt 120 Megawatt bereitgestellt. Dies würde Arbeitsplätze und damit Frieden schaffen.[55]

Doch die Rechnung, die einst Parkchef de Mérodes aufgestellt hatte, pro Megawatt Strom 1000 Arbeitsplätze entstehen zu lassen, ging von vornherein nicht auf. Bis heute hinkt die Virunga-Allianz ihren eigenen Zielen weit hinterher: Laut eigenen Angaben waren bis Ende 2017 gerade einmal 13 000 Jobs entstanden. Dies geht aus dem einzigen Geschäftsbericht der Stiftung hervor, der online abrufbar ist.[56] Rund 3000 waren damals direkt vom Park angestellt, ein Teil davon als Ranger. Über 600 gut ausgebildete Wildhüter unterhielt der Virunga nach eigenen Angaben im Jahr 2017. Deren kontinuierliches Training verschlang allein in jenem Geschäftsjahr umgerechnet fast 1,8 Millionen Euro aus dem Budget.[57] In einer 2022 veröffentlichten Pressemitteilung ist von rund 30 000 entstandenen Jobs die Rede. Die Zahl solle sich bis 2030 auf 100 000 erhöhen, versichert die Parkverwaltung.[58]

Aus Frustration über die gebrochenen Versprechen wurden die Wasserkraftwerke immer wieder Ziele von Angriffen durch Milizen. 2017 wurde ein Wildhüter von bewaffneten Kämpfern schwer verletzt, als die frisch fertiggestellte Anlage in Lubero ans Netz gehen sollte. Die Wildhüter verteidigten die Station, dabei wurden vier Milizionäre getötet, so die Angaben des Parksprechers.[59]

»Wir waren so wütend auf den Virunga«, erinnerte sich François Katembo, der bei einem dieser Angriffe als Milizionär dabei war. Der junge Mann stammt aus der Kleinstadt Kiwanja im Bezirk Rutshuru inmitten des Parks. Er hatte sich 2012, als die M23-Rebellen das Gebiet eroberten und die Schulen in der Region geschlossen waren, als 17-Jähriger einer lokalen Miliz angeschlossen. Es war kurz vor seinem Schulabschluss. Um Geld zu machen, hätten die Milizionäre den Fischern auf dem Edward-See in Vitshumbi ihren Fang abgeknöpft. »Damit kamen wir gut über die Runden«, erzählte er. »Sonst gibt es ja keine Jobs hier.«[60]

Dann erfuhr er 2014 von den Investitionen des Virunga und beschloss, zwischen den Raubzügen das Abitur nachzuholen. Denn, so sagte er: »Ich wollte eigentlich Ranger werden, und dafür braucht man einen Abschluss.« Nach dem Abitur habe er sich 2015 beim Virunga als Wildhüter beworben – und nie eine Antwort erhalten. Seine Erklärung dafür: Er sei von der Ethnie der Nande. Doch zuständig für die Rekrutierungen sei Vize-Parkchef Mburanwume, ein Hutu. Dieser würde nur Hutu-Männer anheuern.

Gegen diese Rekrutierungspolitik demonstrierten im September 2014 Dutzende Jugendliche aus den nahe gelegenen Siedlungen Rugari und Kisigari vor dem Eingang des Hauptquartiers in Rumangabo. Ein Parkwächter feuerte scharfe Munition und verletzte drei junge Männer: Einer von ihnen wurde von einer Kugel ins Becken getroffen, ein anderer in die linke Schulter, eine dritter in den linken Kieferbereich. Sie wurden sofort ins Krankenhaus von Rutshuru gebracht. Doch die Wunden des jungen Mannes mit der Kugel im Gesicht waren so schwerwiegend, dass er nach Goma verlegt werden musste und dort schließlich starb.[61]

Dieser Vorfall raubte Katembo die letzte Hoffnung. Frustriert ging er zurück zu seiner Miliz, um weiter im Park zu rauben. Erst Ende 2018 ließ er die Waffen endgültig fallen. Der Grund, so sagte er: »Die Rangereinheiten haben sich verändert – sie sind jetzt richtig stark.« Nach heftigen Gefechten, bei welchen seine Einheit fast komplett aufgerieben worden war, entschied er sich: »lieber arbeitslos in Kiwanja sitzen, als im Park zu sterben«.

Eine Frage der Verhältnismäßigkeit

Im Bezirk Rutshuru, in welchem auch die Kleinstadt Kiwanja liegt, leben rund 1,5 Millionen Menschen vom Ackerbau. Jeden Morgen kurz nach Sonnenaufgang passieren Tausende Frauen, Männer und Kinder vollgepackt mit Körben, Hacken und Macheten die vom ICCN errichtete Straßensperre mit ihren schwer bewaffneten, vermummten Rangern, um einige Kilometer außerhalb der

Stadt ihre Äcker zu bestellen. Hinter den Maniok-Feldern erhebt sich bedrohlich das Dickicht des Virunga mit seinen Wildtieren und Milizen wie eine dunkle Mauer.

In einem 1925 formulierten Vertrag wurde dieser Abschnitt außerhalb Kiwanjas als »Jagdrevier« definiert, eine Art Pufferzone für den Park, in der keine Landwirtschaft betrieben werden sollte. Doch unterzeichnet wurde das Abkommen nie – und sei damit »null und nichtig«, so Faustus Kalwahali, Justiziar im örtlichen Bauernverband SAP (Syndicat d'Alliance Paysanne).[62] Er zeigte Kopien des in der Kolonialzeit aufgesetzten Vertrages zwischen dem lokalen Clanchef der Hutu-Bevölkerung und dem belgischen Kolonialvertreter, unter welchem keine Signaturen zu sehen sind.

Dennoch beansprucht die Parkbehörde dieses Gebiet bis heute für sich. Regelmäßig patrouillieren Ranger auf den Feldern und verhaften Bäuerinnen und Bauern mit dem Vorwurf des »illegalen Eintritts in den Park«. Mit EU-Geldern wurde eine eigene Justizpolizei für das ICCN aufgestellt. Die Virunga-Stiftung sowie der WWF haben Gelder in Schulungen investiert, um die Strafverfolgung bei Vergehen gegen das 2014 erlassene Artenschutzgesetz auszubauen.[63] Christof Schenck, Geschäftsführer der ZGF, erklärte den Ansatz folgendermaßen: »Die Nationalparks zu schützen ist ein legaler Ansatz, dabei gibt es Gesetze, die müssen befolgt werden, und da gibt es eine Verhältnismäßigkeit der Mittel.«[64]

Diese sogenannte Justizpolizei des Parks besteht aus speziell geschulten Parkwächtern. Sie dürfen Menschen festnehmen und verhören, sammeln Beweise, formulieren Anzeigen und müssen die Festgenommenen laut Gesetz innerhalb von 48 Stunden an die staatliche Justiz überstellen. Soweit die Theorie. Doch: »Oft dauert es viele Tage, bis das ICCN die Leute dem Haftrichter vorführt«, klagte der Anwalt des Bauernverbandes. »Oft wollen sie mir gar nicht sagen, wo sie die Leute unterbringen«, schüttelte er den Kopf. »Das grenzt schon fast an Geiselnahme.«

Und oft führt das Vorgehen dieser Parkwächter mit ihren polizeilichen Kompetenzen zu Auseinandersetzungen mit anderen

Staatsinstitutionen. Die genaue Aufgabenverteilung zwischen den regulären Sicherheitsorganen und den Parkvertretern blieb ungeklärt. So war am 30. November 2018 auch der Zollbeamte Joseph Masino von Rangern aufgegriffen worden. Es war am Morgen gegen neun Uhr, erinnerte er sich. Er hatte den Auftrag gehabt, gemeinsam mit Beamten der Minenpolizei entlang der Handelsstraße, die aus Goma gen Westen hinausführt, eine Stichprobenkontrolle bei Lastwagen durchzuführen, ob sie eventuell illegale Rohstoffe transportierten.

Entlang jener Straße gibt es jenseits der Flüchtlingslager im Vorstadtbezirk Mugunga einen Abschnitt, den der Virunga für sich beansprucht. Dort war beim Ausbruch des Nyiragongo-Vulkans 2002, der weite Teile der Millionenstadt Goma zerstörte, Lava bis in den Kivusee geflossen. Laut ICCN gehören nun diese, von erstarrter Lava bedeckten Gebiete zum Park, auch in Mugunga, so besage es ein altes Dokument aus der Kolonialzeit, das sämtliche vulkanischen Gebiete unter das Naturschutzgesetz gestellt hat. »Sie haben uns befohlen, auf die Laderampe ihres Fahrzeugs zu steigen«, berichtete Masino später von seiner Festnahme durch die Parkwächter. »Ich bin freiwillig aufgestiegen, doch mein Kollege hat sich geweigert und gefragt, wo sie uns hinbringen«, und er erinnerte sich: »Sie haben ihn geschlagen und uns nach Rumangabo ins Hauptquartier des Parks gebracht.«[65]

Dort saßen die beiden Zollbeamten einen Tag lang im parkeigenen Gefängnis. »Wir wurden von dem Polizei-Justizbeamten des Parks verhört.« Sie haben dort auch die Nacht verbracht. Am nächsten Tag wurden sie an das Gericht überstellt. »Doch vorher haben sie mir alles Geld weggenommen, auch die Einnahmen von unserer Zollstation«, so Masinos Kollege Leopold Kaliki. »Dann ist unser Chef gekommen und hat ihnen Geld bezahlt, daraufhin haben sie uns freigelassen.« Es waren angeblich 200 Dollar.[66]

Juristisch zuständig für diese Festnahmen ist der Staatsanwalt von Rutshuru, Mirindi Mushagalusa. An ihn überstellen die Wildhüter die Festgenommenen. Er muss diese letztlich anklagen oder freilassen. Der hagere kleine Mann saß im Juni 2019 in seinem Büro hinter handgeschriebenen Aktenbergen. Auf dem Schreibtisch standen weder Computer noch Telefon, denn es gab keinen Strom. Auch Kongos Behörden können sich den teuren Virunga-Strom nicht leisten. Sie sind ohnehin extrem schlecht ausgestattet, was seit Jahrzehnten zur chronischen Straflosigkeit führt. Dabei häufen sich die Zahlen der Tötungen und Vergewaltigungen im Bezirk.

Auf die Frage nach den verhafteten Bäuerinnen und Bauern seufzte der Staatsanwalt: »Ich bin mit den ICCN-Fällen so überfordert, dass ich gar keine Zeit mehr habe für all die Mörder und Vergewaltiger hier.« Durchschnittlich überstelle ihm die Naturschutzbehörde 20 Menschen pro Monat. Manchmal nehmen deren Justiz-Polizisten dutzende Bäuerinnen und Bauern oder Fischer auf einmal fest, klagte er. Mit den Ermittlungen komme er dann nicht hinterher, die Untersuchungshaft verlängere sich dadurch. Die Haftbedingungen in Kongos maroden Gefängnissen, wo es weder Verpflegung noch Hygiene gibt, gehören zu den schlimmsten weltweit.[67] Gefangene riskieren, sich mit tödlichen Krankheiten anzustecken. Jeder Tag im Gefängnis ist daher lebensgefährlich. Mushagalusa nannte die Strafverfolgung von Vergehen gegen den Naturschutz in Anbetracht der übrigen Verbrechen in seinem Land »unverhältnismäßig«.[68]

Oft seien die Anzeigen der ICCN-Justizpolizisten zweifelhaft. Manchmal würden die Ranger Beweismittel erst gar nicht anbringen: den Fischfang, das Holzboot, die Ernte. »Wie soll ich ins Kriegsgebiet reisen und dort prüfen, ob der Fischer jenseits der erlaubten Fanggebiete tätig war?«, fragte sich der Staatsanwalt, der sich nicht einmal genügend Telefonkredit für sein Handy leisten konnte, um einen Anruf zu tätigen. Problematisch seien vor allem die Festnahmen im umstrittenen Jagdrevier, wo die Bäuerinnen und Bauern ihre Felder haben. »Die Parkgrenzen müssen definiert werden, bevor wir urteilen können, was illegal ist«, forderte er.[69]

In der Regel lasse er die Festgenommenen dann laufen – allerdings gegen eine Entlassungsgebühr von umgerechnet rund

90 Euro. Das ist mehr, als eine Bauernfamilie im Monat zum Leben hat. »Die Bevölkerung wird damit systematisch in die Armut getrieben«, sagte dazu der Anwalt des Bauernverbandes. Die Gebühr sei noch dazu illegal, so Festus Munyihata von der Menschenrechtsorganisation CREDDHO in Rutshuru. Er verfolgt die ICCN-Verfahren seit Jahren genau. Das Geld werde verlangt, um die Leute zu entmutigen, in den Park zu gehen, war er überzeugt. Das ICCN überstelle jetzt immer mehr Fälle an die Militärjustiz, »um noch mehr Abschreckung zu erzeugen«, so Munyihata.[70]

Bei der Militärstaatsanwaltschaft im Gebäude nebenan ist die Entlassungsgebühr doppelt so hoch. In den dortigen Gefängnissen dürfen selbst Zivilisten bis zu zwölf Monate festgehalten werden, bis sie einem Haftrichter vorgeführt werden müssen. Dies mag mitunter der Grund sein, gab Militärstaatsanwalt William Mulaja im Interview offen zu, warum mittlerweile deutlich mehr ICCN-Fälle auf seinem Schreibtisch landen. Er zeigte seine Zahlen: Allein im April 2019 waren es 168 durch Parkwächter Festgenommene, darunter Frauen und Kinder. Der Vorwurf lautete meist: »Zusammenarbeit oder Teilnahme an einer bewaffneten Gruppe« – dafür ist im Kongo automatisch die Militärjustiz zuständig. »Wenn Milizen Fischern das Geld abknöpfen, dann ist das per Gesetz schon Unterstützung der Miliz«, erklärte der Militärstaatsanwalt.[71] Wenn Frauen im Wald Feuerholz sammeln, dann sei dies laut Gesetz »Kollaboration mit terroristischen Gruppen«, weil die FDLR den Holzkohlehandel dominiert. Dass er mittlerweile mehr Fischer, Bäuerinnen und Bauern auf Grundlage des Naturschutzgesetzes anstatt bewaffnete Rebellen für ihre Kriegsverbrechen anklagen muss, das sei nicht »Sinn der Sache«.[72]

Auf Anfrage erklärte der Sprecher der Parkleitung: »Virunga ist strikt gegen jegliche willkürliche Verhaftung.« Die Untersuchungshaft in den Gefängnissen der Parkverwaltung überschreite niemals die vorgeschriebene 48-Stunden-Frist. Seinen Angaben zufolge würden Ranger durchschnittlich 1000 Menschen jährlich festnehmen. Davon seien im Jahr 2018 genau 423 an die verschiedenen Bezirksgerichte rund um den Park überstellt worden, 21 seien verurteilt worden.[73]

In der Statistik der Staatsanwaltschaft in Rutshuru prangten zu jener Zeit Vergehen gegen das Naturschutzgesetz ganz oben auf der Verbrechensliste. Im Jahr 2018 wurden allein in diesem Bezirk 213 Personen dem Zivilgericht und 102 dem Militärgericht überstellt und angeklagt, weil sie gegen das Naturschutzgesetz verstoßen hatten. Letzteres widerspricht internationalen Konventionen, denn kein Einziger auf dieser Liste trug eine Waffe. Die Anwälte von CREDDHO stellten sich in diesem Zusammenhang zu Recht die Frage: »Dass in einem Kriegsgebiet Vergehen gegen das Naturschutzgesetz mehr Beachtung durch die Strafverfolgungsbehörden erfahren als Mord und Vergewaltigung – ist das verhältnismäßig?«

Das Vorgehen der militarisierten Wildhüter hat auch die Aufmerksamkeit internationaler Menschenrechtsorganisationen auf sich gezogen. HRW führt seit 2015 Buch über die mutmaßlichen Übergriffe der Wildhüter gegen die lokale Bevölkerung. Daniel Kouchner saß in jenem Juni 2019 im Konferenzraum des HRW-Büros in Goma an seinem Laptop und öffnete eine lange Excel-Liste. In diese hatte er alle Vorfälle eingetragen, die ihm die lokalen Gemeindevertreter rund um den Virunga-Park regelmäßig melden. Mittlerweile waren es Tausende Fälle, die er dort verzeichnet hatte und die ein Researchteam versuchte, durch weitere Quellen zu bestätigen. Die Tatbestände: Raub, Diebstahl, versuchte Vergewaltigungen, Erpressung, Geiselnahmen, Beschädigung von fremdem Eigentum, Mord – das ganze Arsenal der Gewalt war dort aufgeführt, mutmaßlich begangen von Wildhütern des Virunga.[74] Als Beweise hatte er Tausende Fotos, Videos und Audiomitschnitte gespeichert, um die Fälle zu belegen. Eigentlich wollte HRW dazu einen Bericht veröffentlichen. Doch in den obersten Zirkeln der westlichen Geber der Menschenrechtsorganisation hatten einflussreiche Akteure etwas dagegen, den Virunga unter die Lupe zu nehmen.[75] Der offensichtliche Grund: Tara Candland, Vize-Präsidentin und zuständig für Recherchen der Bridgeway Foundation, eine der Hauptgeberinnen von HRW, war zuvor Direktorin der Virunga-Stiftung.[76]

Auch andere Organisationen und Akademiker hatten in jener Zeit angefangen, solche Listen anzulegen. Nicht nur im Umfeld des Virunga, sondern auch in anderen Parks häuften sich Berichte von Übergriffen der Wildhüter, auch im Kahuzi-Biéga und im Salonga im Westen, die beide mit deutschen Geldern unterstützt werden. Die Berliner *tageszeitung* hat diese Listen in ihrem Schwerpunktprojekt *Die Grüne Armee* im Jahr 2020 zusammengestellt und mit Video- und Audiomaterial als Beweismittel gebündelt veröffentlicht.[77] Die EU sowie die deutschen Geber, die die Parks finanzieren, sprachen zu jener Zeit noch von »tragischen Einzelfällen«.[78] Doch Researcher und Menschenrechtsanwälte sahen darin zunehmend eher ein strukturelles Problem, denn diese Fälle hatten seit dem Beginn der Militärausbildung für die Wildhüter deutlich zugenommen.

»Auf jeden Fall, das sehen wir ganz deutlich«, bestätigte auch Kouchner den Zusammenhang zwischen der steigenden Zahl an Übergriffen und der zunehmenden Militarisierung. Dafür gab er jedoch der kongolesischen Regierung die Schuld: »Die Bevölkerung weiß absolut gar nichts über die Grenzen des Parks und die Gesetzeslage«, so Kouchner. Wenn also die neu ausgebildeten Wildhüter nun die Bäuerinnen von den Feldern vertreiben oder Kinder dabei verhaften, wenn sie im Wald Feuerholz holen, dann würden sich die Menschen über die Ranger beschweren: »Dabei wissen sie gar nicht, dass sie die Naturschutzgesetze missachtet haben«, so Kouchner. Die Regierung hätte im Zuge der Gesetzesreform 2015 diese neuen Regeln und Aufgaben der Wildhüter besser kommunizieren müssen.[79]

Doch dies war nicht geschehen. Und so kam es nun überall rund um die Nationalparks zu Vorfällen, die die Bevölkerung als »Willkürherrschaft des Parks« bezeichnet. Die Parkverwaltung argumentierte jedoch, sie würde nur die bestehenden Gesetze umsetzen.

Hinter jedem dieser Einzelfälle verbergen sich Schicksale von Menschen, die ohnehin zu den Ärmsten der Welt gehören. Im Dorf Nzulo beispielsweise, südlich des Parks am Ufer des Kivusees, stand im Juni 2019 Abdoul Shamamba, Vater von sechs Kindern, auf einem Haufen verkohlter Bretter und Wellbleche und guckte verzweifelt. Sein ganzes Erspartes hatte er in das kleine Haus investiert. Dann seien vor drei Tagen Ranger gekommen und hätten es abgefackelt. Die verkohlten Überreste von Shabambas Holzhütte lagen auf Lavasteinen, die seit dem Vulkanausbruch 2002 die Gegend überdecken und nun angeblich zum Park gehörten. Er zeigte auf frische Wunden am Arm und am Schienbein: »Als ich mich geweigert habe, das Haus zu verlassen, haben sie mich mit Gewalt davongezerrt«, berichtete der Familienvater. Er konnte nicht einmal die Matratzen und die Kleidung seiner Kinder retten. »Was ich heute trage, haben mir meine Nachbarn geliehen.«[80] Der Virunga erklärte auf Anfrage, er habe keine Informationen zu dem Vorfall.[81]

Im Dorf Mugunga gleich nebenan dasselbe Spiel. Fast täglich patrouillieren Wildhüter hier rund um den sogenannten Grünen See, einen erloschenen Vulkankrater, in dessen grünem Wasser seltene Enzyme entdeckt wurden, die es zu schützen gilt. Doch rund um den See leben tausende Bauernfamilien, die dort ihre Bohnen anbauen. Der See ist die einzige Wasserquelle weit und breit. Die fast 60-jährige Miriam Nyamulemba wurde im Sommer 2018 von ihrem Acker am Seeufer von Parkrangern vertrieben, die ihr die Ernte stahlen – mit dem Argument, ihr Feld, das sie seit Jahrzehnten bestellt, liege innerhalb des Parks: »Ohne die Ernte wusste ich monatelang nicht, wie ich meine Kinder und Enkel satt kriegen soll«, klagte die Alte. Seitdem traute sie sich nicht einmal mehr, Wasser aus dem See zu holen.[82] Auch hier erklärte später der Virunga-Sprecher, es gebe keine Informationen.[83]

Ihre Tochter Esperance Kabekatyo war mutig und wagte sich trotz aller Warnungen auf den Acker. Als sie im September 2018 ihre Bohnenernte einholen wollte, sei sie von den Rangern festgehalten worden. »Sie haben mir die Kleider vom Leib gerissen«, so die Mutter von fünf Kindern. »Ich hatte Angst, sie würden mich vergewaltigen – ich bin davongerannt.« Als sie sich am Tag danach erneut dorthin gewagt habe, »fingen die Ranger direkt an zu schießen, eine Kugel verfehlte mich nur knapp«, berichtete sie. Kabekatyo stellte klar: »Von allen Rebellen und Milizen, die wir hier haben, sind die Ecoguards meine größten Feinde.«

Der Virunga wurde mit europäischen Geldern zur Festung ausgebaut, ähnlich einem Staat im Staat, der mehr Geld, Kapazitäten und Strom zur Verfügung hat als die Provinzregierung. Viele Kongolesen wie Kabekatyo nennen ihn mittlerweile »die unabhängige Republik Virunga«. Im Interview bat sie darum, eine Botschaft an die EU richten zu dürfen: »Mit Hilfe der EU-Gelder ist der Park sehr mächtig geworden«, so die Bäuerin. »Doch wenn sie uns weiter so behandeln, werde ich zur Waffe greifen und gegen sie rebellieren!«[84]

V
DIE VERANTWORTUNG DER GEBER

EINZELFALL ODER SYSTEM?

Salonga:
Die Vorwürfe gegen den WWF

Dass man mit Naturschutz nichts falsch machen kann, ist in Europa eine weit verbreitete Ansicht, die den Blick auf einen großen Problemkomplex vermeidet: Den ärmsten Gemeinden der Welt im Globalen Süden einen Großteil ihres Ackerlandes wegzunehmen und es unter internationale Naturschutzrichtlinien zu stellen, führt jedoch automatisch zu Konflikten.

In Deutschland, so scheint es, wurde diese unausweichliche Konflikteskalation erst spät erkannt. Vor allem das deutsche Engagement im Kahuzi-Biéga, das seit den 1980er-Jahren trotz vieler Schwierigkeiten immer weiter betrieben wurde, gilt als Erfolgsgeschichte. Es ist das Aushängeschild des deutschen Natur- und Artenschutzes in Afrika. Christoph Hoffmann, stellvertretender Vorsitzender des Ausschusses für wirtschaftliche Zusammenarbeit und Entwicklung im Bundestag, ist sogar der Meinung: »Wenn es diesen Naturschutz nicht gegeben hätte, gäbe es heute keine Gorillas mehr.«[1]

Dass Naturschutzanstrengungen in fragilen Kontexten wie im Kongo jedoch auch Risiken bergen können, passt nicht so ganz ins Bild der deutschen Erfolgsgeschichte. Als 2017 im Unterholz des Kahuzi-Biéga der 17-jährige Batwa-Junge von einem Wildhüter erschossen wurde, sprach die Bundesregierung einerseits von einem »tragischen Einzelfall« und andererseits von »laufenden Aushandlungsprozessen«.[2] Sie wies zunächst jede Verantwortung von sich: »Die Wildhüter sind Angestellte des kongolesischen Staates«, so die Bundesregierung. Es sei zu beachten, dass im Rahmen einer partnerorientierten Entwicklungszusammenarbeit nur eine »Unterstützung in Richtung Etablierung und Umsetzung internationaler Standards« erfolgen kann, »aber keine Weisungsbefugnis seitens der deutschen EZ bezüglich der Partnerinstitutionen und hier insbesondere bezüglich des Parkpersonals besteht«. Kritische Entwicklungen und Defizite würden aber von der Bundesregierung offen mit den Partnern »erörtert«.[3]

Ausdrücklich betonte die Bundesregierung: Außer den Zwischenfällen in den Schutzgebieten Kahuzi-Biéga und Tri-National de la Sangha seien »keine weiteren konkreten Konflikte bekannt«. Grundsätzlich sei der Bundesregierung jedoch bewusst, »dass es im Schutzgebietsmanagement wegen der Nutzungseinschränkungen zu Konflikten mit der lokalen Bevölkerung kommen kann«.[4] Sie verwies auf die »bürgerkriegsähnlichen Zustände« im Kongo. In einem »solchen Kontext«, sei häufig »schon viel erreicht«, wenn eine »Verschlechterung der Situation zumindest temporär abgemildert werden kann«.[5]

Immerhin gab die Regierung zu, dass es im Umgang mit der indigenen Bevölkerung einer Nachbesserung bedarf: Das geltende BMZ-Menschenrechtskonzept sei bereits im Jahr 2011, der BMZ-Menschenrechtsleitfaden im Jahr 2013 ausgearbeitet worden. Derzeit würde das BMZ die Erstellung und Umsetzung des »Indigenous Peoples Framework« und des »Indigenous Peoples Plan« vorbereiten.[6] Bei den beiden Konzepten handelt es sich um internationale Leitlinien im Umgang mit Indigenen, die 2007 von der Weltbank herausgegeben wurden und an welchen sich die westlichen Partner seither orientieren sollen.[7] Die Bundesregierung hinkte jedoch bei deren Anwendung hinterher.

Im Frühjahr 2019 häuften sich in den Medien Meldungen, dass es zu mutmaßlichen Menschenrechtsverletzungen auch im Salonga-Nationalpark im Westen des Kongo gekommen sei, weit weg von jeglichen Bürgerkriegs-Kontexten. Und auch im benachbarten Kamerun, in der Republik Kongo, der Zentralafrikanischen Republik sowie in Schutzgebieten in Indien und Nepal gab es ähnliche Vorfälle. In einem *BuzzFeed*-Artikel Anfang 2019, wird dem WWF vorgeworfen, seine Verantwortung nicht ernst genug zu nehmen.[8]

Der Salonga-Nationalpark mit seinen berühmten und seltenen Bonobo-Affen ist neben dem Kahuzi-Biéga das zweite Kronjuwel des deutschen Naturschutzes im Kongo. Er liegt im Westen des großen Landes, weit weg von den Bürgerkriegsgebieten. Ausgerechnet hier sah sich nun die Bundesregierung mit mehr als nur einem Einzelfall konfrontiert.

»Alles wird in Frage gestellt«

Von Mord, Folter und Vergewaltigung durch Parkwächter war in einem internen Untersuchungsbericht von der britischen Naturschutzorganisation RFUK und deren kongolesischen Partnerorganisation APEM (Actions pour la Promotion et Protection des Peuples et Espèces Menacés) vom November 2018 die Rede, der im Februar 2019 auch dem WWF in Berlin zugesandt wurde.[9] Die KfW gab an, sie habe erst im Mai 2019 davon erfahren.[10] »Die Bundesregierung nahm und nimmt dies sehr ernst«, so die Reaktion.[11] Unverzüglich wurden alle Mittel eingefroren. Die Entwicklungsbank wies ausdrücklich darauf hin, dass sich die mutmaßlichen Übergriffe »überwiegend auf einen Zeitraum von 2002 bis 2015/2016« beziehen: »also vor dem Beginn der deutschen Unterstützung.«[12]

Der WWF wies alle Anschuldigungen von sich: »Einige der Vorwürfe können wir zum aktuellen Zeitpunkt trotz Recherche nicht nachvollziehen.« Es wurde argumentiert, die Wildhüter seien weltweit Bedrohungen ausgesetzt, die ein Mindestmaß an Bewaffnung rechtfertigen, auch wenn dies keine Entschuldigung für Menschenrechtsverbrechen sein dürfe. »Andere Vorkommnisse können wir bestätigen«, so die Erklärung. Der WWF »bewerte« diese aber »hinsichtlich der Rolle und Verantwortung anders«.[13]

Die Naturschützer fühlten sich zu Unrecht an die Wand gestellt. Denn gerade im Salonga könne von einer Militarisierung der Wildhüter absolut keine Rede sein, so Ilka Herbinger, die im WWF in Berlin für den Park zuständig ist. Dort hat nur jeder fünfte Ranger überhaupt eine Waffe. Das WWF-Engagement habe gerade erst angefangen, Früchte zu tragen. Und jetzt werde in der aktuellen Debatte »alles in Frage gestellt«.[14]

Der WWF veranlasste daraufhin gemeinsam mit dem ICCN eine Untersuchung vor Ort. In dem daraus resultierenden Bericht vom März 2019 wurden die Vorwürfe bestätigt. Die Rede war von vergewaltigten Frauen und von Fischern, deren Genitalien mutmaßlich von Wildhütern verstümmelt worden seien.[15] Noch bevor die Anschuldigungen öffentlich wurden, wurde einer der APEM-Berichterstatter von Parkwächtern mit dem Tode bedroht und musste fliehen.[16]

Vor diesem Hintergrund kritisierte die Opposition in Berlin, allen voran die Linken-Abgeordnete Eva-Maria Schreiber, Obfrau im Ausschuss für wirtschaftliche Zusammenarbeit und Entwicklung, dass die Bundesregierung Ende 2018 für den Umweltschutz im Kongobecken neue Mittel im Umfang von 45 Millionen Euro zugesagt hatte. Dies sei »bedenklich«, da bislang die »menschenrechtlichen Verstöße […] nicht systematisch aufgearbeitet« wurden.[17] Aus Schreibers Sicht würde das BMZ die Projekte einfach »nahtlos fortsetzen«.[18]

Im April 2019 beschäftigte sich der Bundestag mit den Vorfällen. WWF-Deutschland-Präsident Christoph Heinrich war eingeladen, sich den Fragen der Abgeordneten zu stellen. Dieser machte deutlich: »Für den WWF hat die Achtung der Menschenrechte oberste Priorität.« Er gab jedoch erstmals zu: »Wir sind entsetzt, dass den von uns unterstützten staatlichen Nationalparkmitarbeitern Vergewaltigungen, schwere Körperverletzungen und Tötungen vorgeworfen werden«, und unterstrich: »Wir empfinden tiefes Mitgefühl mit den Betroffenen und lassen alle Vorwürfe unabhängig untersuchen.«[19] Heinrich erläuterte: In krisengeschüttelten Regionen, wo solche Übergriffe an der Tagesordnung seien, fehle es häufig an staatlichen Strukturen zur effektiven Strafverfolgung.[20] Er enthob damit erneut seine Organisation jeglicher Verantwortung und versicherte, dass »Beschwerdemechanismen« eingerichtet werden. Wie es sich später herausstellte, handelte es sich dabei um eine Telefonhotline.

Christof Schenck von der ZGF in Frankfurt stellte in diesem Zusammenhang klar: »Verletzung von Menschenrechten – das geht gar nicht« und ergänzte: »... zumindest bei uns nicht, also wenn es unsere Mitarbeiter sind.« Doch bei den jüngst bekannt gewordenen Fällen waren die mutmaßlichen Täter eben keine Mitarbeiter westlicher Naturschutzorganisationen, sondern bewaffnete Wildhüter des afrikanischen Partnerlandes, die allerdings mit deutschen Steuergeldern bezahlt wurden. Hier gab Schenck zu: »Wenn es die Partner sind, haben wir kein Mandat, wir können keinen Parkranger feuern.« In diesem Fall bleibe den Deutschen nur die Kommunikation und der Druck, damit die Vorfälle juristisch und polizeilich verfolgt werden.[21]

Die Untersuchung in Berlin: Wer ist verantwortlich?

In Deutschland betraute der WWF den ehemaligen Beauftragten der Bundesregierung für Menschenrechtspolitik und Humanitäre Hilfe, Markus Löning, mit dem Fall. Sein 48 Seiten umfassender Abschlussbericht wurde im Mai 2019 stillschweigend vom WWF online gestellt. Offenbar sollte nicht viel Aufmerksamkeit provoziert werden, denn die Ergebnisse waren nicht ohne Tadel. Löning kritisierte: »Aktuell gibt es keinen Aktionsplan, der vorschreibt, wie mit Beschwerden umzugehen ist, die Strafverfolgungsmaßnahmen erforderlich machen.«[22] Auch wenn Naturschutzaktivitäten im Kongobecken aufgrund der Konfliktlage in einem allgemein schwierigen Umfeld unternommen würden, so habe der WWF die Verantwortung, sich und seine Partner – in dem Fall das ICCN – zur »Einhaltung von strikten Menschenrechtsstandards zu verpflichten«.[23]

Löning stellte klar: »Die 2011 etablierten UN-Prinzipien für Wirtschaft und Menschenrechte sprechen Organisationen eine erweiterte Sorgfaltspflicht zu.« Er betonte ausdrücklich: »Ihre Verantwortung erstreckt sich damit nicht mehr nur auf das eigene Handeln, sondern auch auf das der Partner«, und gab zu: »Diese neue Situation fordert aktuell viele Organisationen heraus.«[24] Konkret kritisierte Löning die Militarisierung des Naturschutzes: »WWF Deutschland befindet sich in dem Dilemma, dass derartige Ansätze seiner ursprünglichen Zielsetzung entgegenstehen, nämlich an einer Zukunft zu arbeiten, in der Menschen in Einklang mit der Natur leben.« Die Arbeit in »militarisierten Umgebungen« könne zu einer tieferen Verwicklung in Konfliktdynamiken führen, die »den Naturschutz gefährden«. Beispielsweise können die Ausrüstung und entsprechende Trainings der Ranger zweckentfremdet und gegen lokale Gemeinschaften gerichtet werden. Diese militarisierten Ansätze können daher zu einer negativen Wahrnehmung der Arbeit der Ranger führen und die Spannungen zwischen ihnen und lokalen Gemeinschaften verschärfen.[25]

Die deutschen Geber hielten dagegen, dass eine »Militarisierung« keinesfalls unterstützt werde. Die KfW listete als Beweis in ihrer Stellungnahme zu den Vorfällen im Salonga vom März 2019 alle Punkte auf, die mit deutschen Geldern finanziert werden: »Beratungsleistungen, insbesondere die Finanzierung von Infrastruktur, Aus- und Fortbildung, leistungsbezogene Bezahlung sowie die Ausstattung des Parkpersonals.« Die KfW nannte als Beispiele Ferngläser und Fahrzeuge und wies darauf hin: »Waffen oder Munition gehören ausdrücklich nicht dazu.«[26] Von Seiten des BMZ hieß es explizit: »Die deutsche Entwicklungszusammenarbeit lehnt eine Militarisierung des Naturschutzes ab.«[27] Die Linken-Abgeordnete Schreiber war jedoch noch 2020 der Meinung, die Bundesregierung habe sich mit dem Thema Militarisierung »bisher gar nicht ernsthaft auseinandergesetzt«. Es sei »zu wenig, zu sagen, wir liefern keine Waffen, wenn man gleichzeitig eng mit Behörden wie dem ICCN kooperiert, die die Militarisierung vorantreiben«.[28]

Auch dem WWF International mit Sitz in Genf war die Aufklärung wichtig: »Jede Form von Misshandlung und deren tragische Folgen für die Menschen ist extrem beunruhigend und verstörend«, so WWF-Präsident Pavan Sukhdev. »Der Respekt der Menschenrechte ist der Kern unserer Mission, und wir nehmen die Anschuldigungen ernst.«[29] Er beauftragte im April 2019 ein unabhängiges Untersuchungskomitee, um den Anschuldigungen nachzugehen. Es wurde von der US-Richterin Navi Pillay angeführt, einer ehemaligen UN-Menschenrechtsbeauftragten.[30]

Der abschließende Bericht im November 2020 erfuhr nur eine geringe Aufmerksamkeit. Im Fokus stand die Frage, ob WWF-Mitarbeiter zu Beginn des Engagements von den Menschenrechtsverbrechen gewusst und diese missachtet hätten und keine weitere Vorkehrung getroffen hätten, solche Übergriffe in der Zukunft zu verhindern. Auf 160 Seiten kam die Kommission zum Schluss, dass der WWF bereits bei der Unterzeichnung des Co-Managementvertrages mit dem ICCN für den Salonga im August 2015 sich des »Potenzials für Menschenrechtsverletzungen durch Ecoguards bewusst« gewesen sei, aber »die menschenrechtlichen Risiken nicht sorgfältig bewertet« habe und keinen »wirksamen Plan zur Vorbeugung und Reaktion auf Missbrauch« ausgearbeitet habe. Sprich: Der Begriff »Menschenrechte« tauchte in dem Vertrag gar nicht auf. Zudem wurden Pläne, die ersten bekannt gewordenen Vorwürfe im März 2017 durch Untersuchungen aufzuklären, vom WWF nicht umgesetzt, so der Bericht, weil man befürchtete, das ICCN sei »dagegen«.[31]

Die KfW beauftragte schließlich das Deutsche Institut für Menschenrechte in Berlin damit, herauszuarbeiten, welche Verantwortlichkeiten sich daraus ergeben. Dieses kam eindeutig zu dem Schluss: »Die Verpflichtungen der Staaten aus Menschenrechtsverträgen enden nicht an den Grenzen ihres Hoheitsgebiets.« Sie »müssen ihre Partner bei der Verwirklichung ihrer Menschenrechte unterstützen«. Konkret: Die KfW habe im Auftrag der Bundesregierung die »Verantwortung«, die Risiken hinsichtlich der Menschenrechte vor Ort zu erfassen und in ihren Verträgen mit den lokalen Behörden Menschenrechtsstandards festzuhalten, deren Umsetzung regelmäßig zu überprüfen und im Falle der Nichteinhaltung zu intervenieren. Kurz: »Sie muss die Umsetzung der Menschenrechte durch ihre beauftragten Partner sicherstellen.«[32]

Hektische Betriebsamkeit

All diese internen Untersuchungen erzeugten im Sommer 2019 in Deutschland Betriebsamkeit. Die Anschuldigungen geschahen zu einem denkbar schlechten Zeitpunkt. In jenem August waren gerade der in London von der KfW aufgesetzte Okapi-Fonds eröffnet und die ersten Einzahlungen von mehr als 20 Millionen Euro getätigt worden. Das Geld stand also theoretisch bereit, die Nationalparks zu finanzieren sowie davon Gehaltsprämien für deren Wildhüter zu bezahlen. Doch die Vorwürfe von Menschenrechtsverbrechen erlaubten dies nicht, die Gelder blieben zunächst eingefroren.[33] In allen betroffenen Institutionen mussten nun zügig Maßnahmen ergriffen werden, um die Mängel hinsichtlich der Menschenrechte zu beheben.

Die KfW veröffentlichte daraufhin auf ihrer Website unter der Überschrift »Menschenrechte schützen und wahren« einen Drei-Stufen-Plan: Zunächst wolle man eine »aktualisierte Fassung« der Grundsatzerklärung zu Menschenrechten ausarbeiten. Sie verpflichtete sich, »alle Vorhaben in Schwellen- und Entwicklungsländern sowie Export- und Projektfinanzierungen« auf »menschenrechtliche Aspekte« zu überprüfen. Alle 7000 Mitarbeiter weltweit müssten diese Standards berücksichtigen. Sie bereitete zudem sogenannte Beschwerdemechanismen vor: Ein Formular auf Deutsch und auf Englisch stand kurze Zeit später auf der Website zum Download bereit. Eine eigens dafür vorgesehene E-Mail-Adresse war eingerichtet worden.[34]

Ilka Herbinger zeigte beim Interview 2019 jene »Handreichung«, die den Parkwächtern die Menschenrechtsprinzipien nahebringen sollte.[35] Es war ein fast 50-seitiges Dokument mit dem WWF- und dem GIZ-Logo, das mit BMZ-Geldern gedruckt worden war. Zwischen den Textblöcken erklären Comics die Verhaltensregeln: In der ersten Zeichnung zielt ein uniformierter Wildhüter mit dem Gewehr auf einen Wilderer. In seiner Sprechblase steht: »Ich werde dich töten!«. Von hinten kommt jedoch ein Mann angelaufen, Panik im Gesicht. In dessen Sprechblase steht: »Nein, tu es nicht – das Recht auf Leben ist heilig.«[36]

Herbinger versicherte: »Wir sind sehr darum bemüht, dass alle Ranger diese Trainings erhalten, und in Zukunft wird das systematisch verbessert werden müssen.« Sie betonte mit Nachdruck: Die Standards »müssen« eingehalten werden, damit »Ranger nicht zu Tätern werden.«[37] Der vom WWF in Genf in Auftrag gegebene Pillay-Bericht stellte später dem WWF hinsichtlich der Umsetzung dieser Vorhaben der Organisation ein schlechtes Zeugnis aus: Bis zum Juli 2020 seien die Menschenrechtstrainings nur teilweise implementiert, die Vorfälle nur marginal juristisch verfolgt worden.[38]

Die Aufklärung vor Ort

Doch 6000 Kilometer südlich im kongolesischen Regenwald, dessen wenige Straßen in der Regenzeit unpassierbar werden und deren nächste Bezirksstadt mit Gerichtsgebäude hunderte Kilometer vom Nationalpark entfernt liegt, gestaltete sich die juristische Aufarbeitung schwierig. Im Juli 2019 bestätigte zunächst die Bundesregierung, alle Projektmittel für den Salonga blieben eingefroren, bis die Ermittlungen abgeschlossen seien.[39] Der WWF versicherte, er habe mit dem ICCN »alle Informationen zu untersuchten Fällen an die zuständige Staatsanwaltschaft [Militaire Auditeur] zur Einleitung von Gerichtsverfahren übergeben.« Auf Empfehlung des WWF habe das ICCN zudem alle Ranger, die der Teilhabe an den Übergriffen verdächtigt werden, »bis zur Klärung der Vorwürfe suspendiert«.[40]

Wenige Wochen später begann am 10. August 2019 in der Provinzstadt Boende, im Westen des Kongos, wo der Salonga-Park liegt, der Prozess gegen sechs Wildhüter, die beschuldigt wurden, 2018 eine Frau vergewaltigt zu haben. Das ganze Verfahren sei ernüchternd, so ein Mitarbeiter von APEM, der vor Ort den Schutz der Opfer und Zeuginnen gewährleisten sollte.[41] In Telefongesprächen berichtete APEM von den Schwierigkeiten, den Prozess überhaupt anzustrengen. Das Problem war vor allem die Logistik: Das für das ICCN in der Provinz Tshuapa zuständige Militärgericht in Boende liegt Hunderte Kilometer vom Tatort entfernt. Täter, Zeugen und Opfer mussten eingeflogen, Transport- und Hotelkosten bei RFUK und Amnesty International angefragt werden. Der Vorsitzende des Militärgerichtshofes musste aus Kinshasa anreisen. Doch es gab nur einen einzigen Flug pro Woche.[42]

Im Vorfeld sei von Seiten des ICCN der Versuch unternommen worden, Zeugen zu beeinflussen, so APEM.[43] Zudem seien von den zwölf mutmaßlichen Tätern nur sechs angeklagt. Davon befand sich ein einziger in Untersuchungshaft, die übrigen fünf seien noch frei und seien nach wie vor beim ICCN beschäftigt, obwohl der WWF deren Suspendierung versichert habe. Es stellte sich heraus, dass der Hauptangeklagte bereits 2016 wegen Mordes zu einer lebenslangen Haftstrafe verurteilt worden war, er diese wegen angeblicher Überfüllung des Gefängnisses jedoch nicht antreten musste. Er war bis zuletzt vom ICCN im Park angestellt. »Das ist alles nicht normal«, kommentierte APEM-Direktor Blaize Mutodosi schwer seufzend das Verfahren.[44]

Bereits am dritten Verhandlungstag wurde der Prozess letztlich vertagt, nachdem gerade einmal zwei Zeugen gehört worden waren. Der Grund: Der Militärstaatsanwalt meldete sich krank.

Doch statt sich auszukurieren, wurde er von APEM-Mitarbeitern in der örtlichen Kneipe beim Biertrinken angetroffen.[45] Nachdem der Kläger nicht mehr auftauchte, reiste der Vorsitzende des Militärgerichts wieder ab. »Das ICCN wird von Politikern und Militärs beschützt«, so Mutodosi. Für den APEM-Direktor wirkte das Verfahren wie eine »Manipulation der zuständigen Militärjustiz durch hohe Generäle des Verteidigungsministeriums«, welchem das ICCN untersteht – eine weitere Folge der Militarisierung der Naturschutzbehörde: »Sie agieren in einem Umfeld der Straflosigkeit.«[46]

Der WWF in Berlin versicherte auf Anfrage: »Wir setzen uns dafür ein, dass auch die übrigen Fälle geklärt und die Schuldigen zur Rechenschaft gezogen werden, indem wir darauf drängen, dass es schnellstmöglich zu weiteren Untersuchungen und Verhandlungen kommt.«[47] Von Seiten der GIZ und des BMZ hieß es: »Als Durchführungsorganisation der deutschen Entwicklungszusammenarbeit kann die GIZ keinen Einfluss auf juristische Verfahren in der DR Kongo nehmen. Kritische Beobachtungen bringen wir über Botschaft und BMZ in den politischen Dialog ein.«[48] Im März 2021 erklärte das BMZ: »Die Bundesregierung betrachtet die Verurteilung von fünf Parkrangern des Salonga-Nationalparks zu langen Haftstrafen für Vergewaltigung bzw. Folterungen durch ein Militärgericht im Dezember 2020 gleichwohl als positives Zeichen.«[49]

Trotz all der Anstrengungen gingen die Übergriffe im Salonga weiter. Im November 2019 bestätigte der kongolesische Parkdirektor, Pierre Kafando, gegenüber APEM den Fund einer Leiche in einem Fluss entlang der Grenze des Parks. Kurz zuvor hatte das ICCN vermeldet, acht Fischer innerhalb des Parks nach einer Auseinandersetzung verhaftet zu haben. APEM vermutete, dass diese Vorfälle in einem Zusammenhang standen und möglicherweise bei der Verhaftung ein Fischer erschossen worden war.[50] Während der Untersuchung des Falls durch die örtlichen Polizeibehörden werde der WWF seine Unterstützung für die Patrouillen der staatlichen Ranger ruhen lassen, so die WWF-Pressemitteilung: »Über eine Wiederaufnahme soll entschieden werden, sobald deutlich wird, dass die Behörden alles in ihrer Macht Stehende tun, um den Fall aufzuklären und die Schuldigen zur Rechenschaft zu ziehen.«[51] Bis Ende 2021 blieben die Gelder ausgesetzt, »da die Voraussetzungen für die stufenweise Wiederaufnahme der Zahlungen noch nicht erfüllt sind.«[52]

Verhärtete Fronten

Im Sommer 2019 organisierte die Deutsche Afrika Stiftung (DAS) eine Diskussionsrunde im Bundestag unter der Leitfrage: »Naturschutz und Menschenrechte in Afrika – ein unlösbarer Widerspruch?«, die für »Parlamentarier und Vertreter aus Bundesministerien sowie der Zivilgesellschaft« offen war.[53] Auch Vertreter aus der Wirtschaft waren geladen. »Biodiversität ist wichtig, da sind wir uns alle einig«, so der DAS-Moderator in seiner Eröffnungsrede. »Die Frage ist, wie wollen wir die Gebiete schützen?«, fragte er in die Runde und erwähnte das Beispiel des Kahuzi-Biéga im Kriegsgewirr des Kongo. Er folgerte: »Brachialer Schutz ist schon einmal erforderlich.« Als Lösung der Probleme müssten »der Bevölkerung rund um die Gebiete auch Alternativen und Perspektiven für einen eigenen Job« geboten werden. »Darüber wollen wir heute Abend mit ihnen allen hier ins Gespräch kommen.«[54]

Im Publikum schüttelten die Parlamentarier der Opposition, allen voran die Abgeordnete der Linken, Schreiber, fassungslos den Kopf. An jenem Sommerabend wurden die verhärteten Fronten in Berlin nur allzu deutlich. Die Konservativen und Liberalen verfolgten die traditionellen Ansätze der Naturschutzpolitik, darunter die der menschenleeren Nationalparks, während die Opposition, allen voran die Linke, verstärkt auf partizipatorische Ideen pochte und die Rechte der Indigenen ins Zentrum stellte. Als Gegenreaktion auf die DAS-Veranstaltung plante die Rosa Luxemburg Stiftung (RLS) im November desselben Jahres einen

Themenabend unter der Leitfrage: »Vom Aussterben bedroht? – Afrikanische Schutzgebiete zwischen Biodiversitätsverlust und Militarisierung.«[55]

Ziel dieser Veranstaltung war es, »beide Perspektiven in einen konstruktiven Dialog zu setzen« und »den fehlenden Dialog zwischen beiden Seiten wieder aufzunehmen«, hieß es im Veranstaltungshinweis. Denn Naturschutzorganisationen und die deutschen Durchführungsorganisationen »fühlen sich von den Kritiker*innen ihrer Arbeit in Schutzgebieten unfair behandelt und befürchten, dass dadurch der Naturschutz als Ganzes diskreditiert wird«. Die Kritiker würden wiederum »beklagen«, dass sie mit ihren Anliegen nicht ernst genommen werden, »und werfen den Naturschützer*innen Gesprächsverweigerung und fehlenden Veränderungswillen vor«.[56]

Doch ein Dialog kam nicht zustande. Neben dem kenianischen Naturschützer und WWF-Kritiker Mordecai Ogada, WWF-Direktor Christoph Heinrich und RFUK-Direktor Simon Counsell waren auch Vertreter des BMZ, der KfW und der GIZ aufs Podium geladen. Doch niemand tauchte auf.

Das Problem mit den Prämien

Irgendwie wurde man das Gefühl nicht los, die Verantwortlichen in den deutschen Ministerien, Behörden und Naturschutzorganisationen wollten sich dieser Debatte nicht stellen. Auch Journalisten luden sie lieber zum Hintergrundgespräch ein, was nicht zitiert werden darf, anstatt öffentlich Stellung zu nehmen. Dabei gaben die Verantwortlichen in den Ministerien zu, dass auch sie nicht so recht wüssten, was da im Dschungel vor sich ging.[57]

Gründe für diese verzwickte Lage gab es viele: Der Kongo steckte wieder einmal in einer tiefen Krise. Ex-Präsident Kabila hatte die 2016 anstehenden Wahlen verschleppt, weil er nicht abtreten wollte. Als dann Ende 2018 gewählt wurde, wurde nicht der Gewinner der Stimmauszählung, sondern Kabilas Alliierter Tshisekedi ins Amt gehievt. Dieser hatte jedoch nur wenig Rückhalt in den Zirkeln der Eliten des Landes und damit nur wenig Macht. Er brauchte über ein halbes Jahr, um eine Regierung zu bilden. In allen Ecken des riesigen Landes brachen in diesem Vakuum die lokalen Konflikte gewalttätig aus, es kam zu ethnischen Bürgerkriegen. Die Lage war extrem verworren.

Und auch die Partnerschaft der Bundesrepublik mit dem Kongo war in Schieflage. Offiziell hatte die Bundesregierung 2016 alle bilateralen Beziehungen eingestellt. Unter dem Radar liefen jedoch die deutschen Naturschutzanstrengungen weiter, eine heikle Situation. In den vertraulichen Gesprächen gaben die Deutschen schlichtweg zu: Sie seien sich bewusst, dass die Situation nicht ganz unproblematisch sei.[58] 2019 war Deutschland im Kahuzi-Biéga lediglich durch einen unabhängigen Vertreter der Beratungsgesellschaft GFA (Gesellschaft für Agrarprojekte in Übersee) aus Hamburg vor Ort. Im Salonga hatte der WWF regionale Ortskräfte angeheuert, um die deutsche Organisation zu vertreten. Sprich: Die Deutschen waren nur noch stichprobenartig anwesend. Man hatte wohl offenbar die Kontrolle darüber verloren, was tatsächlich geschah. Vor diesem Hintergrund war die Frage nach der Verantwortung der deutschen Geber nicht ganz von der Hand zu weisen, immerhin bezahlten sie bis zum Moment des Einfrierens der Zuschüsse den Löwenanteil der Wildhüter-Gehälter.

Ein wesentlicher Grundbaustein des deutschen Engagements im Kongo war seit den 1980er-Jahren die Finanzierung der »leistungsbezogenen Bezahlung«, wie die KfW dies nennt.[59] Im Kongo werden die Zahlungen als »Prämien« bezeichnet, also Gehaltsaufstockungen für die Wildhüter. Sie waren eines der ersten, erfolgreichen Instrumente der Schutzgebietsfinanzierung im Kongobecken überhaupt und wurden von anderen Gebern wie der EU als Erfolgsrezept übernommen. Denn in den Wirren der Kongo-Kriege in den 1990er-Jahren war der Staat so sehr kollabiert, dass jahrelang überhaupt keine Gehälter aus der Hauptstadt mehr eintrafen. Damals bestand die Gefahr, dass die Wildhüter selbst zu

Wilderern werden, um aus Armut ihre Familien durch Wilderei zu ernähren. Die Prämien sollten dies verhindern, was sie auch taten. Seit über 30 Jahren werden also diese Gelder aus Deutschland bis in den hintersten Winkel des kongolesischen Dschungels an die Wildhüter ausbezahlt: früher in bar, mittlerweile per mobilem Geldtransfer.[60]

Parkschef Bya'ombe erklärte im Interview, wie das Belohnungssystem im Kahuzi-Biéga funktioniert: Bekommt ein kongolesischer Wildhüter umgerechnet knapp 25 Euro Monatsgehalt vom kongolesischen Staat, das mitunter verspätet oder gar nicht eintrifft, betragen die Prämien aus Deutschland bis zu 85 Euro, sodass das Gesamteinkommen 110 Euro umfasst, wovon eine Familie im Kongo gerade so leben kann.

Die Prämien seien jedoch gestaffelt, je nach Rang des Parkwächters und dessen Arbeitsaufwand. Die Auszahlung erfolgt, so der Parkchef, nach Kriterien der »Performance«. Jeder Parkwächter hat eine Akte, in welcher der Parkchef dessen Leistung festhält. Am Ende des Monats bekommt er aufgrund dieser geleisteten Arbeit eine »angemessene« Prämie ausbezahlt. Bya'ombe zählte auf, welche Kriterien er berücksichtigt: »von der Anwesenheit bei der Arbeit über respektvolles Verhalten, Disziplin sowie Respekt vor humanitären und anderen Prinzipien.« Hinzu kämen Prämien für »schwierige Arbeit in abgelegenen und riskanten Gegenden«, sagte er und konkretisierte: Wer mehr patrouilliert, weitere Strecken zurücklegt, mehr Eindringlinge aufspürt, festnimmt und verhaftet, wird belohnt.[61]

Vor diesem Hintergrund erschienen die »Einzelfälle« eher als Ausdruck eines Systems, in welchem westliche Geldgeber Anreize schaffen, nicht nur gezielt gegen Wilderer, sondern auch willkürlich gegen die Bevölkerung vorzugehen. Es seien diese Prämien, die die Wildhüter »zur Arbeit antreiben«, bestätigte Parkchef Bya'ombe und dass die Auszahlung der Prämien nach Leistungen im Vertrag mit den Deutschen festgeschrieben seien. Zu den Details des Vertrages will jedoch die KfW keine Angaben machen.

Sie beruft sich dabei auf das Bankgeheimnis als privatrechtliche Institution.

Veröffentlichen will auch die Bundesregierung diese Verträge nicht. Dies schürt zusätzlich Misstrauen. In einem ähnlich gelagerten Vertrag aus dem Jahr 2017 zwischen dem WWF in Genf und der EU über die Finanzierung des Messok-Dja-Nationalparks in Westafrika sind konkrete Bedingungen zur Auszahlung dieser Prämien aufgelistet. Darunter: »die Zahl der Verhaftungen, Beschlagnahmung von AK-47-Waffen und Munition sowie Elfenbein etc.«[62] Auf Anfrage stellte das BMZ klar: »Diese leistungsbezogenen Prämien sind jedoch heute und in Zukunft nicht an die Verhaftung mutmaßlicher Wilderer gekoppelt.«[63]

Am 15. Mai 2019 beschäftigte sich der Bundestag mit diesen Gehaltsprämien. Maria Flachsbarth, zu jener Zeit Staatssekretärin im BMZ, stellte sich den Fragen der Parlamentarier. Sie erklärte: »Mithilfe der Prämien werden die Ranger, die gerade in Afrika einer enorm gefährlichen Arbeit nachgehen – bei geringem staatlichem Gehalt –, für die Erreichung ihrer Ziele belohnt.« Auch solle durch die Zahlung von Prämien »Korruption vorgebeugt« werden, so Flachsbarth und nannte ein Beispiel: »damit sich die Wilderer nicht einfach freikaufen können und konfisziertes Material, dessen Wert im Fall von Elfenbein oder auch Waffen ein Vielfaches des Rangergehaltes ausmacht, ordnungsgemäß übergeben wird«.[64]

Linken-Abgeordnete Schreiber wollte es genauer wissen. Sie erwähnte in ihrer Nachfrage die Befürchtung, »dass das Prämiensystem Parkwächter zu Gewalt gegen die lokale Bevölkerung anstacheln könnte« und konfrontierte die Staatssekretärin ganz konkret damit: »Haben Sie Ihr Prämiensystem dahin gehend überprüft, und welche konkreten Maßnahmen treffen Sie, damit Sie durch die Bezahlung von Prämien und die Finanzierung umfangreicher Ausrüstung der Parkwächter nicht indirekt Gewalt gegenüber der lokalen Bevölkerung fördern?«

Da antwortete Flachsbarth: »Frau Kollegin, die Ranger sind internationalen Standards zur Einhaltung der Menschenrechte verpflichtet.« Darüber hinaus würden »willkürliche Festnahmen« keine Prämie einbringen; denn diese würden nur ausgezahlt, »wenn ein ordnungsgemäßes Protokoll mit stichhaltigen Informationen zum vermeintlichen Tathergang erstellt wurde, das einem Gericht zugeführt werden kann«. Würden sich die Informationen als nicht stichhaltig herausstellen, müsse der Festgenommene freigelassen werden: »So findet selbstverständlich auch keine Prämienzahlung statt.«

Die Bundesregierung erklärte später in ihrer Antwort auf eine Kleine Anfrage der Opposition, solche »leistungsabhängige Prämien« seien »international üblich« und würden »entsprechend der unterschiedlichen Funktionen differenziert und an Leistungen je Funktion gekoppelt« ausbezahlt: »Im Falle der Parkwächter im PNKB [Kahuzi-Biéga-Nationalpark] werden diese i.d.R. für Patrouillenzeiten gezahlt.«[65]

Die Vorwürfe über die Verantwortung der deutschen Geber, welche die Opposition erhebe, seien »konstruiert«, fasste Hoffmann von der FDP im Interview den Sachverhalt aus seiner Perspektive zusammen. Er ist in der derzeitigen Legislaturperiode unter der Ampelregierung stellvertretender Vorsitzender des Ausschusses für wirtschaftliche Zusammenarbeit, also einer Kontrollinstanz des BMZ. Doch selbst eine mittelbare Verantwortung, die sich aus den Gehaltsprämien ergibt, wies Hoffmann von sich. »Im Fall von Kahuzi-Biéga scheint es sich um aus dem Ruder gelaufene, einzelne Gruppierungen zu handeln«, so seine Erklärung.[66]

Michael Bader vom europäischen Menschenrechtszentrum ECCHR (European Center for Constitutional and Human Rights) in Berlin kommt da zu einem anderen Schluss. Der Rechtsreferent beschäftigte sich aus juristischer Sicht mit den Vorfällen im Kongo. Er sah das Problem der Deutschen in der »Nicht-Achtung der menschenrechtlichen Verpflichtungen von Geberseite«. Denn die Geber sollten die Einhaltung der Menschenrechte von ihren Partnern einfordern und dies auch kontrollieren.[67] Wenn die Behörde vor Ort jedoch »militarisierte Terrorkampagnen« gegen seit

Jahrzehnten marginalisierte indigene Gemeinden führe, »dann zeugt das doch vor allem von Leichtsinn der deutschen Regierung, was mit der Geldvergabe passiert«, so Bader. »Diese Nichtbeachtung ist menschenrechtlich relevant, wenn durch das Geld die Terrorkampagne vor Ort finanziert wird und somit mittelbar zu einer Menschenrechtsverletzung führt.«

Bader beschäftigte sich zu jener Zeit vor allem mit dem sogenannten Lieferkettengesetz, das im Sommer 2019 im Bundestag debattiert und 2021 verabschiedet wurde. Dieses verpflichtet deutsche Unternehmen einer bestimmten Größe zur Achtung der Menschenrechte in ihren Zulieferbetrieben weltweit: vom Handyhersteller bis zum Textilfabrikanten. Vor diesem Hintergrund wirkte es geradezu »absurd«, dass das BMZ als initiierendes Ministerium des Lieferkettengesetzes, das private Konzerne an Menschenrechte binden soll, menschenrechtliche Standards selbst nicht einhalte, so Bader. Um diesen Standards gerecht zu werden, wäre es mindestens erforderlich, dass das BMZ die Einhaltung der Menschenrechte von seinen Implementierungspartnern einfordere und deren Einhaltung überprüfe.

Es blieb den deutschen Behörden also in jenem Herbst 2019 gar nichts anderes übrig, als ihre zum Teil seit über 30 Jahren bestehenden Verträge hinsichtlich der Menschenrechte zu überarbeiten. Im KfW-Untersuchungsbericht hieß es ganz ausdrücklich: Es müssen »rote Linien« aufgezeigt werden, sonst würden die Projekte eingestellt.[68]

Immerhin, der Kongo hatte seit August 2019 wieder eine offizielle Regierung, mit der die Bundesregierung verhandeln konnte. Im November 2019 empfing Bundeskanzlerin Merkel den frisch ins Amt gezogenen Präsidenten Tshisekedi in Berlin. Nach jahrelanger Pause in den Beziehungen war vom »Beginn einer neuen Geschichte« der Partnerschaft die Rede. Dies sei möglich, weil der neue Präsident »mutige Reformen« in Angriff genommen habe, so die Pressemitteilung des Kanzleramtes. Die Bundesregierung bewertete die Arbeit der neuen Führung »sehr positiv«.[69]

Auf der anschließenden Pressekonferenz versprach Merkel ihrem Amtskollegen ein verstärktes Engagement im Naturschutz. Dafür habe die Bundesregierung gerade 30 Millionen Euro für die Regenwaldgebiete des Kongobeckens zugesagt, verkündete sie. »Der Präsident hat uns ermutigt, auch in diesem Bereich mehr zu tun«, so Merkel, »und nicht nur immer an das Amazonasgebiet, sondern auch ein bisschen an Kongo und seine Nachbarstaaten zu denken, weil das die zweitgrößten Reichtümer unserer Welt sind.«[70]

Virunga: Der Fall des Gorillaretters

Just in dem Moment, als der Safari-Jeep mit dem Gorilla-Logo das Eingangsschild des Nationalparks passierte, fielen Schüsse. Die 25-jährige Wildhüterin auf dem Beifahrersitz war sofort tot. Der Fahrer wurde angeschossen. Blutend zerrten ihn die Angreifer aus dem Geländewagen.[71] Ebenso die beiden britischen Touristen, die auf der Rückbank saßen. Die drei Gefangenen wurden in den Dschungel verschleppt. Dabei verlor der junge Brite, der mit seinem Reiserucksack in den Kongo gekommen war, um die Gorillas zu sehen, einen Flip-Flop aus der Seitentasche. Dieser führte die Wildhüter, die sich später auf die Suche nach den Entführten machten, auf ihre Fährte.[72]

»Der Überfall geschah genau hier«, erzählte Chrispin Mvano, als er die Stelle im Juni 2019 besuchte, und zeigte auf das von der Sonne ausgebleichte Eingangsschild des Parks am Straßenrand. Der kongolesische Journalist beschäftigte sich schon seit vielen Jahren mit dem Virunga und den Problemen im Park. Er hat auch die Entführung der beiden Touristen untersucht. »Dabei sind viele merkwürdige Dinge zutage gekommen.« Eine Handvoll Sandsäcke waren nur hundert Meter weiter am Straßenrand gestapelt: Eine kleine Bastion von Kongos Armee neben einer Straßensperre.

Normalerweise sind hier Soldaten stationiert, um die wichtige Handelsstraße zwischen der Millionenstadt Goma gen Norden durch den Park zu sichern und die Fahrzeuge zu kontrollieren, so Mvano. Doch: »Aus unerfindlichen Gründen waren an diesem Tag hier keine Soldaten abgeordnet«, wusste der Journalist. »Das ist mehr als verdächtig.«[73]

An jenem 11. Mai 2018, als das junge britische Paar im Virunga verschleppt worden war, war der Kampf gegen die Holzkohlemafia in vollem Gange. Nur wenige hundert Meter die Straße entlang hatte die Parkverwaltung auf Befehl von Parkchef de Mérode eine Kontrollstation errichtet. Sämtliche Fahrzeuge wurden von den Soldaten in diese Station dirigiert. Nur wenige Kilometer entfernt, auf der anderen Seite der Grenze in Ruanda, waren ähnliche Kontrollstationen errichtet worden. Der Virunga kooperierte nach Vermittlung durch US-Milliardär Buffett mit dem verfeindeten Nachbarland, um auch dort den Verkauf der illegalen Kohle einzudämmen. Gemeinsames Ziel war es, der ruandischen Hutu-Miliz den Geldhahn abzudrehen.

Sämtliche Lastwagen, vollbeladen mit Holzkohlesäcken, mussten von nun an auf dem Weg nach Goma in diesem ICCN-Lager parken. Hinter meterhohen Sackwänden kontrollierten Wildhüter jede Ladung genau. Bestand der Verdacht, die Kohle stamme aus dem Park, wurde der Lkw beschlagnahmt, der Fahrer verhaftet und dem Militärrichter vorgeführt. »Kollaboration mit bewaffneten Gruppen« lautete die Anklage vor der Militärjustiz.[74] Denn das Geschäft mit der Holzkohle finanzierte die FDLR.

»Doch die Mafia hat Wege gefunden, diese Kontrollen zu umgehen«, hat Mvano herausgefunden. Seine Recherchen ergaben: Zu jener Zeit war das 802. Regiment der kongolesischen Armee rund um den Park stationiert. Dessen Kommandant war bekannt dafür, mit der FDLR Geschäfte zu machen. Die ruandische Hutu-Miliz zahlte Schutzgeld an den Oberst. Dafür machte dieser für die Lkw, die aus dem Park die Holzkohle gen Goma transportierten, den Weg frei. Sie passierten meist nach Mitternacht die Straßensperre und vermieden somit, von den Rangern kontrolliert zu werden. Doch immer wieder geschah es, dass die Parkverwaltung davon Wind bekam und auch tief in der Nacht noch kontrollierte. »Die FDLR-Kommandeure waren wütend, dass de Mérode ihnen das Geschäft vermasselte«, so Mvano, der als Journalist enge Kontakte zur FDLR unterhält und die Rebellen im Park mehrfach besucht hat. »Sie rächten sich dafür.«

Es war ein blutiges Jahr für den Virunga. Allein in den vergangenen vier Monaten waren acht Ranger im Kampf gegen Milizen getötet worden. Dies erhöhte die Gesamtzahl der in den vergangenen 20 Jahren getöteten Ranger auf 175.[75] Genau einen Monat vor der Entführung waren sechs Wildhüter in einem Hinterhalt auf derselben Straße, rund 100 Kilometer weiter nördlich, umgekommen. Einer überlebte schwer verletzt.[76]

Gleichzeitig erreichten die systematischen Entführungen von Zivilisten eine Rekordzahl, so HRW. Über 500 Menschen waren innerhalb eines Jahres entführt worden. Bereits im Jahr 2015 hatten die Entführungen einen traurigen Rekord von 175 Menschen erreicht. Drei wurden beim Versuch der Armee und Polizei, diese zu befreien, getötet.[77] Es war das Jahr, als die Parkverwaltung angefangen hatte, ihre frisch trainierten Wildhüter zum aktiven Kampf gegen die Milizen, vor allem gegen die FDLR, in den Dschungel zu schicken.

»Die Entführungen folgen normalerweise einem Muster«, so HRW: »Sie schlagen, peitschen oder drohen, ihre Geiseln zu töten, während sie gleichzeitig verlangen, dass jene ihre Verwandten oder Arbeitgeber anrufen und sie bitten, für die Freilassung zu bezahlen.«[78] Üblicherweise verlangten die Geiselnehmer umgerechnet bis zu 300 Euro Lösegeld. Bezahlt wurde per mobilem Geldtransfer via Handy, einer Innovation afrikanischer Telefonanbieter, die das bargeldlose Bezahlen bis in die letzten Winkel des Dschungels möglich macht.

Immer öfter hatten es die Geiselnehmer auch auf die weißen Geländewagen der internationalen Hilfsorganisationen und

UN-Hilfswerke abgesehen, die in dieser Krisenregion aktiv sind. Sie erhofften sich von ausländischen Geiseln noch mehr Lösegeld. 2021 wurde der italienische Botschafter im Kongo beim Überfall auf einen Konvoi des UN-Welternährungsprogramms WFP (World Food Programme) auf jener Straße angeschossen, fast genau an jener Stelle, wo auch die britischen Touristen verschleppt wurden. Der italienische Diplomat verblutete nach der versuchten Geiselnahme auf dem Weg zum Krankenhaus.[79]

Hinter diesen Lösegelderpressungen steckt ein Konglomerat aus lokalen kongolesischen Milizen, korrupten Armeeoffizieren und der ruandischen Hutu-Miliz FDLR. »Sie machen damit sehr viel Geld«, seufzte Journalist Mvano. Für die beiden britischen Touristen hätten die Geiselnehmer umgerechnet fast eine halbe Million Euro verlangt. Mvano hat mit denjenigen Personen gesprochen, die die Lösegeldübergabe im Dschungel abgewickelt hatten. »Bezahlt wurde aber nicht einmal die Hälfte«, berichtete er. »Seit die Parkverwaltung mit Kontrollen gegen die Holzkohlemafia vorgeht, machen sie ihr Geld eben durch Entführungen«, kam Mvano zum Schluss.

Und auch einige Offizielle aus der Parkverwaltung hätten von diesem Deal profitiert, war sich der Journalist sicher. »Pro Lastwagen, der nachts ungehindert durch die Kontrollstation fuhr, wurden umgerechnet fast 1000 Euro bezahlt.« Mvano hat mehrere Personen gesprochen, die diese Summen in bar nach Rumangabo transportiert hatten, zum Virunga-Hauptquartier. Mvano vermutete, Vize-Parkchef Mburanumwe, ein kongolesischer Hutu, arbeitete mit der ruandischen Hutu-Miliz FDLR zusammen. Wenn die FDLR ihn bezahlte, ließ er die Lkws passieren, so Mvano: »Der Virunga wurde von innen heraus sabotiert.«

Es war eine »zutiefst schwierige Entscheidung«, so Parkdirektor de Mérode im Mai 2018 in einer Mitteilung auf der Virunga-Website. Doch die Sicherheit der Besucher habe »höchste Priorität«. Und: Damit der Virunga in Zukunft »sicher besucht werden kann, sind viel robustere Maßnahmen erforderlich als in der Vergangenheit«, schrieb er und schloss den Park bis zum Ende des Jahres. Um Sicherheit zu garantieren, brauche es »erhebliche Investitionen«, so de Mérode.[80] Kurz darauf wurden elektrische Zäune rund um die Lodges hochgezogen und die QRU-Einheit auf 800 Mann aufgestockt.

Mvano schüttelte den Kopf: »All das große Geld, das sie in den vergangenen Jahren mit dem Park gemacht haben«, seufzte er, »fließt jetzt nicht in die Entwicklung der lokalen Gemeinden, sondern wird zunächst in Sicherheitsmaßnahmen re-investiert.«

Plötzlich brausten drei Geländewagen mit dem Gorilla-Logo in hoher Geschwindigkeit die ungeteerte Straße entlang in Richtung Park. Staub wirbelte auf. Mvano hustete. »Sieben Touristen mit einem ganzen Kommando an Leibwächtern«, zählte er. Kaum war der Konvoi vorbei, der Staub hatte sich nicht einmal gelegt, kamen weitere Virunga-Jeeps aus der Gegenrichtung angefahren. »Und noch mal sechs Touristen, die den Park verlassen«, stellte Mvano fest.

Seitdem der Park im Februar 2019 wieder eröffnet hat, waren es nun mehr Besucher als je zuvor. Auf einem Evaluierungstreffen wenige Wochen nach der Eröffnung lobte Olivier Kamuzinzi, Umweltminister der Provinz, die Erfolge des Parks: Die Zahl der Gorillas hätte sich erhöht, die Wilderei sowie die illegale Abholzung hätten nachgelassen. ICCN-Generaldirektor Wilungula freute sich über rund 500 Touristen innerhalb nur weniger Wochen – Tendenz steigend. Die Virunga-Parkleitung versprach, die Sicherheit sei wiederhergestellt.[81]

Um jegliches Risiko zu vermeiden, wurden die Besucher jetzt direkt an der Grenze von bewaffneten Parkwächtern abgeholt und fuhren dann in einem Konvoi durch Goma die rund 25 Kilometer in das Touristen-Camp nach Kibumba, einem Dorf am südlichen Ende des Parks. Der Campverwalter bestätigte: »Wir sind ausgebucht.«[82] Bis zu umgerechnet 1300 Euro kostete zu jener Zeit der Besuch bei den Gorillas, Sicherheitspaket inklusive.

Mvano schüttelte beim Anblick der Touristen fassungslos

den Kopf. In jenem Jahr 2019 kämpften die Kongolesen neben all der Gewalt und Unsicherheit mit einem Ausbruch des Ebola-Virus rund um den Park. 2299 Menschen waren an der tödlichen Krankheit leidvoll zugrunde gegangen, weitere 1162 hatten sich angesteckt und überlebten gerade so.[83] Sämtliche Botschaften und die UN-Weltgesundheitsorganisation WHO (World Health Organization) hatten Reisewarnungen für das Gebiet herausgegeben. Gleichzeitig lief der Tourismus so gut wie nie. Doch was Mvano richtig aufregte, war die Art und Weise, wie die Sicherheitsmaßnahmen die meist europäischen Besucher davon abhielten, mit den Menschen im Kongo in Kontakt zu treten. »Sie berühren nicht einmal den Boden«, fluchte er sichtlich frustriert: »Wenn man die Bevölkerung rund um die Lodges in Kibumba fragt, ob sie wissen, dass hier Touristen herkommen, sagen sie ›nein‹«.

»Er wollte mich töten«

Es waren zwei Schüsse, die am 23. Mai 2019 kurz nach Einbruch der Dunkelheit an der Eingangspforte der Parkverwaltung in Rumangabo abgefeuert wurden und eine ganze Lawine an Ereignissen ins Rollen brachten. Denn die Kugeln stammten mutmaßlich aus der Pistole von Vize-Parkchef Mburanumwe. Eine traf die 20-jährige Denise Serubongo ins Bein, die andere verfehlte sie nur knapp am Kopf.

Mburanumwe galt als einer der Helden des Naturschutzes im Kongo. 2018 hatte ihm die EU den Schumann-Preis für die Rettung der Artenvielfalt verliehen, eine der wichtigsten internationalen Auszeichnungen für Naturschützer.[84] Bereits 2015 war er von National Geographic mit dem Rolex-Explorer-of-the-Year-Preis ausgezeichnet worden.[85] Der Netflix-Film *Virunga,* in dem Mburanumwe eine Rolle spielt, war für die Oscars nominiert. Seitdem wurde der Kongolese weltweit als derjenige gepriesen, der die letzten, vom Aussterben bedrohten Gorillas mit Leib und Leben schützt.

Die junge Frau hatte den Durchschuss durch ihre Wade nur knapp überlebt, sie wirkte traumatisiert. Bei einem Besuch wenige Wochen nach dem Überfall zitterte Serubongo noch immer wie Espenlaub.[86] Unter Schmerzen erzählte sie, wie sie von Mburanumwe seit sie 15 Jahre alt war immer wieder vergewaltigt worden sei. In Rumangabo lebte Serubongo direkt neben dem Hauptquartier mit ihrer Mutter in einem kleinen Haus mit Wellblechdach. Ihre Mutter ist über zwei Ecken mit Mburanumwe verwandt, deswegen habe die Familie lange über ihn geschwiegen. Nach den gezielten Schüssen auf sie entschied Serubongo jedoch, ihren Peiniger anzuzeigen. Daraufhin musste sie sich in Goma bei Verwandten verstecken, sie wurde bedroht. Die Menschenrechtsabteilung der UN-Mission Monusco stellte sie unter Personenschutz.[87]

Neben ihr auf der Couch saß ihre vierjährige Tochter, die dem Vize-Parkchef zum Verwechseln ähnlich sah. Zwei andere Schwangerschaften habe sie abgetrieben, erzählte sie leise flüsternd hinter vorgehaltener Hand. »Er hat mich immer wieder dazu gezwungen, mit ihm zu verkehren«, wisperte sie. Für das Kind habe er nie etwas bezahlt.[88]

Gegen ihren mutmaßlichen Vergewaltiger und versuchten Mörder hatte sie vor dem Militärgericht Klage eingereicht. Die Schwangerschaft habe ihr Leben zerstört und ihre Schulkarriere unterbrochen, argumentierte Serubongos Anwalt Sosthene Mashagiro in seinem Schreiben an die Militärstaatsanwaltschaft der Provinz. Mburanumwe habe »ihr Leben terrorisiert, sie eingeschüchtert und ihr Leben bedroht, jedes Mal wenn es möglich war«, so die Klageschrift.[89]

Militärstaatsanwaltschaft William Mulaja stellte den Vize-Parkchef daraufhin unter Hausarrest. Tagelang saß er in seinem schmucken Haus in Goma fest, Soldaten der Militärpolizei bewachten sein Eingangstor. »Die Ermittlungen laufen«, bestätigte Mulaja. »Mburanumwes Verteidiger argumentieren, er habe das Hauptquartier in der Dunkelheit gegen Eindringlinge verteidigt und nur in die Luft geschossen«, erläuterte der Militärstaatsanwalt die Sachlage.[90] Wie die Kugel dann in Serubongos rechte Wade eingedrungen war, blieb damit ungeklärt. Die junge Frau war sich sicher: »Er hat versucht mich zu töten.« Der Militärstaatsanwalt gab später an: »Mburanumwe hat ausgesagt, sein Leibwächter habe geschossen, nicht er selbst.« Letztlich wurde der Bodyguard verhaftet und statt Mburanumwe angeklagt.

Doch zunächst hatte Serubongos Klage ein dunkles Geheimnis gelüftet, denn sie war wohl nicht die einzige Frau und das einzige minderjährige Mädchen, das mutmaßlich von Mburanumwe sexuell missbraucht worden war, war sich Aimable Gafurura sicher. Der Journalist des Gemeinderadios »Stimme des Virunga« mit Sitz in Rumangabo dokumentierte seit Jahren Mburanumwes Misshandlungen an den Frauen und Mädchen im Dorf. »Er gilt weltweit als großer Gorilla-Retter und ist damit unantastbar geworden«, so Gafurura.[91]

Mburanumwe stammte aus einer einflussreichen Hutu-Familie aus Rumangabo und war zu jenem Zeitpunkt 47 Jahre alt. Als junger Wildhüter war er zunächst zuständig für die Aufzucht der Gorilla-Waisenkinder im Parkhauptquartier. Mit den Jahren stieg er in der paramilitärischen Hierarchie auf: Er wurde Kommandant des südlichen Park-Sektors und später Vize-Parkchef. Damit war er zuständig für die Rekrutierung neuer Ranger, die Finanzen, vor allem aber für den durch internationale Spendengelder finanzierten Witwen-Fonds, der die Familien der im Krieg gefallenen Parkwächter unterstützen soll. Der Fonds wurde zu jener Zeit von Mburanumwes Frau verwaltet. Laut der Aussagen von Ranger-Familien würden Gelder oftmals nicht voll ausbezahlt.[92] 2018 wurde er wegen mutmaßlicher Steuerhinterziehung angeklagt und kurzzeitig suspendiert. Dann wurde die Klage aus unerfindlichen Gründen fallen gelassen.[93] Er bekam seinen Posten zurück.

Doch dann ließen im Juni 2019 vorangeschrittene Recherchen der UN-Mission Monusco, verschiedener Menschenrechtsorganisationen und Journalisten darauf schließen, dass Mburanumwe wohl bei der Entführung der Touristen mit der ruandischen Hutu-

Miliz FDLR unter einer Decke steckte. Personen, die in die Lösegeldabwicklung involviert waren, bestätigten: Das Geld ging an die FDLR, die sehr genau wusste, wann die Touristen an welcher Stelle vorbeifahren würden. Der für diesen Sektor zuständige FDLR-Kommandant Oberst Gaby Ruhinda stand zu jener Zeit in engem Telefonkontakt mit Mburanumwe. »Sie telefonierten regelmäßig«, bestätigte auch ein ehemaliger Ranger des Virunga-Parks, der in Mburanumwes Sektor im Kampf gegen die FDLR eingesetzt wurde.[94]

Der damalige Direktor von Kongos Naturschutzbehörde ICCN, Wilungula, kam kurz nach dem Vorfall aus der Hauptstadt Kinshasa eingeflogen, um der Sache nachzugehen. Die Frauen von Rumangabo riefen zum Protestmarsch vor dem Hauptquartier auf. Doch daraus wurde nichts: Die Parkverwaltung stationierte bewaffnete Wildhüter, um Demonstrationen von vornherein zu verhindern.[95]

»Beileid für die Verhaftung«

Kaum war Wilungula wieder abgereist, standen bewaffnete Wildhüter vor Gafururas Radiostation in Rumangabo und nahmen ihn fest. »Hier ist es viel zu dunkel« schrieb der Journalist aus der kleinen Zelle im Zentralgefängnis von Goma, in dem er mit neun weiteren Häftlingen hockte. Auf dem Selfie, das er via WhatsApp mitschickte, guckte er etwas entmutigt.[96]

Zwei Tage saß der Journalist in Haft. Dem mächtigen Vize-Parkchef gelang es unter Hausarrest, sein Network zu mobilisieren, um Opfer, Zeugen und Journalisten zu bedrohen. Gafurura war der Erste, den es mundtot zu machen galt. Dieser hatte seine Recherchen der *tageszeitung* überreicht. Noch am selben Tag erhielt er die ersten Drohanrufe. Zunächst von Justin Mukanya, Vorsteher des Bezirks Rutshuru, in welchem der Virunga liegt, einem engen Vertrauten und entfernten Verwandten Mburanumwes. Daraufhin wurde der Journalist mit weiteren, anonymen Anrufen terrorisiert, die er mit einer Software auf seinem Smartphone aufzeichnete und der UN-Mission als Beweise übergab.[97]

Am Tag vor seiner Festnahme wurde Gafurura von einer unbekannten Nummer eine mit Computer geschriebene Liste als Foto geschickt: Darauf standen juristische Anklagepunkte, die in seinem Fall geltend gemacht werden könnten. Unter anderem der Verdacht auf »Zusammenarbeit mit bewaffneten Gruppen« – eine Anschuldigung, auf die die Höchststrafe steht. In dem Brief wurde eine Frist von 48 Stunden gesetzt.[98]

Gafurura riet, den Artikel in der *tageszeitung* zu drucken: »damit die Wahrheit ans Licht kommt«. Nur wenige Stunden nachdem er online stand – die 48-Stunden-Frist war noch nicht einmal vorbei –, wurde Gafurura festgenommen. »Mburanumwe hat mich angezeigt wegen schädlicher Unterstellung und Verleumdung«, schreibt der Journalist aus der Haft. »Der Richter hat mir erklärt, das Problem sei, dass ich mit ausländischen Journalisten gesprochen habe.«[99]

Am gleichen Tag setzte Mburanumwe offenbar auch Serubongos Familie unter Druck. Ihre Mutter, die in Rumangabo direkt neben der hoch gesicherten Eingangsstation des Parks wohnt, berichtete von bewaffneten Rangern, die sie belagert und eingeschüchtert hätten. Sie sei eine »Geisel«, sagte sie am Telefon.[100] Unterdessen wurde in Goma Serubongos Vater über gemeinsame Verwandte Geld angeboten. Er sollte dafür sorgen, dass seine Tochter die Anzeige zurückziehe. Von bis zu umgerechnet 3000 Euro war die Rede. Die junge Frau gab zu: Sie fürchtete um ihr Leben. Die Anzeige zurückzuziehen, käme jedoch nicht in Frage, schrieb sie in ihrer Stellungnahme an die Militärstaatsanwaltschaft.[101]

Die UN-Mission und westliche Botschaften wurden eingeschaltet, um auf die Parkverwaltung Druck auszuüben. Die UN-Menschenrechtsabteilung schickte Gafurura einen Anwalt. Kongos Umwelt- und Menschenrechtsorganisation CIDDOPE (Cercle international pour la Défense des Droits de l'Homme, la Paix et l'Environnement) veröffentlichte ein Schreiben an die Militärstaatsanwaltschaft mit der Forderung, ein Verfahren gegen Mburanumwe einzuleiten und Journalist Gafurura freizulassen.[102]

Dies hat offenbar gewirkt. Am Morgen des folgenden Tages besuchte der belgische Parkchef de Mérode Gafurura in der Zelle, um ihm sein »Beileid für die Verhaftung« auszusprechen, wie Gafurura berichtete. Kurze Zeit später schrieb er eine Nachricht: »Ich bin jetzt frei.« Doch die Anklage wurde nicht fallen gelassen. »Um gefahrlos zu siegen, triumphieren wir ohne Ruhm!«, so Gafurura in seiner Kurznachricht.[103]

Kurz darauf aber wurde Mburanumwes Hausarrest und dessen Suspendierung aufgehoben. Warum und wie, das wollte Militärstaatsanwalt Mulaja nicht genau erläutern. Die EU, die laut eigenen Angaben eine Null-Toleranz-Politik hinsichtlich der Menschenrechte verfolgt, erklärte später auf Anfrage, dass das ICCN solche Fälle »melden« solle sowie »geeignete Maßnahmen ergreifen, um sie weiterzuverfolgen, und die Kommission rechtzeitig über die ergriffenen Maßnahmen informieren.« Bislang seien jedoch solche Maßnahmen nicht nötig gewesen.[104] Auf konkrete Nachfrage stellte die EU klar: »Das individuelle Verhalten von Mr. Mburanumwe wurde in Übereinstimmung mit kongolesischem Recht geregelt und rechtfertigt nicht die Aussetzung der mehrjährigen Partnerschaft der EU mit dem Virunga-Park.« Die EU unterstütze das ICCN jedoch generell dabei, die »Bearbeitung von Menschenrechtsbeschwerden in Schutzgebieten des Landes zu verbessern.«[105]

ICCN-Generaldirektor Wilungula versetzte den berühmten Gorilla-Retter daraufhin in den Kahuzi-Biéga in Süd Kivu, wo er als Vize-Parkchef und Kommandant der Anti-Wilderei-Einheiten bis 2021 tätig war. Die KfW, die dort auch Mburanumwes Gehalt mit Prämien aufstockte, bis diese eingefroren wurden, betonte, das Gericht habe Mburanumwe »für unschuldig befunden« und das ICCN hätte daher »keine Handhabe, die damals verhängte Suspendierung von Herrn Mburanumwe aufrechtzuerhalten«.[106]

Nur wenige Wochen nach seiner Versetzung im Juli 2019 wurde die Holzkohlemafia auch im Kahuzi-Biéga aktiv. Dabei hatte es dort zuvor noch nie Probleme mit Brandrodung gegeben. Mburanumwe beschuldigte die Batwa, den Wald abgefackelt zu haben. Er schickte seine Einheiten, um Batwa-Chef Kasula zu verhaften, und stellte ihn vor das Kriegsgericht.

Kahuzi-Biéga: »Sonst werden sie mit Gewalt entfernt«

»Mit Gewalt den Wald säubern« – so lautete der Titel eines Berichts, den die NGO Minority Rights Group im April 2022 in Berlin vorstellte. Auf 90 Seiten waren darin die systematischen Übergriffe der Wildhüter des Kahuzi-Biéga gegen die Batwa dokumentiert. Von Mord, Folter, Exekutionen, Massenvergewaltigungen und abgefackelten Dörfern war die Rede. Zwei Kinder verbrannten laut Bericht lebend in den Hütten, die mutmaßlich die Wildhüter in Brand gesetzt hatten.[107]

»Es war so schockierend«, so Robert Flummerfelt, Autor des Berichts. Der freie US-Journalist und Researcher arbeitete seit 2018 in Bukavu, unweit des Parks.[108] Im Oktober 2020 hatte er sich im Auftrag von Minority Rights, die sich weltweit für die Rechte Indigener einsetzt, aufgemacht in den Park und die umliegenden Dörfer in der Region Kalehe. Er hatte zuvor Geschichten gehört von grausamen Übergriffen der Wildhüter gegen die dort lebenden Batwa. Die nächtliche Verhaftung von Batwa-Chef Kasula in seinem Dorf nahe des Kahuzi-Biéga-Nationalparks im Januar 2020 sowie der darauffolgende Schauprozess des Militärgerichts auf der Straßenkreuzung vor dem Parkeingang war ein alarmierender Weckruf, dass die ältesten Einwohner des Kongo zu Opfern der Naturschutzanstrengungen werden.

Was die Batwa Flummerfelt erzählten, machte ihn hellhörig. Laut zahlreicher Quellen hatte Parkchef Bya'ombe im April 2019 ein Ultimatum gestellt, also just in jenem Moment, als in Deutschland der Bundestag zu den Menschenrechtsverbrechen im Salonga tagte: Alle Batwa müssen bis Ende April raus aus dem Park, so der Parkchef, »sonst werden sie mit Gewalt entfernt.«[109] Laut Flummerfelts Recherchen begannen daraufhin im Juli 2019, kurz nach der Versetzung Mburanumwes in den Kahuzi-Biéga, gezielte Operationen gegen die Batwa. Sie wurden gemeinsam mit Soldaten der Armee geplant und von Mburanumwe als Kommandant der frisch trainierten Anti-Wilderei-Einheiten angeführt. Dabei sollen, so der Bericht, mindestens 20 Batwa, darunter Kinder, mutmaßlich getötet und über 30 Frauen und Mädchen vergewaltigt worden sein. Flummerfelt und sein Team sprachen mit hunderten Batwa, die aus ihren Dörfern gewaltsam vertrieben worden waren. »Am Anfang konnte ich es fast nicht glauben, was sie uns berichteten«, so Flummerfelt. »Der Einsatz von schweren Waffen, abgebrannte Dörfer – das ganze Arsenal gewaltsamer Übergriffe.« Übergriffe, wie sie im Kongo sonst von Milizen und Militärs begangen werden.

Hinsichtlich des Ultimatums erklärte das BMZ später auf Anfrage, dass der Parkdirektor die Deutschen in einer E-Mail darüber informiert hatte. »Demnach sei das Ultimatum nicht mit der Androhung von Gewalt unterlegt, sondern ein Versuch gewesen, gemeinsam mit verschiedenen lokalen Gemeindevorstehern einen gewaltfreien Auszug aus dem Park zu erreichen.«[110]

»Die KfW wusste von Bestrebungen, illegal im Park befindliche Bevölkerungsgruppen zu einem Auszug zu bewegen«, gab auch deren Pressestelle auf Anfrage zu. »Vor diesem Hintergrund und der Ausrichtung der deutschen Entwicklungszusammenarbeit an der Achtung und dem Schutz der Menschenrechte haben wir das ICCN unmissverständlich zur Achtung der Menschenrechte aufgefordert und dabei unterstützt, einen friedlichen Dialogprozess mit allen beteiligten Bevölkerungsgruppen zu initiieren«, so die KfW weiter. Ein Großteil der deutschen Gelder sei daraufhin in den sogenannten Bukavu-Dialog geflossen, der eine friedliche Lösung des Problems verfolgte. Sie habe zudem »ICCN aufgefordert, und zwar unmittelbar nach Bekanntwerden der schlimmen Vorwürfe, Informationen bereitzustellen«, so die KfW-Pressestelle. Sie betonte: »Wir verurteilen die Taten, sollten diese sich bewahrheiten, auf das Schärfste.«[111]

Als Flummerfelt auf den Gräbern und in der Asche der zerstörten Dörfer stand, »wurde uns das ganze Ausmaß der Gewalt erst bewusst«. Minority Rights hatte ursprünglich nur einen Recherchezeitraum von wenigen Wochen veranschlagt. Doch schnell wurde klar: Es müssen mehr Beweise her. Wochenlang zog Flummerfelt daraufhin von Dorf zu Dorf, führte Hunderte Interviews, sammelte leere Patronenhülsen, machte Fotos von zerstörten Hütten, frischen Gräbern und Verletzungen, die den Opfern zugefügt worden waren. »Auf einem Hügel fanden wir gebrauchte 60 Millimeter Mörsergranaten«, so der Researcher. Er sprach auch mit Wildhütern und Soldaten der Armee. Diese bestätigten: Sie hätten von Parkchef Bya'ombe persönlich Befehle erhalten, die Batwa-Dörfer zu bombardieren. Zuvor seien sie von »weißen Söldnern« an diesen Waffen trainiert worden. Die US-Organisation WCS finanziert bereits seit Jahren Ausbildungsprogramme für Kongos Parkwächter, um sie für den Kampf gegen Wilderer fit zu machen. Dazu wurde die private, israelische Sicherheitsfirma Maisha angeheuert. Sie trainierte die Wildhüter an schweren Waffen – ein Training, das später von Ermittlern des UN-Sicherheitsrates als Verstoß gegen das dem Kongo auferlegte Waffenembargo bezeichnet wurde.[112] Trotz mehrfacher Anfragen beantwortet WCS bis heute zu diesem Thema keine E-Mails.[113]

Eine neue Partnerschaft?

Von dem Blutvergießen ahnten die Deutschen zu jenem Zeitpunkt offenbar nichts, im Gegenteil. In Berlin wurde mit Kongos Naturschutzbehörde ICCN ein neuer Partnerschaftsvertrag ausgehandelt. Die Deutschen hatten Bedingungen gesetzt und das ICCN hatte Besserung versprochen. Dieses Mal sollten die Menschenrechte prominent als Grundsatzbedingung mit aufgeführt werden.

Im Mai 2020 unterzeichneten BMZ und ICCN ein sogenanntes Memorandum of Understanding, also ein Partnerschaftsabkommen.[114] Darin wurde zugesagt, innerhalb der Naturschutzbehörde mit Hilfe deutscher Gelder eine Stabsstelle für Menschenrechte einzurichten und einen Menschenrechtsbeauftragten einzustellen. Es sollten in allen Parks regelmäßig Risikoanalysen unternommen werden. Das ICCN sollte für die Batwa Land außerhalb des Kahuzi-Biéga-Nationalparks erwerben, wo sie sich niederlassen können, und es sollten Beschwerdemechanismen für die Bevölkerung eingerichtet werden – eine Telefonhotline.[115]

Langfristig sollte die Verwaltung der zahlreichen Nationalparks des Kongos in die Hände westlicher NGOs übergeben und die Schutzgebiete als PPPs aufgesetzt werden, so die Lösungsidee für die Problematik der Aufsichtspflicht. Dieses gemeinnützige, privatrechtliche Unternehmen könnte dann ein Konto in Europa aufsetzen, worüber sich die westlichen Naturschutzgelder an Kongos Regierung vorbei in die Parks kanalisieren lassen.

Nach jahrelanger Pause in der Zusammenarbeit und dem Einfrieren der Gelder sollte jetzt alles besser werden. Die KfW bestätigte auf Anfrage, sie habe die Zahlungen an das ICCN als »Brückenzahlungen« wieder aufgenommen.[116] Die Bundesregierung erklärte später, sie habe zwischen Mai 2019 und Dezember 2021 rund 3,9 Millionen Euro an den Kahuzi-Biéga überweisen, darunter vor allem »Basiszahlungen für die Angestellten und ihre Familien zum Ausgleich von sozialen Härten, Zahlungen für Gesundheits- und soziale Sicherungskosten der Angestellten und ihrer Familien sowie Zahlungen zugunsten der PNKB-Anrainergemeinden, insbesondere im Rahmen der Umsetzung des Aktionsplans des Bukavu-Dialogs.«[117]

Gleichzeitig hatten die Grenzschließungen als Folge der Corona-Pandemie in der Region enorme Folgen: Kongos Ressourcen, vor allem die Mineralien, konnten nicht mehr exportiert werden.

Der Handel brach ein, die Wirtschaft lag am Boden. Die dadurch arbeitslos gewordenen Männer griffen im Ostkongo erneut zu den Waffen und schlossen sich bewaffneten Gruppen an. Die Zahl der Milizen in den drei Kriegsprovinzen wuchs auf über 200.[118]

Fast täglich kam es rund um die Parks zu grausamen Massakern an der lokalen Bevölkerung. Die brutalste Miliz war mittlerweile die islamistische ADF, die aus ihrer Heimat Uganda geflüchtet war und sich in den hohen Bergen des Ruwenzori-Gebirges entlang der Grenze verschanzt hatte. Teile ihres Territoriums lagen inmitten des Virunga. Immer mehr häuften sich die Indizien, dass die ADF sich in die internationale Terrororganisation des sogenannten Islamischen Staates integriert hat. Kongos Präsident Tshisekedi verhängte daraufhin im Mai 2021 das Kriegsrecht über die östlichen Provinzen.[119] Im November 2021 zündete die ADF in Ugandas Hauptstadt Kampala zwei Selbstmordbomben.[120] Großangelegte Militäroperationen mit Hilfe ugandischer und burundischer Truppen wurden gestartet. Im Dezember 2022 kamen kenianische Truppen dazu.[121] Die Milizen verkrochen sich daraufhin immer tiefer in die dichten Wälder der Parks.

Im Virunga und Kahuzi-Biéga führten die mittlerweile gut trainierten Wildhüter mehr gemeinsame Militäroperationen mit der Armee gegen die FDLR durch. Die technologischen Überwachungsinstrumente der Parks lieferten dabei den entscheidenden, taktischen Vorteil: Sie machten es möglich, die Positionen der FDLR-Führer ausfindig zu machen und sie gezielt anzugreifen. Im September 2019 wurde FDLR-Militärführer Sylvestre Mudacumura in seinem Hauptquartier im Virunga ermordet. Im März 2020 entkam FDLR-Präsident Victor Byiringiro, Nachfolger des 2019 in deutscher Haft verstorbenen Ignace Murwanashyaka, nur knapp einem Angriff auf sein Versteck im Dorf Kazaroho am Rand des Parks.[122]

Dafür rächte sich die Miliz zwei Wochen später. Am Vormittag des 24. April 2020 geriet das Auto von Kos Nzabonimpa auf der Überlandstraße durch den Virunga unter Beschuss. Mit in seinem

Fahrzeug saßen seine drei Kinder, seine Partnerin und zwei weitere Frauen. Er und die Frauen konnten unter Beschuss aus dem Auto fliehen, bevor es in Flammen aufging. Doch er verlor seine drei Kinder.[123]

Insgesamt waren an jenem Tag drei Fahrzeuge auf der verkehrsreichen Straße zwischen Goma und der Kleinstadt Rutshuru 80 Kilometer nördlich in den Hinterhalt geraten, unweit des Hauptquartiers in Rumangabo, umgeben von dichtem Urwald. Fotos vom Tatort zeigen einen Lastwagen, dessen Fahrer ins Kreuzfeuer geraten war; auf der Gegenfahrbahn einen Transport-Lkw für Wildhüter mit zerschossenen Reifen und Blutspuren auf der Ladefläche, wo die Wildhüter gesessen hatten. Daneben im Dreck vier tote Ranger in Uniform.[124]

Die Bilanz, so Kongos Naturschutzbehörde ICCN: 13 tote Wildhüter und fünf tote Zivilisten. Vier Ranger und ein Zivilist wurden im Krankenhaus in Goma behandelt. ICCN-Direktor Wilungula sprach von einem der »tödlichsten Tage« in der jüngsten Geschichte des Virunga.[125] In einer Presseerklärung teilte die Parkverwaltung mit, es handle sich um einen Angriff auf die lokale Bevölkerung. Die getöteten Ranger seien nur zur Verteidigung herbeigeeilt und seien nicht das primäre Angriffsziel gewesen.[126] »Wir können bestätigen, dass die Täter dieser Attacke die bewaffnete Gruppe FDLR waren«, so Wilungula. 60 bewaffnete Rebellen hätten den Hinterhalt gelegt.[127]

Es gab Zweifel an der Aussage, wonach die Wildhüter reine Kollateralschäden gewesen seien. Seitdem die Ranger gezielt gegen die FDLR vorgingen, wurden sie von den Rebellen als Feinde wahrgenommen. Die Parkverwaltung führte verstärkt Aktionen gegen den illegalen Holzkohlehandel durch, damit ergaben sich für die ruandischen Hutu-Rebellen Verluste in Millionenhöhe. Und auch in der Bevölkerung rund um den Park, darunter vor allem kongolesische Hutu, wuchs schon lange der Unmut gegen die Wildhüter. Eine Woche vor dem Hinterhalt zerstörten Ranger im Dorf Nzulo erneut sieben Häuser, weil sie angeblich innerhalb der

Parkgrenzen gebaut worden waren. Die genaue Grenzziehung ist dort unklar, die umstrittene Demarkationslinie wird mittlerweile vor Gericht verhandelt.[128]

Im Dorf Nyamilima am nördlichen Parkrand wurden im Januar 2020 Dorfbewohner verletzt, als sie gegen die Errichtung eines Zauns quer über ihre Äcker demonstrierten und die Wildhüter den Zaun mit Waffengewalt verteidigten.[129] Im Jahr darauf versuchte eine lokale Bürgerwehr den Zaun mit Gewalt zu stürmen.[130] Dort kam es auch immer wieder zu Zusammenstößen zwischen Rangern, lokalen Milizen und der FDLR. Analysten vermuteten, dass sich lokale Bürgerwehren rund um den Park mit der FDLR zusammengetan hätten, um gemeinsam die Wildhüter zu bekämpfen. Die Ranger wurden nach und nach in die Kriegswirren hineingezogen. Sie wurden somit Teil des Problems für die Bevölkerung.

Verteidigen konnten sie den Park dennoch nicht. Als im November 2021 erneut die M23-Rebellen das Gebiet im Dreiländereck inklusive des Virunga eroberten, kämpften die Wildhüter gemeinsam mit der Armee aktiv gegen die Eindringlinge, ein Ranger wurde dabei getötet.[131] Doch sie konnten die M23 nicht stoppen. Im Juni 2022 musste die Parkverwaltung nach heftigen Gefechten aus ihrem Hauptquartier in Rumangabo fliehen. Den Tutsi-Rebellen gelang es laut UN-Ermittlungen, Waffen und Ausrüstung der Wildhüter zu stehlen.[132] Anfang Juli 2022 eroberte die M23 die Ortschaft Matebe mit dem vom Virunga errichteten Wasserkraftwerk.[133] Ausgerechnet jenes Projekt, das mit Millionen Euro Entwicklungsgeldern Frieden und Entwicklung bringen sollte, war jetzt unter Rebellenherrschaft. Die M23 kontrollierte nun nicht nur den Park, sondern auch die Stromversorgung der ganzen Region.

Im August 2022 meldete die Parkverwaltung einen Artillerie-Angriff durch M23-Rebellen auf das noch im Bau befindliche Wasserkraftwerk in der Ortschaft Rwanguba im nördlichen Teil des Parks. Mit 42 Megawatt ist dies das größte Kraftwerk in der Region, von der EU finanziert. ICCN-Direktor Olivier Mushiete,

Nachfolger von Wilungula, unterstrich in seiner Pressemitteilung, dass das Kraftwerk von nicht bewaffnetem Personal betrieben werde und damit keine militärische Einrichtung sei.[134] Vor seinem Amtssitz in Kinshasa protestierten an jenen Tagen im August ein paar Dutzend Menschen, forderten seinen Rücktritt wegen des »schlechten Verhaltens des ICCN-Personals«.[135]

Die M23 stritt den Beschuss mit Artillerie ab. Es wäre ein Kriegsverbrechen gewesen, zivile Infrastruktur zu zerstören. Es stand ganz offensichtlich die Frage im Raum, ob eine Wasserkraftanlage, die von Wildhütern geschützt wird, die dem Verteidigungsministerium unterstellt sind, als zivile Einrichtung gilt. Die Rebellen betonten, dass sie den Nationalpark und dessen Kraftwerke nicht als militärische Einrichtungen verstünden und deswegen nicht angegriffen hätten. Die Rebellenführung verwies aber in ihrer Erklärung auf die Pläne der Regierung, die Nationalparks militarisieren zu wollen. »Ein solcher Angriff würde [dem Verteidigungsministerium] als perfekter Vorwand für eine Entscheidung dienen, das ICCN-Management an sich zu reißen, welches von erheblicher externer Finanzierung profitiert, insbesondere durch die Europäische Union«, so die M23-Erklärung. Dieses externe Geld sei unter den »Raubtieren in Kinshasa sehr begehrt«.[136] Gemeint waren damit Kongos mächtige Armeegeneräle, welche die Nationalparks und die dafür vorgesehenen, internationalen Naturschutzgelder unter ihre Kontrolle bekommen wollten.

Die im Kongo ansässigen UN-Experten, die im Auftrag des UN-Sicherheitsrates das über den Kongo verhängte Waffenembargo überwachen, führen seit 2020 die ICCN-Wildhüter als »bewaffnete Gruppe« in ihren Ermittlungsakten. Gerade was das Waffenarsenal in den Parks angeht, hegen die internationalen Experten Argwohn. In den Jahren 2020 und 2021 häuften sich die Überfälle bewaffneter Milizen auf die Wildhüter mit dem Ziel, Waffen zu erbeuten, so ein UN-Expertenbericht.[137] Die Ausrüstung der Wildhüter, die mit internationalen Geldern zum Selbstschutz der Ranger finanziert worden war, wurde nun zur leichten Beute für Milizen.

Dann fanden UN-Ermittler und lokale Strafverfolgungsbehörden Beweise, dass die Wildhüter selbst mit Munition handelten, ohne Genehmigung. In einem Gästehaus des Virunga in der Region Beni wurden 83 Boxen Munition sichergestellt und fünf Wildhüter verhaftet. Sie gaben gegenüber den UN-Ermittlern an, sie seien vom Vize-Chef des Garamba-Nationalparks beauftragt worden, die Munition von der im Virunga stationierten Armee einzukaufen – zu Trainingszwecken. Die UN-Ermittler warfen der Naturschutzbehörde daraufhin illegalen Waffenhandel vor und äußerten Befürchtungen, dass die Ranger die Munition an bewaffnete Gruppen weiterverkaufen könnten.[138]

In Berlin nahm der Grünen-Abgeordnete Kekeritz davon Notiz und fragte bei der Bundesregierung nach, welche Folgen dies für das deutsche Engagement habe. In ihrem Antwortschreiben betonte BMZ-Staatssekretärin Flachsbarth im Juli 2021: Der Garamba werde nicht aus Mitteln der deutschen Gelder unterstützt. Die Bundesregierung habe beim ICCN »Aufklärung darüber erbeten, wie in den Schutzgebieten, die im Rahmen deutscher Entwicklungszusammenarbeit unterstützt werden, der ordnungsgemäße Erwerb von Waffen und Munition sowie deren sach- und sicherheitsgerechte Aufbewahrung sichergestellt wird«. Eine Rückmeldung des ICCN hierzu stehe jedoch noch aus.[139]

In den ICCN-Chefetagen in Kinshasa waren die Verantwortlichen mit internen Problemen beschäftigt. Es kam zum offenen Machtkampf zwischen dem ICCN-Direktor Wilungula und der für Umwelt zuständigen Vize-Premierministerin Bazaiba. Wilungula, mittlerweile seit 20 Jahren im Amt, galt als enger Gefährte von Ex-Präsident Kabila, zu welchem Präsident Tshisekedi immer offener auf Distanz ging. Bazaiba sollte nun die Hoheit über die lukrativen Verhandlungen mit den westlichen Industriestaaten an sich ziehen.

Im Juli 2021 wurden Wilungula und weitere, hochrangige ICCN-Funktionäre suspendiert, aufgrund »schwerwiegender Verstöße gegen aufsichtsrechtliche Pflichten und Missmanagement«

sowie die Veruntreuung von umgerechnet fast 20 Millionen Euro aus der Behördenkasse.[140] Drei Wochen später trat der langjährige ICCN-Chef freiwillig zurück.[141] Premierministerin Bazaiba ernannte daraufhin Olivier Mushiete kommissarisch zum Nachfolger.

In Deutschland feierte man zu jenem Zeitpunkt erneut Erfolgsmeldungen aus dem Salonga. Der Park war im Juli 2021 von der Liste der gefährdeten Weltkulturerbestätten gestrichen worden, dank eines »verbesserten Schutzsystems«, wie der WWF auf seiner Website bekannt gab.[142] Oktober 2021 unterzeichnete der WWF mit dem ICCN einen neuen Vertrag über den Salonga. Darin wurde vereinbart, eine lokale Menschenrechtsorganisation anzuheuern, um den Umgang mit Menschenrechten zu kontrollieren. Mit der lokalen Bevölkerung, auch den Indigenen, sollten gemeinsame Komitees gegründet werden, um die Entwicklung der Randgemeinden voranzubringen.[143] Es sei beschlossen worden, dass »alle gemeinsamen Aktivitäten mit dem WWF im Salonga-Nationalpark auf der Grundlage der Umwelt- und Sozialmaßnahmen des WWF durchgeführt werden«, hieß es dazu auf der Website.[144] Das ICCN verpflichtete sich, »wirksame und sichere Aktivitäten« zur Bekämpfung der Wilderei zu gewährleisten, die »die Menschenrechte uneingeschränkt wahren und respektieren«. Das neue Abkommen sah vor, dass das ICCN eine spezialisierte Strafverfolgungsorganisation für die Ausbildung der Wildhüter anheuert: »mit Schwerpunkt auf Menschenrechten und Beziehungen mit den Gemeinden.«[145] In Deutschland regte sich Hoffnung, dass das deutsche Engagement nun unter neuen Regeln und besserer Aufsicht fortgesetzt werden kann.

Die Deutschen wussten Bescheid

Doch dann wurde Flummerfelt selbst Zeuge der Gewalt im Kahuzi-Biéga. Der Researcher saß im Juli 2021 in Bukavu am Computer und tippte seinen Bericht – da klingelte das Telefon. »Der

Batwa-Vorsteher einer Gemeinde in der Region Kalehe nahe des Parks, der anrief, war total in Panik«, erinnert er sich: »Das Dorf war unter Beschuss.« Flummerfelt fuhr sofort los. »Als wir ankamen, war die Asche noch heiß, wir fanden blutgetränkte Kinderkleider in den Ruinen.« Die Überlebenden berichteten: Frauen und Mädchen seien von Wildhütern vergewaltigt worden, sie hätten die Exekution ihrer Männer mitansehen müssen.[146]

Daraufhin schrieb Minority Rights am 29. Juli 2021 an Parkdirektor Bya'ombe eine E-Mail: »Mit Sorge und Bestürzung« habe die NGO von »Menschenrechtsverletzungen, einschließlich der Ermordung von zwei Batwa-Zivilisten« erfahren. Sie forderte den Parkchef auf, »alle Angriffe unverzüglich einzustellen« sowie die Übergriffe »unverzüglich zu untersuchen«.[147]

Diese Mail ging in Kopie an mehr als zehn internationale Partner – auch die Deutschen. Spätestens von diesem Moment an wussten die deutschen Geber, darunter die KfW, die GIZ sowie das zuständige Ministerium BMZ, Bescheid.

In seiner Antwort vom 10. August 2021 stritt der Parkchef jedoch alles ab. Er erläuterte ausführlich die Militäroperationen seiner Wildhüter gemeinsam mit der Armee gegen die FDLR, die sich auch im Kahuzi-Biéga-Park verschanzt hatten. »Und zu Ihrer Information«, so der Parkchef: »Es gab keine Todesfälle, in keinem Dorf, das ich kenne. Wenn das wahr wäre, würde diesem Wildhüter der Tod durch den Strang blühen, selbst wenn unsere Gesetze das nicht mehr zulassen.«[148]

Das zuständige Ministerium in Berlin ließ in diesem Zusammenhang verlauten: »Die für den Park verantwortliche kongolesische Naturschutzbehörde (ICCN) streitet eine Beteiligung an den Vorkommnissen ab«. Es seien jedoch Ermittlungen eingeleitet worden. »Nähere Erkenntnisse zu den internen Ermittlungen liegen bislang nicht vor.«[149]

Selfies mit den Wildhütern

Nicht einmal eine Woche nach den Übergriffen im Juli und der E-Mail an die Deutschen am 4. August 2021 besuchte der deutsche Botschafter im Kongo, Oliver Schnakenberg, gemeinsam mit der GIZ-Beauftragten die Gorillas im Kahuzi-Biéga. Man könnte nun vermuten, der Botschafter sei in den Park entsandt worden, um dort nach dem Rechten zu schauen. Doch laut einem Artikel auf der Park-Website begutachtete Schnakenberg die neuen Baracken der Wildhüter, die von den Deutschen gestiftet worden waren, und fragte sie nach ihrer Arbeit. Diese beklagten, dass sie derzeit – aufgrund von Anschuldigungen bezüglich Menschenrechtsverbrechen – nur einen Teil ihres Gehalts erhielten. Der Botschafter versprach, »dies mit den betroffenen Institutionen und Personen zu erörtern, um diese Situation zu lösen«. Dann machte er Fotos mit den Wildhütern, die ICCN später auf der Park-Website veröffentlichte.[150]

Flummerfelt war fassungslos: »Der Botschafter stellte öffentlich seine Unterstützung für den Park zur Schau«, so der Researcher. »Dabei hat die GIZ uns bestätigt, dass sie unseren Brief erhalten hat.« Für Flummerfelt war dies ein »fantastisches Beispiel an Enthusiasmus, mit dem die Deutschen die Hilfe für den Park aufrechterhalten«.

»Für den Besuch des Botschafters im PNKB hat die GIZ Treffen mit Vertretern der indigenen Gemeinschaft und zivilgesellschaftlicher Organisationen, die sich für die Rechte der indigenen Bevölkerung einsetzen, organisiert«, hieß es später von Seiten der GIZ-Pressestelle. Die GIZ habe von den Vorwürfen kurz vor dem Botschafterbesuch erfahren. »Diese konnten jedoch nicht verifiziert werden.«[151] Das Auswärtige Amt gab auf Anfrage an, dem Botschafter seien »die Geschehnisse zum Zeitpunkt seines Besuches nicht bekannt gewesen«.[152] Die Bundesregierung erklärte, dass der Botschafter sich »bei zivilgesellschaftlichen Organisationen unmittelbar nach dem Besuch« nach den Lebensbedingungen der

Anrainer-Gemeinden erkundigt habe, die »genannten Vorfälle wurden jedoch von den Gesprächspartnerinnen und Gesprächspartnern nicht angesprochen«.[153]

Eine Zeitlang war daraufhin alles ruhig im Dschungel. Flummerfelt hoffte zu jenem Zeitpunkt, der Druck der Geber habe gewirkt, die Parkverwaltung habe die Attacken eingestellt – doch Fehlanzeige. Ende November 2021 erhielt der Researcher erneut Panikanrufe. Wieder fuhr er los, geriet beinahe selbst unter Beschuss. »Wir hörten Schüsse und sahen Rauch aufsteigen, die Hütten brannten.« Als die Angriffe vorbei waren, wagte er sich zum Tatort: »Die Dörfer waren dem Erdboden gleichgemacht worden.«

Wieder schrieb Minority Rights an den Park und dessen Geber, schilderte, dass »Kinder lebend in den Flammen verbrannt« seien.[154] Auch die *tageszeitung* konfrontierte daraufhin die KfW. Die Antwort war kurz und knapp: Man sei über die »Zwischenfälle informiert« und habe die Parkbehörde »aufgefordert, entsprechende Informationen bereitzustellen und eine Untersuchung unter Beteiligung unabhängiger Instanzen zu initiieren«.[155] Später stellte sich heraus: Die von den Wildhütern angeführte Operation gegen angebliche bewaffnete Gruppen im Park hieß »Operation Safisha« – übersetzt: »Operation Säuberung«.[156]

Über die »Ignoranz« der Deutschen zeigte sich Flummerfelt entsetzt: »Diese Form des Naturschutzes ist einfach ein neokoloniales Unterfangen – nichts anderes«, lautete sein Schluss. Der Bericht sei ein »Weckruf« für internationale Geber und NGOs gewesen, so Colin Luoma, Chefresearcher von Minority Rights. »Diese müssen öffentlich anerkennen, dass ihre eigenen Aktivitäten zu Menschenrechtsverletzungen im Park beitragen.«[157]

Gefährliche Aufarbeitung

Just an dem Tag, als Flummerfelt in Berlin seinen Bericht vorstellte, gab das BMZ am 6. April 2022 eine Pressemitteilung zum Kahuzi-Biéga heraus, mit der Botschaft, dass bereits eine »unabhängige«

Untersuchungskommission eingesetzt worden sei. »Ich erwarte, dass die Aufklärung vor Ort mit Nachdruck vorangetrieben wird und alle Partner sich glaubwürdig für den Schutz der Menschenrechte einsetzen«, so BMZ-Staatssekretär Jochen Flasbarth. Der SPD-Politiker hatte unter der Ampelregierung im Dezember 2021 seine Vorgängerin mit ähnlichem Namen, Maria Flachsbarth, abgelöst. Davor war er von 2013 bis 2021 im Bundesministerium für Umwelt tätig, war also vom Fach.

Er drohte nun den Kongolesen mit Konsequenzen: »Davon wird abhängen, ob die Förderung fortgesetzt werden kann«, und: »Naturschutz kann nur dann nachhaltig gelingen, wenn die lokale, insbesondere die indigene Bevölkerung einbezogen wird und ihre Menschenrechte umfassend geachtet werden.«[158] Flasbarth wies darauf hin: Zur Aufklärung der Vorfälle werde der Autor des Berichts in der unabhängigen Kommission vertreten sein. Der »internationale Experte«, der die Kommission leiten solle, werde von der KfW mit deutschen Geldern bezahlt.[159] Das BMZ betonte: »Sollte die Untersuchung Beweise für begangene Straftaten ergeben, dann müssen diese strafrechtlich verfolgt werden.«[160] Später bestätigte die Bundesregierung, sie habe die Arbeit der Kommission mit 18 000 Dollar aus Projektmitteln logistisch unterstützt, also für Reisekosten. Über die Honorarzahlungen an den Experten wollte sie keine Angaben machen.[161]

Doch während ICCN und die Geber sich bemühten, die Vorfälle aufzuklären, war Kongos berüchtigter Geheimdienst bereits eifrig dabei, vor Ort die Spuren zu verwischen. NGO-Vertreter in Bukavu, die sich für die Rechte der Batwa einsetzen, berichteten voller Panik: »Ich bin bereits zehn Mal vom Geheimdienst einbestellt worden.« Die Verhöre gingen oft tagelang. Dabei hätten die Agenten eine französische Übersetzung von Flummerfelts Bericht vorgelegt sowie ein weiteres Dokument mit einem »roten GIZ-Logo«.[162] Die Bundesregierung sagte dazu später, sie habe keine Informationen zu diesen Vorfällen.[163]

Es stand die Frage im Raum, wie der zu jenem Zeitpunkt noch

nicht veröffentlichte und nicht übersetzte Bericht in die Hände des kongolesischen Geheimdienstes gelangt war. Minority Rights hatte im Januar 2022 eine kopiergeschützte Version auf Englisch mit nur wenigen Gebern in Berlin, Frankfurt und den USA geteilt. Alle hatten schriftlich zugesichert, diese nicht in Umlauf zu bringen – auch aus Gründen des Quellenschutzes. BMZ, GIZ und KfW versicherten auf Nachfrage, dass sie den Bericht nicht mit Dritten geteilt hätten.[164]

Die »Vertuschungskommission«

Flummerfelt war nach der Veröffentlichung des Berichts von Berlin direkt zurück in den Kongo geflogen. »Wir wollten die Untersuchung zumindest in die richtige Richtung lenken«, erklärt er seine Motivation für die Zusammenarbeit mit der Kommission.[165] In der Provinzhauptstadt Bukavu, unweit des Parks, traf sich Flummerfelt Mitte April 2022 mit dem Untersuchungsteam zur Vorbesprechung: Die Deutschen hatten einen unabhängigen Experten angeheuert, Baptiste Martin, ein Franzose, der Erfahrungen in UN-Friedensmissionen hat, auch im Kongo. Die US-amerikanische Naturschutzorganisation WCS, die den Park schon lange unterstützt und auf Druck der Deutschen seit Juni das Co-Management übernommen und den Park nun als PPP aufgesetzt hat, hatte einen Anwalt geschickt.

Vorsitzender der Kommission war der Kongolese Georges Muzibaziba, der Menschenrechtsbeauftragte der Naturschutzbehörde ICCN, dessen Stabsstelle 2021 auf Druck der deutschen Geber geschaffen worden ist. Die Stelle wird, so die Entwicklungsbank KfW, von deutscher Seite »durch die Bereitstellung von Büroeinrichtungs- und Arbeitsmaterial (u.a. Computer) unterstützt«.[166] Das BMZ gab später an, dafür seien 5800 Dollar an deutschen Projektgeldern ausgegeben worden.[167]

Zu dem Treffen brachte Flummerfelt seinen kongolesischen Kollegen mit, der ihm bei den Recherchen geholfen hatte. Dessen

Name war bislang zum Schutz seiner Sicherheit nie publik gemacht worden. Jetzt fragte die Kommission danach. Der Kongolese nannte seinen Namen – was später drastische Folgen für sein Leben und die Sicherheit seiner ganzen Familie haben sollte.[168]

Drei Tage, vom 14. bis zum 17. April 2022, war Flummerfelt zunächst mit den Vertretern der Kommission in den betroffenen Batwa-Dörfern unterwegs. Laut eigenen Angaben interviewte die Kommission über 120 Zeugen, Opfer und Experten sowie Mitglieder der Parkverwaltung. Die Ermittlungen wurden so durchgeführt, wie es bei Menschenrechtsverbrechen Standard ist: Es müssen stets drei unabhängige Quellen die jeweiligen Fakten bestätigen.[169] Doch von vornherein sah Flummerfelt die Vorgehensweise mit Skepsis: »Ich befürchtete, sie wollten die Vorfälle einfach nur vertuschen.«

Dies bestätigten Audioaufzeichnungen der Interviews. Sie bezeugen, wie der ICCN-Menschenrechtsbeauftragte Muzibaziba die Interviewpartner einschüchtert. Am 15. April 2022 berichtete Batwa-Chef Kalimba Mbuwa im Dorf Muyange, das mutmaßlich von Parkwächtern zwei Mal abgebrannt worden war, von den tödlichen Übergriffen. Er zeigte Fotos von den Leichen und den Gräbern. Danach nahm Muzibaziba den Dorfvorsitzenden zur Seite: »Es wird Konsequenzen geben«, drohte er ihm und erwähnte die Milizen, die im Park hausen und ebenfalls Übergriffe begehen. Würden nun die Parkwächter abgezogen werden, dann bestünde das Risiko, dass sie auch das Dorf angreifen: »Wenn diese Milizen dann kommen …«, so Muzibaziba und führte den Satz nicht zu Ende. »Ich sehe dir nun in die Augen – du bist dafür verantwortlich!«[170]

Im Ort Ciseke berichtete ein Einwohner, wie im Nachbarort Buhoyi zehn Batwa-Männer im Jahr 2020 von Soldaten und Wildhütern gezielt ermordet worden seien. In Flummerfelts Bericht war von »außergerichtlichen Exekutionen« die Rede. Im finalen Untersuchungsbericht tauchte dies nicht mehr auf. »Was du da sagst, ist gefährlich!«, drohte nun Muzibaziba dem Zeugen.

Dies ließ auch den WCS-Anwalt aufhorchen: »Georges, Georges, schüchtere ihn nicht so ein!«, hört man diesen in der Audioaufnahme sagen.[171]

Seit jenem Tag, als die Kommission nach Buhoyi gekommen war, versteckte sich Chef Majafa an einem geheimen Ort. Am Telefon wirkte er verzweifelt. Nachdem die Kommission sein Dorf verlassen hatte, seien Wildhüter gekommen und hätten am Dorfeingang eine Bastion aufgeschlagen, wo sie jetzt campten. »Die Dorfbewohner wurden eingeschüchtert, und sie suchen immer noch nach mir«, berichtete er. Er bereute im Nachhinein, mit der Kommission gesprochen zu haben: »Sie wollten das Gegenteil von dem hören, was ich ihnen erzählte«, sagte er und gab den deutschen Gebern die Schuld an seiner prekären Lage: »Die Deutschen haben den Leuten vom Park Geld gegeben, um zu uns zu kommen und uns zum Schweigen zu bringen«, war er sich sicher. »Ich habe Todesdrohungen erhalten.«[172]

Besonders enttäuscht zeigte sich Majafa von der Tatsache, dass die Fakten der von ihm beschriebenen Massenvergewaltigung von der Kommission nicht ernst genommen worden seien. »Ich habe ihnen das Grab der Frau gezeigt, die an den Folgen der Gewalt gestorben war«, so Majafa. Auf den Audioaufnahmen zu diesem Gespräch hört man die Kommissionsmitglieder im Hintergrund leise kichern. Im Kongo geht das Gerücht um, Sex mit indigenen Frauen würde allerlei Krankheiten heilen, auch Aids. Das war für Flummerfelt einfach zu viel. »Ich habe damals am Grab gestanden, als diese Frau beerdigt wurde«, erinnerte sich der Researcher. Er bekam das Gefühl, die Untersuchung sei ein »gewaltsamer Vertuschungsversuch«.

Das Gefühl bestätigte sich nur knapp drei Stunden später. Das Team war gerade wieder aus dem Park zurück in Bukavu, als Flummerfelts kongolesischer Kollege die Nachricht erhielt, dass bei einem Treffen der Parkverwaltung am späten Abend entschieden worden sei, »nach Robert im Hotel Panorama zu suchen«. Per Textnachricht erfuhren sie weiter: »Sie werden uns ein zweiwöchiges Gehalt zahlen, um dir und dem weißen Mann Robert Disziplin beizubringen.« In den darauffolgenden Tagen erhielten Flummerfelt und sein Kollege weitere solcher Botschaften.[173]

Noch am selben Abend des 17. April 2022 rafften Flummerfelt und sein Kollege ihre Habseligkeiten zusammen und begaben sich direkt zur Grenze nach Ruanda. Kaum waren sie im Nachbarland in Sicherheit, erhielten sie Nachrichten von den Dorfchefs: »Wildhüter sind in den Dörfern aufgeschlagen, um die Dorfchefs zu jagen«, so Flummerfelt. Sie mussten sich nun alle verstecken. Und auch in Flummerfelts Apartment in Bukavu drangen am 22. Juli 2022 bewaffnete Ranger ein, durchsuchten alles. »Das sind mafiöse Methoden«, kommt er zum Schluss. »Es war der Versuch, unser Team und eine ganze Gemeinschaft zum Schweigen zu bringen.«

In einem offenen Brief an Kongos Präsidenten Tshisekedi und den ICCN-Generaldirektor vom 27. April 2022 kritisierten die Batwa-Gemeinden die mangelnde Unabhängigkeit der Kommission. »Wie rechtfertigen Sie eine Untersuchung über die schwerwiegenden Vorwürfe, in welcher Sie (ICCN – PNKB) selbst involviert sind?«, fragten die Batwa. »Warum haben Sie nicht mit uns als Opfer das Mandat dieser Mission besprochen?«. Sie klagten, dass sie nun bedroht und gejagt würden. Später musste auch die Bundesregierung zugeben, dass die Arbeit der Kommission »nicht gesichert« als »unabhängig und neutral« bezeichnet werden kann.[174]

Unterdessen flog Flummerfelt erneut nach Deutschland, traf sich dort mit den Zuständigen im BMZ und der KfW in Frankfurt. In einem offiziellen Schreiben erklärte er später den Deutschen noch einmal schriftlich, warum er sich von dem Bericht distanziere. Er betonte, dass »manche der Informationen« absichtlich nicht mit eingeflossen seien. »Die Arbeit der Kommission wurde in einer äußerst unethischen und eindeutig voreingenommenen Weise durchgeführt«, so Flummerfelt. »Sie gefährdete letztendlich offenbar das Leben von mindestens sieben Personen, mich eingeschlossen.«[175]

Als Kongos Naturschutzbehörde am 1. Juni 2022 den zwölfseitigen Bericht online stellte, erzeugte dies keine große Aufmerksamkeit. Weder in Berlin noch im Kongo fand dazu eine Pressekonferenz statt. In einer zweiseitigen Erklärung betonte ICCN, dass die Kommission »nicht alle Vorwürfe der Menschenrechtsverbrechen bestätigt« und dass es zwischen dem ersten Bericht von Flummerfelt im April und dem jetzigen Untersuchungsbericht einen »unverhältnismäßigen Unterschied« gebe. Zudem hätte die NGO, welche die Anschuldigungen formuliert habe, sich im letzten Moment entschlossen, aus der Kommission auszusteigen. Dahinter vermutete ICCN eine »schäbige Motivation«. Letztlich versicherte der ICCN-Direktor seine »Entschlossenheit«, das Personal, »das die Regeln und Gesetz nicht respektiere«, zur Verantwortung zu ziehen, und unterstrich, welchen gefährlichen Job seine Wildhüter hätten.[176]

Was im finalen Bericht zu lesen ist, sei nur »die Spitze des Eisberges«, so Flummerfelt. Er machte die Deutschen in seinem Schreiben auch darauf aufmerksam, dass die Kommission Akteneinsicht zu den internen Berichten der Parkverwaltung gehabt hatte. Diese bestätigten die sogenannte »Operation Säuberung« an exakt jenen Tagen und Orten der mutmaßlichen Übergriffe auf die Batwa im November und Dezember 2021. Im Bericht hieß es dazu lediglich, die untersuchte Massenvergewaltigung an einer schwangeren Frau in Chef Majafas Dorf Buhoyi, die daraufhin starb, sei »im Kontext einer größeren Militäroperation gegen die Waldrodung« geschehen. Eine weitere Frau und vier Männer seien im November 2021 umgekommen, als sie von Milizen als »menschliche Schutzschilde« eingesetzt worden seien.[177] Sprich: »Die Kommission verneint die Tatsache, dass es eine gezielte Operation gegen die Batwa-Gemeinden gegeben hat«, so Flummerfelt.

Im BMZ erklärte sich daraufhin Staatssekretär Flasbarth zu einem Interview mit der *tageszeitung* bereit. Er gab von vornherein zu, dass er sich bewusst war, dass das Ausmaß der mutmaßlichen Menschenrechtsverbrechen wohl weit über diejenigen hinaus ging, die nun in dem Bericht final bestätigt wurden. »Man kann vermuten, dass es möglicherweise noch weitere gegeben hat«, so Flasbarth. Dies sei »völlig inakzeptabel« und »sehr schockierend«. Er bekannte aber auch, dass es »sehr herausfordernd ist, wie man angemessen darauf reagiert.«[178]

Der in Naturschutzfragen erfahrene Staatssekretär war sichtlich erschüttert. Bereits seine Vorgängerin hätte die Zahlungen an die Naturschutzbehörde »zu Recht ausgesetzt«. Die Kommission sollte nun im Kahuzi-Biéga unabhängig recherchieren. »Erst im Nachhinein wurden die Zusammensetzung der Kommission und die Anwesenheit von ICCN darin kritisiert«, erklärte Flasbarth. »Der Vorwurf, dass nach den Untersuchungen Zeugen bedroht und deshalb geflohen sind, muss natürlich weiter aufgeklärt werden.«

Flasbarth traf daraufhin ICCN-Generaldirektor Mushiete am 20. Juni 2022 in Berlin. »Die für eine Fortführung der Zusammenarbeit entscheidenden Schritte« seien »erörtert« worden, so ein BMZ-Sprecher nach dem Treffen.[179] Erste Schritte seien bereits getan: Der Kommandant im Kahuzi-Biéga sei suspendiert worden. Die Militärstaatsanwaltschaft in Süd Kivu, die für den Park zuständig ist, hat ihre Arbeit aufgenommen. Vize-Parkchef Mburanumwe war zu diesem Zeitpunkt bereits in einen anderen Nationalpark versetzt worden: den Lomami im Herzen des Landes, der von der ZGF seit 2019 mit verwaltet wird. Es war also dessen Nachfolger, der suspendiert wurde.

Dennoch wollte die Bundesregierung ihre über 30-jährige Partnerschaft nicht endgültig aufgeben. Bereits 2019, als die Gelder zum ersten Mal eingefroren worden waren, hatten die Deutschen an ICCN Bedingungen gestellt. Darunter war auch die Einstellung eines Menschenrechtsbeauftragten, der letztlich Zeugen und Opfer eingeschüchtert hat. Um die Gelder wieder fließen zu lassen, »brauchen wir eine berechtigte und keine naive Hoffnung auf Besserung«, so Flasbarth. Später forderte die Bundesregierung weitere Maßnahmen: »eine verbesserte Kommunikation, die Umsetzung der Empfehlungen der ICCN-Untersuchungskommission sowie die Erarbeitung solider Konzepte und Aktionspläne u. a. in den Bereichen Menschenrechte, Partizipation von Mitgliedern lokaler/indigener Gemeinschaften, Lösung der Konflikte um Land- und Ressourcennutzung, Beschwerdemechanismen und Law Enforcement.«[180]

Flasbarth fragte zu Recht: »Welche Druckmittel haben wir eigentlich über die Zahlungen hinaus?« Er argumentierte: Mit Dialog lasse sich mehr erreichen, denn: »Nur so lassen sich Standards einfordern, die für uns Bedingung für unsere Unterstützung sind.«

ICCN-Direktor Mushiete suchte in diesem Moment offenbar bereits nach alternativen Geldquellen. Nach dem Gespräch in Berlin reiste er weiter nach Prag. Dort unterzeichnete er eine Vereinbarung mit dem Direktor des Prager Zoos, Miroslav Bobek, über eine finanzielle Unterstützung. Auf einem Foto auf Twitter sieht man Mushiete im engen Händedruck mit dem tschechischen Zoodirektor, beide lachen zufrieden.[181] Gegenüber der tschechischen Tageszeitung *Aktualne* bestätigte Bobek später, dass er von den mutmaßlichen Übergriffen wusste. Gerade deswegen sei noch keine Hilfe aus Prag im Kahuzi-Biéga eingegangen. Die tschechische Seite warte ab, was die Untersuchung bringen würde. Die unterzeichnete Vereinbarung sei unverbindlich, so Bobek.[182]

Nach all der Kritik aus Deutschland musste ICCN-Generaldirektor Mushiete letztlich seinen Posten räumen. Vize-Premierministerin Ève Bazaiba, zuständig für Umwelt, ernannte am 16. September 2022 in einem von ihr unterzeichneten Dekret zu dessen Nachfolger Henry Mbale Kunzi, ehemals Vize-Direktor des heruntergekommenen Zoos in Kinshasa und bislang Professor für Biologie und Ökologie an der staatlichen Universität der Hauptstadt.

Für ihre Entscheidung nannte sie keine konkreten Gründe.[183] Experten vermuten dahinter einen strategischen Schachzug, um im Vorfeld des wichtigen internationalen Gipfeltreffens zum globalen Artenschutz COP15 in Kanada im Dezember 2022 in ihrer Behörde einen Verantwortlichen für die Menschenrechtsverbrechen im Kahuzi-Biéga auszumachen und damit dieses unangenehme Kapitel zu beenden, das die Finanzierung des ICCN langfristig in Gefahr bringen könnte.[184]

Unterdessen wagte Flummerfelt eine weitere, waghalsige Reise in den Kahuzi-Biéga. Erneut hatte er Nachrichten von den Batwa erhalten: Das Dorf Muyange sei nun zum dritten Mal von den Wildhütern zerstört worden. Flummerfelt wollte den Gerüchten nachgehen, Beweise sammeln. Doch der Park hatte überall seine Ranger stationiert, er kam nicht bis nach Muyange: »Es war viel zu riskant und leichtsinnig.« Im Nachbarort traf er geflüchtete Batwa-Familien, die ihm berichteten: Die wieder errichteten Häuser in Muyange seien erneut dem Erdboden gleichgemacht worden. Zwei weitere Quellen im Kongo bestätigten dies.[185]

Und auch die Hütten in Buhoyi, die die Batwa nach der letzten Zerstörung durch die Wildhüter wieder errichtet hatten, wurden im Juli 2022 erneut abgefackelt. Majafa bat daraufhin am Telefon, den deutschen Gebern eine Botschaft zu übermitteln: Er sei für den Erhalt des Parks und die Naturschutzgelder aus Deutschland, doch die Geber sollten »Druck« auf die Parkbehörde ausüben, »damit es ihnen nicht gelingt, uns zum Schweigen zu bringen«.[186]

Die Antwort der Bundesregierung klang ernüchternd: Die Einhaltung von Menschenrechten sei ein »Leitprinzip« und die »Voraussetzung für eine Förderung mit Mitteln aus dem Bundeshaushalt«, so die Bundesregierung im August 2022 in ihrer Antwort auf eine Kleine Anfrage der Opposition, welche Haltung sie zu den Vorwürfen habe und wie sie die zukünftige Unterstützung des Nationalparks mit Blick auf die jahrelangen Berichte von massiven Menschenrechtsverletzungen gestalten möchte.[187]

Das BMZ stand nach dem Debakel um die Untersuchungskommission vor der Frage, ob es die Gelder für den Kahuzi-Biéga und die Naturschutzbehörde ICCN, die die KfW im Okapi-Fonds eingestellt hatte, überhaupt jemals freigibt. BMZ-Staatssekretär Flasbarth äußerte sich zögerlich, die Finanzierung gänzlich einzustellen. Er pochte darauf, »einen Dialog zu führen, wie wir zu einer Verbesserung kommen, dass Naturschutz und Menschenrechtsschutz miteinander gelingen können«.[188]

Die beschriebenen Vorfälle im Kongo zeugten davon, dass die Bundesregierung ihre Aufsichtspflicht verletzt, indem sie die Umsetzung der von ihr finanzierten Projekte vor Ort nicht ausreichend kontrolliert. »Wir haben uns ein bisschen zurückgezogen ins Management-Gebäude«, gab auch Hoffmann zu und merkte an: »Ich glaube, man muss auch selbst vor Ort sein und einfach mal durchlaufen und mal gucken: Was passiert da eigentlich?« Alle diese Fälle zeigen auf, so Hoffmann, »dass es irgendwo doch noch Lücken gibt im Kontrollsystem, im Rechtssystem, im Beschwerdemechanismus, in der Verwaltung und auch in der Ausbildung«.[189]

Und auch Afrikas Ökologen warnten vor einem völligen Rückzug der Deutschen. »Wenn die Finanzierung eingestellt wird, dann ist es, als würde eine Blase platzen«, so der kenianische Buchautor Ogada: »Es gibt ja doch diese bewaffneten Ranger, die plötzlich kein Gehalt haben, und einige von ihnen werden zu Kriminellen, sie können sehr gefährlich werden.« Die derzeitige Eskalation der Konflikte zeige, dass es längst überfällig sei, von dem Ansatz wegzukommen, Nationalparks wie Festungen mit Gewalt verteidigen zu wollen.

FAZIT: AFRIKANISCHE ANSÄTZE

»DAS HAUS, IN DEM WIR LEBEN«

Jérôme Tanzi ist ein alter, rundlicher Kongolese. Er lebt in einem schmucken Haus im Bezirk Rutshuru auf der quasi-Insel innerhalb des Virunga-Parks, nahe der Eukalyptuswälder, die seine Naturschutzorganisation FODE (Front Opérationnelle de Défenseurs des Écosystème Écologique) mit Hilfe des WWF hier aufgeforstet hat. Seit über 30 Jahren engagiert er sich als FODE-Direktor für den Umweltschutz. Für diese Arbeit hat seine NGO stets internationale Gelder erhalten, zuletzt vom WWF, früher jedoch auch von der EU und anderen Gebern.

Mit Hilfe dieses Zuschusses hat Tanzi jede Schule im Bezirk besucht und den Kindern alles über den Park, die Gorillas und die Bedeutung des Regenwaldes für den Planeten beigebracht. Jahrelang ist Tanzi von Dorf zu Dorf gezogen, hat den Einwohnern erklärt, dass ihre Äcker an den Hängen durch Fluten mitgerissen werden, wenn die Bodenerosion durch die Abholzung der Bäume weiter voranschreitet. Er hat die Bauern und Bäuerinnen in den Dörfern ermutigt, Bäume zu pflanzen, und hat Setzlinge verteilt. Er hat Schreiner wie Abubaker Djamali sensibilisiert, für seine Möbel nur Holz aus Tanzis Eukalyptuswäldern zu verwenden. Er hat die Frauen in Rutshuru überzeugt, nicht die Holzkohle aus dem Park zum Kochen zu nutzen. Jeder Einwohner des Bezirks kennt den älteren Mann mit dem freundlichen Lächeln. Sie nennen ihn »Tonton Tanzi«, übersetzt: Onkel Tanzi.[1]

Mittlerweile fühlt sich Tanzi jedoch überflüssig, als sei er unfreiwillig in Rente geschickt worden. Er sitzt in seinem Wohnzimmer auf großen, ausladenden Ledersesseln. An den Wänden hängen Auszeichnungen für sein Engagement für Kongos Umwelt. Doch wenn Tanzi auf sein Lebenswerk zurückschaut, dann berichtet er von einem harschen Bruch im Jahr 2015, als der Virunga begann, sich neu auszurichten. »Mittlerweile fließen alle externen Gelder nur noch in den Virunga, aber der Park schließt seine Tore vor uns«, stellt Tanzi ernüchtert fest. »Sie arbeiten nicht mit uns zusammen.« Seitdem die Virunga-eigene Stiftung sämtliche Projekte selbst anstoße, sei er quasi arbeitslos geworden. »Das funktioniert alles nicht sehr gut hier«, fasst er zusammen.

Er gibt zu, dass die Sicherheit im Bezirk sich verbessert habe, vor allem nachts, weil nun die Hauptstraßen beleuchtet sind. Doch die Preise für den Stromanschluss seien einfach zu hoch. Mittlerweile ist die Virunga-Hochspannungsleitung bis in die Millionenstadt Goma ausgebaut worden, weil es im Bezirk Rutshuru nicht genügend zahlungskräftige Kunden gab und Überschuss produziert wurde.

Jetzt profitieren davon die schicken Hotels der korrupten Machtelite und große Villen am Kivusee, in welchen die internationalen Mitarbeiter der zahlreichen Hilfsorganisationen und UN-Agenturen leben. Das erzeuge Frustration und das Gefühl von Fremdbestimmung, sagt Tanzi. Der Virunga sei ein Apparat geworden, bei dem die lokale Bevölkerung noch weniger Mitspracherecht habe als bei ihrer eigenen Regierung.

Und so kommt es, dass trotz enormer Investitionen von außen zehn Jahre später die Frauen rund um den Park nach wie vor mit Holzkohle kochen, klagt Tanzi. »Wenn der Strom dafür da sein soll, den Park zu schützen, dann sollte er für die Menschen dort billiger sein.« Nur so würden die Leute sehen, dass sie einen Vorteil vom Park hätten. »Wir wissen, wie wichtig der Park für die Umwelt ist«, betont er. »Wir wissen auch, dass es Einkünfte gibt und dass es wichtig ist, diese Profite zu erwirtschaften«, so Tanzi. Aber niemand wisse, wo diese Einnahmen hinfließen: »Wir müssen feststellen, dass das Geld, das in den Park fließt, der Bevölkerung nichts bringt.« Es verpuffe in all den Sicherheitsmaßnahmen, in welche der Park investiert hat.

Dabei wird die Lage sowohl für die Menschen als auch für den Wald immer schlimmer. Als er seine Arbeit mit FODE vor 30 Jahren begann, lebten in dem Bezirk, der vom Virunga umgeben ist, gerade einmal 30 000 Menschen. Jetzt sind es mehr als 1,5 Millionen – und diese müssen sich alle ernähren, in der Regel von der Landwirtschaft. Doch es gibt nicht genug Ackerland. Jeder Quadratmeter wird mittlerweile von Wildhütern mit Waffengewalt geschützt, sagt Tanzi. Jeden Tag fürchten die Menschen, dass sie ihre Ernte nicht einbringen können. Viele Gemeinden befinden sich im täglichen Krieg gegen die Parkverwaltung. Sie haben das »Gefühl, von den Rangern als Feinde betrachtet zu werden«.

Dass Naturschutz-NGOs wie WWF rund um den Virunga Programme zur Geburtenkontrolle finanzieren, findet Tanzi, sei der falsche Ansatz. Die Ursachen der hohen Geburtenrate führt er auf die schlechte Regierungsführung und die extreme Armut der Menschen zurück. Es sei daher kein Problem, das sich mit Naturschutz durch internationale Geber, sondern nur durch eine gut angelegte Entwicklungspolitik der nationalen Regierung beheben lasse. Doch dazu benötigt es Frieden und Sicherheit. Dies herzustellen, sei ebenfalls keine Aufgabe der Naturschutzbehörden und deren Wildhüter, sondern der nationalen Sicherheitsorgane wie Armee und Polizei. Dass als langfristige Folge des konstanten Staatsversagens nun ganze Landmassen privatisiert werden und die Nationalparks von ausländischen Stiftungen und NGOs privatrechtlich verwaltet werden, nennt er den absolut falschen Weg. Es sei nicht die Aufgabe von Naturschutzorganisationen, in ihren »Mini-Kolonien« staatliche Aufgaben wie Sicherheit und Strafverfolgung zu übernehmen, sagt Tanzi. »Das ist nicht die Lösung für Kongos Probleme, geschweige denn für die Rettung des Planeten.«

Für ihn ist klar: Gesunder Naturschutz kann nur in einer gesunden Umgebung geschehen. Um die Natur zu erhalten, müssten

Frieden, Stabilität und Entwicklung als Grundvoraussetzungen gegeben sein, um letztlich Naturschutzmaßnahmen nicht zum Nachteil der Bevölkerung durchzusetzen. Die westliche Idee, dass Naturschutz eine positive Entwicklung für die Menschen automatisch zur Folge habe, geht hier nicht auf, im Gegenteil. »Die Menschen werden durch die Naturschutzmaßnahmen immer ärmer«, stellt Tanzi betrübt fest. »Dabei liegen in der Natur um uns herum alle Reichtümer dieser Welt.«[2]

»Für uns Kongolesen ist dies ein Paradoxon, das wir nicht verstehen«, sagt Tanzi. »Die Natur ist das Haus, in dem wir leben«, erklärt der promovierte Ökologe den afrikanischen Ansatz, Mensch und Natur als Einheit zu betrachten. Die Afrikaner verstehen die Natur nicht als »menschenleere Wildnis«, sondern der Mensch sei stets Teil des gesamten Natursystems. Die Europäer hätten während der Kolonialzeit ihr Naturverständnis nach Afrika gebracht. Die zahlreichen Nationalparks seien das Erbe dieser Kolonialisierung bis heute. »Sie haben uns aus unserem eigenen Haus ausgesperrt und werfen uns nun vor, es zerstören zu wollen.«[3]

Afrikas Naturschützer fühlen sich in einem Dilemma: Einerseits wurde von westlichen Gebern noch nie so viel Geld wie jetzt zur Verfügung gestellt, um Natur- und Artenschutz auf dem Kontinent zu betreiben. Andererseits fühlen sie sich bei der Frage, welcher Ansatz angebracht sei, übergangen. Dabei haben sie Lösungsvorschläge parat, die sich kostengünstiger und ohne Waffengewalt durchsetzen ließen, sagen sie.

Afrikanische, traditionelle Naturschutzkonzepte finden in den meisten aktuellen Debatten um nachhaltigen Naturschutz bislang kaum Beachtung, kritisieren auch die kenianischen Autoren Mbaria und Ogada in ihrem Buch *Die große Naturschutz-Lüge.*[4] Es ist eines der ersten Werke, geschrieben von afrikanischen Journalisten und promovierten Ökologen, die einen »Aufruf an indigene Afrikaner« starten, wie es in einer Rezension heißt, »um ihren Platz am Tisch zu beanspruchen, an dem die Bewirtschaftung ihrer natürlichen Ressourcen diskutiert wird«.

Denn was heute vom Naturerbe in Afrika noch übrig sei, so die kenianischen Autoren, »existiert aufgrund *unserer* [der afrikanischen] Verwaltung und nicht aufgrund derer, die es vier Jahrhunderte lang zerstört haben und sich nun seit vier Jahrzehnten darum bemühen, es zu konservieren.« Ihr Appell: Der Natur- und Artenschutz in Afrika müsse auf altgediente, afrikanische Konzepte zurückgreifen, um in Zukunft nachhaltig und zum Wohl der Menschen auf dem Kontinent zu dienen.

Der afrikanische Alltag und die afrikanische Folklore seien reich an Wertschätzung gegenüber der Natur und deren Wildtieren, so die kenianischen Autoren: »Njogu«, übersetzt: Elefant, ist bis heute ein beliebter Name in Kenia. In Uganda tragen die Clans nach wie vor Löwen, Elefanten oder Gorillas als Totem. In vielen afrikanischen Kulturen und Traditionen leben Ahnen, Vorfahren oder traditionelle Herrscher als Geister in den Totems fort. Diese Tiere und ihre Lebensräume gelten dadurch automatisch als schützenswert und unantastbar.

Ein Beispiel dafür ist der ugandische Zika-Wald, nur rund ein Dutzend Kilometer entfernt von der Hauptstadt Kampala mit weit über einer Million Einwohnern und einer der höchsten Geburtenraten der Welt. »Zika« heißt übersetzt aus der lokalen Sprache Luganda »überwuchert« – eine treffende Beschreibung für den ursprünglichen Regenwald mit seinen uralten Bäumen und Wurzeln, die kreuz und quer wachsen. Das 25 Hektar große Schutzgebiet erstreckt sich entlang des sumpfigen Ufers des Victoriasees und steht seit 1937 unter der Leitung des ugandischen Virus-Instituts, sozusagen ein Freilichtlabor. Darin finden Forscher immer wieder gefährliche Viren – so auch das Zika-Virus, das hier 1947 zum ersten Mal entdeckt wurde und daher seinen Namen hat.

Statt von Wildhütern wird der Wald von Ester Kilabo gehütet. Das 15-jährige Mädchen lebt mit ihren Eltern in einer Wellblechhütte am Waldrand nahe der Straße zum internationalen Flughafen. Sie schlurft mit Flip-Flops durch das Unterholz. Kilabo ist hier als Kind des traditionellen Waldhüters des Baganda-Königs aufgewachsen, dem der Wald seit Jahrhunderten offiziell gehört. Den Zika bezeichnet sie als ihren Garten: Darin sammelt sie Pilze, wilde Erdbeeren, Feigen – und auch Moskitolarven für Ugandas Virologen. Sie warnt: »Sollte der Wald zerstört werden, könnten zahlreiche Viren ausbrechen und weitere weltweite Pandemien verursachen.«

Der Wald berge noch ein weiteres Geheimnis, flüstert sie und winkt, ihr zu folgen: Inmitten des Dickichts erhebt sich ein Felsen aus Millionen Jahre altem Vulkangestein aus dem sumpfigen Boden. Kilabo zeigt auf eine Höhle, die groß genug ist, dass sie darin stehen kann. »Bemba Musota« lautet der Name dieser Grotte, benannt nach einem König der lokalen Baganda-Ethnie aus dem 15. Jahrhundert, also fast vorkolonialer Zeit. »Musota« heißt übersetzt »Schlange«, sie ist das Totem eines Clans, der entlang des Victoriasees siedelt. Jahrhundertelang beteten die Ugander hier den Schlangengott an, brachten ihm Blutopfer, Ziegen und Hühner. In genau jener Höhle hatten Virologen 1947 einen fiebrigen Rhesus-Affen gefunden, der, wie sich später im Labor herausstellte, am Zika-Virus erkrankt war. Seitdem weiß jeder Ugander im Umkreis, dass ein Unheil blüht, wenn der Wald zerstört wird.

Viele Wälder und Naturdenkmäler werden in Afrika aufgrund ihrer heiligen »Spirits« von den Menschen geschützt – schon seit Jahrtausenden, ohne externe Naturschutzgelder, Zäune und Waffengewalt. Auch die Batwa im Kahuzi-Biéga beten im Wald an jahrtausendealten Bäumen zu ihren Spirits und Vorfahren, ebenso die Baka in den Wäldern Zentral- und Westafrikas.

Aus afrikanischer Perspektive, so Samuel Nguiffo, ist die Natur lebendig und der Mensch Teil dieser Natur. Anders als im industrialisierten Westen lebt ein Großteil der afrikanischen Bevölkerung bis heute nach wie vor als Kleinbauern oder Viehhirten inmitten und von der Natur. Der Menschenrechtsanwalt leitet in Kamerun das dortige Zentrum für Umwelt und Entwicklung CED (Center for Environment and Development) und ist einer der führenden afrikanischen Vertreter in der Debatte, die Naturschutzansätze zu afrikanisieren. Dazu führt er Gespräche mit den Baka, um diese traditionellen Ansätze zu bewahren. »Erst gestern habe ich mit einem Baka diskutiert«, berichtet Nguiffo. Dieser habe ihm erklärt, er grüße zuerst den Fluss, wasche sich mit dem Wasser das Gesicht und Hände, bevor er den Fluss überquere, denn in ihm leben die Vorfahren. »Was glaubst du, was die Baka tun mit diesem Fluss?«, fragt Nguiffo. »Sie fürchten, die Geister werden sie jagen, wenn sie den Fluss zerstören.« Dasselbe gilt für die Wälder, die Tiere und Pflanzen. »Sie fürchten diese Geister mehr als jedes Naturschutzgesetz«, ist sich der Anwalt sicher.[5]

Auf diese traditionellen Konzepte zurückzugreifen, sei der einzige Weg, die Natur in Afrika in Zukunft für den ganzen Planeten zu bewahren. Doch das Problem, so Nguiffo: »Die afrikanische Jugend orientiert sich am westlichen Lebensstil, den sie im Fernsehen und in ihren Mobiltelefonen im Internet sieht.« Sie übernehme die westlichen Ansichten, dass die Natur eine Ware oder ein Wirtschaftsgut sei, aus welchem sich ein finanzieller Ertrag erwirtschaften lässt. Die derzeitigen Verhandlungen über Transferzahlungen aus den Industriestaaten nach Afrika bestätigen nun diese Ansicht, dass die Natur mit einem Preisschild versehen sei und sich mit Geld kaufen lasse.

»Doch es wird nie genug Geld in der Welt geben, um diesen Planeten zu schützen«, warnt Anwalt Nguiffo. »Wir müssen auf diese traditionellen Naturschutzansätze zurückgreifen und den lokalen Gemeinden rund um die Schutzgebiete die Hoheit über deren Verwaltung geben.« Doch westliche Geber und deren Naturschutzorganisationen verfolgen den Trend, die Nationalparks hochzurüsten, um die Schutzgebiete genau gegen diese Menschen zu verteidigen, die eigentlich die Lösung des Problems darstellen könnten. Es sei an der Zeit für einen grundlegenden Richtungswechsel. Das Problem, so Nguiffo. »Die westlichen NGOs kennen gar nichts anderes als die menschenleeren Nationalparks.«

»Unser Land, unsere Natur«

Ein UN-Bericht über den Zustand der Biodiversität vom Mai 2019 warnte einerseits vor dem rasanten Rückgang der Artenvielfalt, stellte andererseits aber auch fest, dass die Biodiversität in den Gebieten, die von einheimischen Bevölkerungsgruppen betreut werden, weniger rasch zurückgeht als in den übrigen Regionen.[6] Dies hat die indigenen und lokalen Gemeinden in den Fokus gerückt, nach neuen Lösungsansätzen zu suchen. Im September 2021 fand in Paris der erste Weltkongress der indigenen Völker unter dem Motto »Unser Land, unsere Natur« statt. In der Abschlusserklärung wird gefordert, die Menschen ins Zentrum des Naturschutzes zu stellen und von den Konzepten der menschenleeren Nationalparks abzukommen.[7]

Die Afrikaner wollen nun ihren Natur- und Artenschutz selbst in die Hand nehmen – das war auch die Botschaft auf dem ersten afrikanischen Schutzgebiets-Kongress APAC (African Protected Area Congress), ausgerichtet von der internationalen Naturschutzunion IUCN in Ruandas Hauptstadt Kigali im Juli 2022. Unter dem Motto »Für Mensch und Natur« waren über 2300 Vertreter aus über 50 Ländern der Welt zusammengekommen, um über neue Ansätze des Naturschutzmanagements zu sprechen.

Symbolisch eröffnete Ruandas Premierminister Edouard Ngirente zum Auftakt den Nyandungu Eco-Tourism Park am Stadtrand von Kigali, einem neuen, städtischen Naherholungspark in einem einst fast zerstörten, über 100 Hektar großen Sumpfgebiet. Neben Wander- und Radwegen, Restaurants und einem Informationszentrum sollen dort 62 lokale Pflanzen- und über 100 Vogelarten geschützt werden. 17 000 Bäume wurden gepflanzt. Der Park beweise das gute »Zusammenleben zwischen Mensch und Natur«, so Martine Urujeni, Vize-Bürgermeisterin von Kigali, in ihrer Eröffnungsrede.[8]

Die APAC-Teilnehmer saßen bei der Eröffnungsveranstaltung statt in klimatisierten Konferenzräumen unter ausladenden Bambus-Bäumen im Schatten. »Wir müssen die Menschen in den Mittelpunkt des Naturschutzes stellen, wenn wir die Ziele erreichen wollen, die wir uns gesetzt haben, und Maßnahmen ergreifen«, sagte Jeanne D'Arc Mujawamariya, Umweltministerin Ruandas: »Der Kongress bietet die Gelegenheit, einen nachhaltigen Finanzierungsmechanismus mit besonderem Fokus auf Inklusion zu schaffen.«[9]

Als APAC-Patron initiierte Hailemariam Desalegn, Ex-Premierminister von Äthiopien, die Idee eines sogenannten Afrikaeigenen Trustfonds von über 200 Millionen US-Dollar, um die rund 8500 Schutzgebiete auf dem Kontinent zu finanzieren. »Als Afrikaner sollten wir zuerst beitragen«, sagte er, anstatt bei den reichen Ländern »betteln zu gehen«, mahnte er an. »Wir sollten aufstehen und unsere eigenen Ressourcen in den Naturschutz stecken.«

Es sei an der Zeit, die lokalen Gemeinden und indigenen Gemeinschaften in die »Führungspositionen der Parkverwaltung zu hieven«, so auch Nguiffo. Er nennt als Beispiel den Ebo-Wald im Süden Kameruns. In diesem 200 000 Hektar großen Waldgebiet nahe der Hauptstadt Douala waren Konzessionen für Waldrodung ausgegeben worden. Die lokalen Gemeinden protestieren dagegen. Sie wollten den für sie heiligen Wald, in dem ihre Vorfahren beerdigt sind und als Totems weiterleben, bewahren. Doch wie genau das Schutzgebiet gestaltet und verwaltet wird, dabei wollten die Gemeindevertreter ein Mitspracherecht. Sie formierten Komitees mit der Parkverwaltung, die Gemeindevertreter patrouillieren nun selbst durch den Wald, unbewaffnet. Sie haben einen Kompromiss erwirkt: In einem Teil des Schutzgebietes dürfen sie ihre traditionellen Kultstätten besuchen. Doch der Kern des Gebietes ist nur für Tiere vorgesehen. »Wir müssen davon abkommen, Schutzgebiete als völlige No-Go-Zonen für die Bevölkerung auszuweisen«, fasst Nguiffo die positiven Erfahrungen aus seiner Arbeit im Ebo-Wald zusammen. Sonst kommt es in Afrika in naher Zukunft zu einem Grünen Krieg.

ANHANG

Abkürzungen

ADF	Allied Democratic Forces (Vereinigte Demokratische Kräfte)
AFD	Agence Française de Développement (Frankreichs Entwicklungsagentur)
APAC	African Protected Area Congress (Afrikanischer Schutzgebiets-Kongress)
APEM	Actions pour la Promotion et Protection des Peuples et Espèces Menacés (Maßnahmen zur Förderung und zum Schutz bedrohter Völker und Arten)
AU	African Union (Afrikanische Union)
BIOFIN	Biodiversity Finance Initiative (Artenschutz Finanzinitiative)
BIOFUND	Fundação para a Conservação da Biodiversidade (Stiftung zum Natur- und Artenschutz in Mosambik)
BMU	Bundesministerium für Umwelt
BMZ	Bundesministerium für Wirtschaftliche Zusammenarbeit und Entwicklung
BTFEC	Bhutan Trust Fund for Environmental Conservation (Butan Fond für Umweltschutz)
CAMV	Centre d'Accompagnement des Autochtones Pygmées et Minoritaires Vulnérables (Unterstützungszentrum für indigene Pygmäen und gefährdete Minderheiten)
CBD	Convention on Biological Diversity (Konvention über die biologische Vielfalt)
CIDDHOPE	Cercle international pour la Défense des Droits de l'Homme, la Paix et l'Environnement (Internationaler Kreis für die Verteidigung der Menschenrechte, des Friedens und der Umwelt)

CITES	Convention on International Trade in Endangered Species of Wild Fauna and Flora (Washingtoner Artenschutzabkommen)
COP26	Conference of the Parties
CREDDHO	Centre de Recherche sur l'Environnement, la Démocratie et les Droits de l'Homme (Recherchezentrum für Umwelt, Demokratie und Menschenrechte)
DAS	Deutsche Afrika Stiftung
DEFRA	Department for Environment, Food and Rural Affairs (britisches Umweltministerium)
EACJ	East African Court of Justice (Ostafrikanischer Gerichtshof)
ECCHR	European Center for Constitutional and Human Rights (Europäisches Zentrum für Verfassungs- und Menschenrechte)
EDF	European Development Fund (Fonds für wirtschaftliche Entwicklung in Afrika)
EIA	Environmental Investigation Agency (Ermittlungsagentur für Umweltfragen)
EU	European Union (Europäische Union)
FAPBM	Fondation pour les Aires Protégées et la Biodiversité de Madagascar (Stiftung für Schutzgebiete und Artenschutz in Madagaskar)
FARDC	Forces Armées de la République Démocratique du Congo (Kongolesische Streitkräfte)
FBI	Federal Bureau of Investigation (US-Bundeskriminalamt)
FDLR	Forces Démocratiques de Libération du Rwanda (Demokratische Kräfte zur Befreiung Ruandas)
FDP	Freie Demokratische Partei
FOCON	Fonds Okapi pour la Conservation de la Nature (Okapi-Fonds zum Schutz der Natur)
FODE	Front Opérationnelle de Défenseurs des Écosystème Écologique (Kongolesische Umweltschutzorganisation)
FPIC	Free, Prior and Informed Consent (Freie, vorherige und informierte Zustimmung)
FPRCI	Fondation, Parcs et Réserves de Côte d'Ivoire (Stiftung für Nationalparks und Schutzgebiete in der Elfenbeinküste)
FSOA	Fondation des Savanes Ouest-Africaines (Stiftung für die ostafrikanische Savanne)
FTNS	Fondation pour le Tri-National de la Sangha (Stiftung für den Tri-Nationalen Park Sangha)
GDN	Global Deal for Nature (Globales Naturschutzabkommen)
GFA	Gesellschaft für Agrarprojekte in Übersee

GIZ	Gesellschaft für Internationale Zusammenarbeit
GTZ	Gesellschaft für Technische Zusammenarbeit
GW	Global Witness
HRW	Human Rights Watch
ICCN	L'Institut Congolais pour la Conservation de la Nature (Kongos Naturschutzbehörde)
IS	Islamischer Staat
ISAF	International Security Assistance Force (NATO-Mission in Afghanistan)
IStGH	Internationaler Strafgerichtshof
ITB	Internationale Tourismusbörse
IUCN	International Union for Conservation of Nature (Internationale Naturschutzunion)
KaZa	Naturschutzprojekt Kavango Zambesi
KfW	Kreditanstalt für Wiederaufbau
KWS	Kenya Wildlife Services (Naturschutzbehörde Kenias)
LRA	Lords Resistance Army (Widerstandsarmee des Herren)
M23	Movement of 23. March (Bewegung des 23. März)
MIKE	Monitoring the Illegal Killing of Elephants (Überwachung der illegalen Elefantenwilderei)
NGO	Nichtregierungsorganisation
NSDAP	Nationalsozialistische Deutsche Arbeiterpartei
NTSCIU	Transnational Serious Crimes Investigation Unit (Tansanias Kriminalamt)
ODA	Official Development Assistance (Offizielle Entwicklungshilfe)
OECD	Organization for Economic Co-operation and Development (Organisation für wirtschaftliche Zusammenarbeit und Entwicklung)
OPEC	Organization of the Petroleum Exporting Countries (Organisation erdölexportierender Länder)
PPP	Public Private Partnership (Öffentliche private Partnerschaft)
QRU	Quick Response Unit (Schnelle Eingreiftruppe)
RDB	Rwanda Development Board (Ruandische Entwicklungsagentur)
RFUK	Rainforest Foundation UK (Britische Regenwald-Stiftung)
RLS	Rosa Luxemburg Stiftung
SAP	Syndicat d'Alliance Paysanne (Kongos Bauernverband)
SAWC	South African Wildlife Colleges (Südafrikanische Wildtierhochschule)
SPD	Sozialdemokratische Partei Deutschlands

TAWA	Tanzania Wildlife Management Authority (Tansanische Naturschutzbehörde)
UCF	Uganda Conservation Foundation (Ugandische Naturschutz-Stiftung)
UN	United Nations (Vereinte Nationen)
UNCTAD	United Nations Conference on Trade and Development (UN-Agentur für Handel und Entwicklung)
UNDRR	United Nations Office for Disaster Risk Reduction (UN-Agentur für Katastrophen- und Risikoreduzierung)
UNEP	UN Environment Programme (UN-Umweltagentur)
UNESCO	United Nations Educational, Scientific and Cultural Organization (UN-Agentur für Bildung, Wissenschaft und Kultur)
UNWTO	World Tourism Organization (UN-Tourismusorganisation)
USAID	United States Agency for International Development (US-Entwicklungsagentur)
UWA	Uganda Wildlife Authority (Ugandas Wildtierschutzbehörde)
WCS	Wildlife Conservation Society (Wildtierschutz-Agentur)
WHO	World Health Organization (UN-Weltgesundheitsorganisation)
WWF	World Wide Fund for Nature
ZGF	Zoologische Gesellschaft Frankfurt

Anmerkungen

Vorwort

1 BMZ: Antwort der Bundesregierung auf die Kleine Anfrage der Abgeordneten Cornelia Möhring, Ali Al-Dailami, Anke Domscheit-Berg, Andrej Hunko, Zaklin Nastic und der Fraktion Die Linke: Menschenrechtsverletzungen im Nationalpark Kahuzi-Biega in der Demokratischen Republik Kongo (DRC), in: Bundestags-Drucksache 20/3058, 9.8.2022; im Archiv der Autorin.

2 Online-Petition von Rettet den Regenwald e.V. und andere: Artenvielfalt schützen – aber richtig! UN muss die Rechte indigener Völker stärken; Montréal 8.12.2022; shorturl.at/iktK9.

3 Ebd.

4 Kommentar Ladislas Désiré Ndembet vgl. Online-Petition von Rettet den Regenwald e.V. und andere: Artenvielfalt schützen – aber richtig! UN muss die Rechte indigener Völker stärken; shorturl.at/iktK9.

I Die Idee von der unberührten Wildnis – »Wir müssen draußen bleiben«

1 Schlindwein, Simone: Der Feind in Grün, In: tageszeitung, 2.3.2020; https://bit.ly/3RsjCLv.

2 Vgl. Geschichte der Parkgründung: https://www.kahuzibieganationalpark.com/conservation.html.

3 Angaben der UNESCO über den Kahuzi-Biéga-Nationalpark: shorturl.at/imW13.

4 UNESCO: Kahuzi-Biéga-Nationalpark; https://bit.ly/3KxVR22.

5 Pressemitteilung: 2021 Green Destinations Story Awards unveiled sponsored by ITB Berlin and GLP Films, Berlin, 12.3.2021; im Archiv der Autorin.

6 Schuler, Carlos: Leben und Überleben im Kongo: Gorillaschutz und Familienleben im Krieg, Altdorf, 2013.

7 Brief des Vaters an KfW: Violation des droit de l'homme: plainte depuis le Parc National de Kahuzi Biéga, RDC; Bukavu, 20.9.2017; im Archiv der Autorin.

8 E-Mail des KfW-Presseteams, 10.2.2020.

9 E-Mail der KfW an BMZ Referat 211, Frau Barbara Steinbrinker: BMZ-Nr: 2008 66 723/2010 65 895, Vorhaben PBF-DRC-Vorfall PNKB – August 2017 – Follow Up, 16.4.2018; im Archiv der Autorin.

10 Ebd.

11 Ebd.

12 KfW-Schreiben an BMZ Referat 211, Frau Barbara Steinbrinker: Treffen zur Berichterstattung der FZ-Vorhaben im Biodiversitätssektor, DR Kongo am 12. Juni 2018; 12.7.2018; im Archiv der Autorin.

13 Ebd.

14 Antwort der Bundesregierung auf die Kleine Anfrage der Abgeordneten Eva-Maria Elisabeth Schreiber, Michel Brandt, Andrej Hunko, weiterer Abgeordneter und der Fraktion Die Linke, in: Bundestags-Drucksache 19/331, Deutschlands Finanzierung von Schutzgebieten im Kongobecken, 26.1.2018; im Archiv der Autorin.

15 E-Mail des KfW-Presseteams, 10.2.2020.

16 Interview mit De-Dieu Bya'ombe, Bukavu, Kongo, 5.2.2020.

17 Vgl. ICCN-Website, Präsentation: https://www.iccnrdc.org/presentation.html.

18 Cultural Survival: Observations on the State of Indigenous Human Rights in the Democratic Republic of Congo, Februar 2019.

19 RDC: le Sénat adopte à la majorité le rapport de la commission socioculturelle ayant examiné la loi portant protection et la promotion des droits des autochtones Pygmées, in: Actualité, 11.5.2022; https://bit.ly/3cwhnI2.

20 Kongos Konservierungsgesetz: »Loi n° 14/003 du 11 février 2014 relative à la conservation de la nature«, 11.2.2014, im Archiv der Autorin.

21 Hintergrundgespräche mit verschiedenen NGOs zu diesem Thema, Bukavu, Kongo, 31.1.2020.

22 Interview mit Pacifique Mukamba, Bukavu, Kongo, 3.2.2020.

23 Bericht des Bukavu-Dialogs und unterzeichnete Vereinbarung, September 2019, im Archiv der Autorin.

24 Interview mit Gentil Mulimbi, Muyange, Kongo, 4.2.2020.

25 Interview mit Cizungu Ntavuna, Miti, Kongo, 4.2.2020.

26 Schlindwein, Simone: Der Fall des Gorillaretters, in: tageszeitung, 24.6.2019; https://bit.ly/3RgwgNC.

27 E-Mail des KfW-Presseteams, 10.2.2020.

28 Interview mit Innocent Mburanumwe, Kahuzi-Biéga-Nationalpark, Kongo, 6.2.2020.

29 Hintergrundgespräch mit Pressesprecher Hubert Mulongoy, Kahuzi-Biéga-Nationalpark, Kongo, 6.2.2020.

30 Interview mit Muhindo Akili Mundos, Bukavu, Kongo, 6.2.2020.

31 UN-Sicherheitsrat Mitteilung über DR Kongo: Muhindo Akili Mundos wurde am 1. Januar 2018 auf der Sanktionsliste gelistet; https://bit.ly/3AYPL7J.

32 Hintergrundgespräch mit UN-Ermittlern, Goma, Kongo, 26.7.2019.

33 E-Mail des KfW-Presseteams, 10.2.2020.

34 Baldus, Rolf D.: Happy Birthday Selous! Africas oldest Protected Area Celebrates 110 Years, 2006, im Archiv der Autorin.

35 Ebd.

36 Selous, Frederick Courteney: A hunters wanderings in Africa. Being a narrative of nine years spent amongst the game of the far interior of South Africa, Los Angeles 2001.

37 Die »Convention for the Preservation of Wild Animals, Birds and Fish in Africa« ist bekannt unter dem Begriff Londoner Konvention von 1900. Es war das erste internationale Abkommen zum Schutz von Wildtieren, Vögel und Fischen in Afrika. Unterzeichner waren allerdings nur die Kolonialmächte. Sie teilten die Tiere in fünf Kategorien ein, darunter diejenigen, die unter besonderen Schutz vor Jagd gestellt werden sollten.

38 Somerville, Keith: Ivory – Power and Poaching in Africa, London 2016.

39 Ebd.

40 Glass, Andrew: June 30, 1864, Lincoln creates Yosemite Park, in: Politico, 30.6.2009; https://politi.co/3Rrno9T.

41 Gissibl, Bernhard: The Nature of German Imperialism – Conservation and the Politics of Wildlife in Colonial East Africa, New York 2016.

42 Baldus, Rolf D.: Happy Birthday Selous! Africas oldest Protected Area Celebrates 110 Years, 2006, im Archiv der Autorin.

43 Queen Elizabeth National Park, in: Wikipedia; https://bit.ly/3KytIIk.

44 Ebd.

45 Bont, Raf De: Internationalism in the Heart of Africa? The Albert National Park/Virunga National Park, 2018, no. 16 – Arcadia Collection: National Parks in Time and Space; https://bit.ly/3AXTTF1

46 Ebd.

47 Ramutsindela, Maano: National Parks and (Neo)Colonialisms from Part III – Culture and Environmental Sociology, Cambridge 5.11.2020; https://bit.ly/3cB2cgO.

48 Bundesregierung: Antwort auf die kleine Anfrage »Deutschlands Finanzierung von Schutzgebieten im Kongobecken« der Abgeordneten Eva-Maria Elisabeth Schreiber, Heike Hänsel, Michel Brandt, Andrej Hunko, weiterer Abgeordneter und der Fraktion Die Linke, in: Bundestags-Drucksache 19/540, 26.1.2018; https://bit.ly/3TtHjon.

49 Projet D'Appui à la Conservation et la Gestion durable de la Biodiversité Dans L'Espace TRIDOM interzone Congo (ETIC), Le Massif Forestier de Messok-Dja, 2018, S. 25; https://bit.ly/3CKIrOC.

50 Ebd., S. 29.

51 Survival International veröffentlichte die übersetzten Briefe unter: https://bit.ly/2TYosa2.

52 Warren, Tom/Baker, Kathie J. M.: WWF Says Indigenous People Want This Park. An Internal Report Says Some Fear Forest Ranger »Repression«, in: BuzzFeed, 8.3.2019; https://bit.ly/3Rr2hSP.

53 WWF: Indigenous Peoples and Conservation – WWF Statement of Principles, Gland 2008; https://bit.ly/3PZiVbb.

54 Solms-Laubach, Franz: Ohne die Grzimeks wäre die Serengeti gestorben, in: Die Welt, 9.1.2009; https://bit.ly/3q5crNr.

55 Ebd.

56 Correy, Stephen: Ngorongoro Nazi, in: Counterpunch, 5.5.2022; https://bit.ly/3KAA1Lj.

57 Bernhard Grzimek – Der legendäre Direktor des Zoo Frankfurt, in: Frankfurter Neue Presse, 4.3.2020; https://bit.ly/3Q6MFmu.

58 Die Doku: Grzimek – der Themenabend, in: ARD, 3.4.2015; https://bit.ly/3CGsc57.

59 Bernhard Grzimek – Der legendäre Direktor des Zoo Frankfurt, in: Frankfurter Neue Presse, 4.3.2020; https://bit.ly/3KBOiIo.

60 Vgl.: Internetauftritt der ZGF in der Rubrik Geschichte: https://bit.ly/3AHwMgW.

61 Vgl.: Internetauftritt des Frankfurter Zoos in der Rubrik Geschichte: shorturl.at/bcxO8.

62 KfW-News: Bernhard Grzimek and his legacy, 5.7.2012; https://bit.ly/3TGUGBV.

63 Vgl. KfW-Bernhard-Grzimek-Preis; https://bit.ly/3pYp1oR.

64 Survival International Pressemitteilung: KfW-Bernhard-Grzimek-Preis: Aushängeschild für koloniales und rassistisches Erbe des Naturschutzes, 8.6.2022.

65 Serengeti darf nicht sterben, in: Wikipedia; https://bit.ly/3Atn7dq.

66 Telefoninterview mit Yannick Ndoinyo, 3.7.2022.

67 Alle Videos und Fotos gesammelt auf dem Blog von Susanne Nordlund: The Brutal and Illegal Land Demarcation Operation in Contempt of Court Continues in Loliondo. It Must be Stopped and the Beacons Uprooted!, 19.6.2022; https://bit.ly/3e6BcpO.

68 Ebd.

69 tweet von @TanzaniaInsight (Tanzania Business Insight): »Ngorongoro and Serengeti shall never die: The truth about the Loliondo situation in Tanzania«, 25.6.2022; https://bit.ly/3RFrEkj.

70 Maasai in Tanzania Move to New Homes Amid Eviction Effort, in: Voice of Africa, 30.6.2022; https://bit.ly/3pTxjax.

71 Tanzania Wildlife Conservation Act 2009, im Archiv der Autorin.

72 Kimeu, Caroline: Tanzania charges 20 Maasai with murder after police officer dies during protests, in: The Guardian, 23.6.2022; https://bit.ly/3pVo9az.

73 Tanzania spends millions to move, build new life in Tanga for Loliondo Maasai, in: The East African, 26.6.2022; https://bit.ly/3wIEqWR.

74 McQue, Katie/Busby, Mattha: Maasai leaders arrested in protests over Tanzanian game reserve, in: The Guardian, 14.6.2022; https://bit.ly/3RjMpCl.

75 Tanzania: Stop the Maasai evictions, in: Avaz, 14.2.2022; https://bit.ly/3cBvhbV.

76 Offener Brief der Maasai: URGENT: Call for international support to stop the Tanzanian government's human rights violations against the Maasai, in: McQue, Katie: Tanzania's Maasai Appeal to West To Stop Eviction for Conservation Plans, Oakland Institute, 22.4.2022; https://bit.ly/3e9Y8Vg.

77 Prado-Alipui, Andrew Nicholas: Tanzania Court Rules on Maasai Eviction Case, in: Foreign Brief, 22.6.2022; shorturl.at/chiM6.

78 UN-Pressemitteilung: Tanzania: UN experts warn of escalating violence amidst plans to forcibly evict Maasai from ancestral lands. Genf, 22.6.2022; https://bit.ly/3CIliMu.

79 McQue, Katie: Tanzania's Maasai appeal to west to stop eviction for conservation plans, in: The Guardian, 22.4.2022; https://bit.ly/3CNRfTI.

80 Antwort der Bundesregierung auf die Kleine Anfrage der Abgeordneten Eva-Maria Schreiber, Heike Hänsel, Michel Brandt, weiterer Abgeordneter und der Fraktion Die Linke: Aktuelle Entwicklungen in von Deutschland finanzierten Schutzgebieten in Afrika, in: Bundestags-Drucksache 19/8018, Berlin 14.3.2019, S.24.

81 ZGF-Pressemitteilung: Appraisal of the situation of Loliondo, 11.6.2022; https://bit.ly/3Aszdni.

82 Telefoninterview mit Linda Poppe, 3.7.2022.

II Das Finanzierungsdilemma – Zwischen Nachhaltigkeit und Kommodifizierung –

1 Weltbank: Democratic Republic of Congo – Additional Financing for National Parks Network Rehabilitation Project, 14.11.2013; https://bit.ly/3TGV2Zh.

2 Lindsey, Peter A. u. a.: More than $1 billion needed annually to secure Africa's protected areas with lions, in: Proceedings of the National Academy of Sciences 2018; https://bit.ly/3Q2HHqU.

3 Zimbabwe demands right to sell $ 300 m of ivory to fund game reserves, in: The East African, 11.6.2019; https://bit.ly/3KvDYkF.

4 CITES: Convention on International Trade of Endangered Species of Wild Fauna and Flora, Sixth Meeting of the Conference of the Parties, Ottawa, 24.7.1987; https://bit.ly/3pWeJhI.

5 EIA – Environmental Investigation Agency: How Ivory Hanko destroyed Africa's Elephants and Drives Japan's illegal Ivory trade, 2018; https://bit.ly/3PX50Ru.

6 Nuwer, Rachel: Kenya Sets Ablaze 105 Tons of Ivory, in: National Geographic, 30.4.2016; https://bit.ly/2HT390b.

7 Pro Wildlife e.V. – Pressemitteilung: Krachende Absage an Lockerung des Elefantenschutzes, Genf/München, 22.8.2019.

8 Zimbabwe makes ivory stockpile sale plea, in: BBC, 20.5.2022; https://tinyurl.com/3893nekm.

9 Zimbabwe seeks EU backing to sell $ 600M worth of ivory, in: Africanews, 17.5.2022; https://cutt.ly/MCeJpnP.

10 Mavhunga, Calumbus: Call to end ban on elephant culling and ivory trade in Africa gets louder, in: The East African, 4.6.2022, S. 32.

11 Botswana Ministry of Environment, Natural Resources Conservation and Tourism – Presseerklärung: Why we lifted the ban on Elephant Hunting, 25.5.2019; https://cutt.ly/sCeJjfm.

12 IUCN-Pressemitteilung: Informing decisions on trophy hunting, IUCN-Briefing Paper, April 2019; https://cutt.ly/7CeJzFV.

13 Lindsey, Peter A. u. a.: More than $ 1 billion needed annually to secure Africa's protected areas with lions, in: Proceedings of the National Academy of Sciences 2018; https://cutt.ly/qCeJUqy.

14 Ebd.

15 Space for Giants, Building a Wildlife Economy, Working Paper 1: Developing Nature-Based Tourism in Africa's State Protected Areas, 2019; im Archiv der Autorin.

16 UNWTO Briefing Paper: Towards Measuring the Economic Value of Wildlife Watching Tourism in Africa, 2014; https://cutt.ly/5CeJHvg.

17 Luc Hoffmann Institute: The Future of Nature Based Tourism – impacts of Covid-19 and paths to sustainability, 2021, S. 10.

18 Interview mit Jean Byamugisha, Kampala, Uganda, 14.2.2019.

19 UN-Report: COVID-19 impact on tourism could deal $ 4 trillion blow to global economy, in: UN-News, 21.6.2021; https://cutt.ly/nCeJBF5.

20 »What COVID-19 travel bans have done to conservation tourism in Africa«, in: The Conservation, 19.10.2021; https://cutt.ly/pCeJo7R.

21 Interview mit Michael Keigwin, Kampala, Uganda, 24.3.2019.

22 Mbaria, John/Ogada, Mordecai: The Big Conservation Lie, Auburn 2017.

23 Interview mit Michael Keigwin, Kampala, Uganda, 24.3.2019.

24 Vinga, Alois: Zimbabwe: Govt Puts Zimparks Up for Sale, in: AllAfrica, 15.7.2019; https://allafrica.com/stories/201907150351.html.

25 African Parks Pressemitteilung: African Parks and Zimbabwe Government Partner to Manage and Restore Matusadona National Park, 4.11.2019; https://cutt.ly/iCeJ88q.

26 Niba, William: Zimbabwe: Govt. Offers Elephants and Ivory to China, in: AllAfrica, 18.5.2019; https://cutt.ly/sCeJ6LM.

27 Nuer, Rachel: In Africa, »Paper Parks« Are Starved for Cash, in: The New York Times, 22.10.2018; https://cutt.ly/gCeKeUf.

28 Mbaria/Ogada: The Big Conservation Lie, 2017, S. 167 f.

29 Ebd., S. 169.

30 African Parks: A Business Approach to Conservation, 13.1.2016; https://cutt.ly/8CeKiwK.

31 Vgl. Website von African Parks unter: https://cutt.ly/jCeKstA.

32 Geschäftsbericht African Parks 2020: a Charted Course; https://cutt.ly/RCeKfmx.

33 UNEP-Pressemitteilung: Wildlife Economy Summit to launch African-led vision for conservation, 23.6.2019.

34 Ebd.

35 Space for Giants: Building a Wildlife Economy, 2019, S. 12.

36 Schlindwein, Simone: Shitstorm of Shame, in: tageszeitung, 29.5.2018; https://cutt.ly/2CeKzd3.

37 Vgl. Website aller Luxus-Lodges; https://cutt.ly/kCeKm7H.

38 Vgl. Website von African Parks: https://cutt.ly/uCeKvPQ.

39 Zu den »Großen Fünf« gehören Elefant, Nashorn, Büffel, Löwe und Leopard.

40 Karuhanga, James: Rwanda: Akagera Park Records 20 Per Cent Growth in Revenue, in: The New Times, 10.1.2019.

41 African Parks Geschäftsbericht 2019, S. 67.

42 African Parks Geschäftsbericht 2020, S. 71.

43 African Parks Geschäftsbericht 2021, S. 53.

44 Vgl. Profil des Akagera-Nationalparks in Ruanda auf der Website von African Parks; https://cutt.ly/hCeKOhA.

45 African Parks: Tourism Revenue Rules; https://cutt.ly/2CeKYE3.

46 E-Mail des EU-Presseteams, 5.8.2022.

47 Ebd.

48 Ebd.

49 Brockington, Dan/Duffy, Rosaleen: Capitalism and Conservation – The

Production and Reproduction of Biodiversity Conservation, in: Antipode 5/2010, S. 469–484; https://cutt.ly/kCeKSQ2.

50 Interview mit einem UWA-Wildhüter, Queen-Elizabeth-Nationalpark, Uganda, 21.1.2019.

51 Ebd.

52 Koalitionsvertrag zwischen der SPD, Bündnis 90/Grüne und FDP: Mehr Fortschritt wagen, Bündnis für Freiheit, Gerechtigkeit und Nachhaltigkeit, 2021–2025, S. 49.

53 WWF-Pressemitteilung: NABU, BUND, Greenpeace, Campaign for Nature, Forum Umwelt und Entwicklung und WWF fordern: Deutschland muss Führungsstärke zeigen! Genf/Berlin, 25.03.2022; https://bit.ly/3RjElkG.

54 KfW-Materialien zur Entwicklungsfinanzierung: Den Reichtum der Natur erhalten, unsere Lebensgrundlage sichern. Ausgabe 3, Frankfurt a. M., 31.8.2021; https://cutt.ly/aCeLWZR.

55 Ebd.

56 Ebd.

57 KfW-Stellungnahme zu den Vorwürfen betreffend den Nationalpark Salonga in der DR Kongo, 8.3.2019; https://cutt.ly/3CeLBuM.

58 KfW Entwicklungsbank: Materialien zur Entwicklungsfinanzierung, Den Reichtum der Natur erhalten: Biodiversität in der KfW Entwicklungsbank, Juli 2018; https://cutt.ly/KCeL94s.

59 KfW-Materialien zur Entwicklungsfinanzierung, Den Reichtum der Natur erhalten: Biodiversität in der KfW Entwicklungsbank, 31.8.2021; https://cutt.ly/SCeL6no.

60 KfW Entwicklungsbank: Materialien zur Entwicklungsfinanzierung, Den Reichtum der Natur erhalten: Biodiversität in der KfW Entwicklungsbank, Juli 2018; https://cutt.ly/mCeZd2C.

61 Ebd.

62 Ebd.

63 Telefoninterview mit Christoph Hoffmann, 14.7.2022.

64 GIZ-Factsheet: Partnerschaft gegen Wilderei und illegalen Wildtierhandel (in Afrika und Asien); https://cutt.ly/rCeZjDu.

65 BMZ-Bericht: Wilderei Stoppen – natürliche Lebensgrundlagen sichern, September 2018; https://cutt.ly/PCeZxF7.

66 GIZ-Factsheet: Partnerschaft gegen Wilderei und illegalen Wildtierhandel (in Afrika und Asien); https://cutt.ly/LCeZmGu.

67 ODA ist eine im OECD-Entwicklungsausschuss (DAC) vereinbarte und international anerkannte Messgröße zur Erfassung öffentlicher Entwicklungsleistungen, die auf das im Rahmen der Vereinten Nationen 1972 international vereinbarte Ziel angerechnet werden, 0,7 Prozent des Brutto-

nationaleinkommens für Entwicklungszusammenarbeit aufzuwenden. Sie misst die Aufwendungen der Geberländer für Entwicklungszusammenarbeit (donor effort) und macht die Leistungen der Geber untereinander vergleichbar. Vgl. BMZ, Leitfaden »Was ist Official Development Assistance (ODA)?«; https://cutt.ly/mCeZIHg.

68 E-Mail des EU-Presseteams, 5.8.2022.

69 E-Mail des EU-Presseteams, 5.8.2022 und 12.8.2022.

70 Vgl. CITES: National Ivory Action Plans, o.J.; www.cites.org/eng/niaps.

71 E-Mail des EU-Presseteams, 9.6.2022.

72 Deutscher Spendenrat e.V. Pressemitteilung: Spendenjahr 2021: Rekordspendenvolumen: Die Deutschen spenden im Jahr der Flutkatastrophe so viel wie noch nie!, 6.12.2021; https://cutt.ly/xCeZGsc.

73 Vgl. Website des Virunga-Nationalparks: Rubrik Spenden; https://virunga.org/donate.

74 WWF-Spendenaufruf: Pate werden für die Nashörner Afrikas; https://cutt.ly/nCeZ337.

75 BMZ/BMU-Bericht: Biologische Vielfalt – unsere gemeinsame Verantwortung, Berlin 2018, S. 42.

76 Ebd.

77 Ebd.

78 Vgl. BIOFIN, What is Biodiversity Finance?; https://cutt.ly/NCeXrIu.

79 Ebd., S. 38.

80 Kretschmar, Daniél/Schlindwein, Simone: Deutsche Gelder außer Kontrolle, in: tageszeitung, 17.3.2020.

81 FTNS-Jahresbericht 2020, Jaunde, 2021; https://cutt.ly/sCeXdkv.

82 Kretschmar, Daniél/Schlindwein, Simone: Deutsche Gelder außer Kontrolle, in: tageszeitung, 17.3.2020.

83 FOCON-Geschäftsbericht für das Jahr 2018, 31.12.2018; im Archiv der Autorin.

84 E-Mail des KfW-Presseteams: DR Kongo – Biodiversität – Fragen Frau Schlindwein (taz) vom 10. Februar 2020, 21.2.2020.

85 Ebd.

86 Kretschmar, Daniél/Schlindwein, Simone: Deutsche Gelder außer Kontrolle, in: tageszeitung, 17.3.2020.

87 E-Mail des KfW-Presseteams, 1.7.2019.

88 E-Mail des KfW-Presseteams: DR Kongo – Biodiversität – Fragen Frau Schlindwein (taz) vom 10. Februar 2020, 21.2.2020.

89 Telefoninterview mit Simon Counsell, 9.5.2019.

90 Alexandrowicz, Laurence: Rainforests in the DRC: »a solution« for climate change. In: Africanews, 11.8.2021; https://cutt.ly/YCeXbke.

91 Ebd.

92 Vgl. ICCN-Präsentation: https://www.iccnrdc.org/presentation.html.

93 Mulegwa, Pascal: COP26: la RDC se veut un »pays solution« aux changements climatiques dans le monde, in: RFI, 29.10.2021; https://cutt.ly/UCeXPCV.

94 UN-Climate-Conference-Pressemitteilung: Glasgow Leaders' Declaration on Forests and Land Use, 2.11.2021; https://cutt.ly/CCeXGuf.

95 Sguazzin, Antony: Next Africa: COP26 Could Bring Carbon Credits and Coal Closures, in: Bloomberg, 17.9.2021; https://cutt.ly/5CeXZHi.

96 Mulegwa, Pascal: COP26: la RDC se veut un »pays solution« aux changements climatiques dans le monde, in: RFI, 29.10.2021.

97 Vgl. Convention on Biological Diversity, CBD; https://www.cbd.int/.

98 Vgl. Aichi-Ziele von 2010; https://www.cbd.int/sp/targets/.

99 »Aucun des 16 blocks pétroliers ne se trouve dans les espaces et aires protégés, in: DeskNature, 25.5.2022; https://cutt.ly/ICeCi5f.

100 Telefoninterview mit Christoph Hoffmann, 14.7.2022.

III Aufrüstung im Nationalpark – Panzerfäuste im Dschungel

1 Schlindwein, Simone: Gorillatour zum Guerilla-Preis, in: tageszeitung, 23.10.2012; https://cutt.ly/rCeCdOY.

2 UN-Sicherheitsrat Resolution SC/10836: Demanding End to Outside Support for M23 Rebels, Security Council Adopts Resolution Renewing Democratic Republic of Congo Sanctions Regime, 28.11.2012; https://cutt.ly/eCeCheL.

3 Interview mit Laurent Ntawaukiruwe, Bunagana, Kongo, 27.8.2012.

4 Interview mit Emmanuel de Mérode, Rumangabo, Kongo, 28.8.2012.

5 Preise zu jener Zeit recherchiert auf den aktuellen Seiten der Parkverwaltungen.

6 Interview mit Stanislas Baleke, Bunagana, Kongo, 27.8.2012.

7 Interview mit Emmanuel de Mérode, Rumangabo, Kongo, 28.8.2012.

8 Schlindwein, Simone: Afrikas schwarzes Gold, in: tageszeitung, 22.2.2015; https://cutt.ly/RCeCl89.

9 Interview mit Thierry Lusenge, Goma, Kongo, 13.1.2015.

10 Ebd.

11 Johnson, Dominic/Schlindwein, Simone/Schmolze, Bianca: Tatort Kongo – Prozess in Deutschland, Berlin 2015.

12 Johnson, Dominic: Präsident der FDLR-Rebellen ist tot, in: tageszeitung, 17.4.2019; https://cutt.ly/kCeCEt5.

13 Interview mit Emmanuel de Mérode, Rumangabo, Kongo, 28.8.2012.

14 Interview mit Thierry Lusenge, Goma, Kongo, 13.1.2015.

15 Interview mit Rafiki Kahindo, Goma, Kongo, 13.1.2015.

16 WWF-Projektbeschreibung: Virunga – Afrikas ältester Nationalpark, 1.9.2020; https://cutt.ly/ICeCUzM.

17 Ebd.

18 Ebd.

19 Interview mit Adeline Tsongo, Goma, Kongo, 14.1.2015.

20 Interview mit Christof Schenck, Frankfurt a. M., 9.4.2019.

21 Lovgren, Stefan: Congo Gorilla Killings Fueled by Illegal Charcoal Trade, in: National Geographic, 16.8.2017.

22 Schlindwein, Simone: Wahlkampf überm Erdöl, in: tageszeitung, 15.2.2011; https://cutt.ly/SCeCP9Y.

23 Besuch der Autorin in Rutshuru, 23.8.2012.

24 WWF-Pressemitteilung: Oil exploration threatens Africa's billion dollar World Heritage Site, 1.8.2013; https://cutt.ly/2CeCS6d.

25 WWF-Pressemitteilung: Soco's exploration in Virunga violates OECD guidelines, WWF alleges, WWF files OECD complaint against Soco International alleging human rights and environmental violations in Virunga National Park, 7.10.2013; https://cutt.ly/VCeCHQS.

26 WWF-Pressemitteilung: DRC staff receives death threats from unnamed callers after opposting oil exploration in World Heritage Site, 12.5.2014; https://cutt.ly/pCeCXTV.

27 Global Witness Briefing: »Virunga: UK company bankrolled soldiers accused of bribery and violence in quest for oil in Africa's oldest national park«, 10.6.2015; https://cutt.ly/BCeC142.

28 Ebd.

29 Ebd.

30 WWF-Pressemitteilung: Oil company Soco not to drill in Virunga World Heritage Site, 11.6.2014; https://cutt.ly/hCeC5M7.

31 UNESCO-Pressemitteilung: UNESCO commends the decision by SOCO to halt oil exploration activities in Virunga National Park as a step in the right direction, 12.6.2014; https://cutt.ly/ICeVrwH.

32 WWF-Pressemitteilung: »Abgewendet: Keine Ölbohrungen im Virunga-Nationalpark!«, 11.06.2014; https://cutt.ly/1CeViqH.

33 Schlindwein, Simone: Eine grüne Vision für den Kongo, in: tageszeitung, 17.6.2015; https://cutt.ly/fCeVfs2.

34 Telefoninterview mit Howard Buffett, 18.3.2015.

35 Interview mit M23-Oberkommando, Rumangabo, Kongo, 27.8.2012.

36 Schlindwein, Simone: Rückkehr der Kriegsstimmung, in: tageszeitung, 29.5.2022; https://cutt.ly/tCeVkSP.

37 Schlindwein, Simone: Ein Nationalpark voller Waffen, in: tageszeitung, 21.8.2017; https://cutt.ly/GCeVz7E.

38 Virunga Jahresbericht: Virunga Foundation Trustees Report and Financial Statements for the year Ended, 31.12.2017, im Archiv der Autorin.

39 Ebd.

40 Schlindwein, Simone: Eine grüne Vision für den Kongo, in: tageszeitung, 17.6.2015.

41 Interview mit Emmanuel de Mérode, Goma, Kongo, 20.3.2015.

42 Belgian Emmanuel de Mérode shot in DR Congo ambush, in: BBC, 16.4.2014; https://cutt.ly/KCeVmni.

43 Johnson, Dominic: Massenflucht nach Rebellenattacke, in: tageszeitung, 8.11.2021; https://cutt.ly/QCeVRfG.

44 Interview mit Innocent Gasigwa, Kiwanja, Kongo, 16.3.2015.

45 Besuch der Autorin in Kiwanja, Kongo, 16.3.2015.

46 Duggan, Briana/Kriel, Robyn/Cuevas, Mayra: Historic ivory burn covers the sky in smoke and ash, in: CNN, 1.5.2016; https://cutt.ly/ZCeVUJN.

47 Space for Giants-Pressemitteilung: Elephants: Facts and Figures, 11.4.2016.

48 WWF-Bericht: Saving Selous – African Icon under threat, 2016; https://cutt.ly/zCeVHsa.

49 Interview mit Masegeri Rurai, Berlin, 5.6.2019.

50 Interview mit Johannes Kirchgatter, Berlin, 8.5.2019.

51 Schlindwein, Simone: Keine Gnade für Elefantenretter, in: tageszeitung, 20.8.2017; https://cutt.ly/lCeVZto.

52 Ebd.

53 WWF-Pressemitteilung: Mord als Berufsrisiko – WWF fordert mehr Unterstützung für Naturschützer:innen. Berlin, 17.6.2022; https://cutt.ly/fCeVCZs.

54 Interview mit Ilka Herbinger, Berlin, 2.5.2019.

55 Belecky, Mike/Singh, Rohit/Moreto, William: Life on the Frontline – A global survey of the working conditions of rangers, WWF 2018; https://cutt.ly/sCeVNXt.

56 Interview mit Johannes Kirchgatter, Berlin, 8.5.2019.

57 Ebd.

58 CITES-Pressemitteilung: African elephant poaching down, ivory seizures up and hit record high, Genf, 24.10.2017; https://cutt.ly/8CeVAYT.

59 Vgl. IUCN, Red List: Mountain Gorilla, 31.7.2018; https://cutt.ly/9CeVFtg.

60 WWF-Bericht: Belecky, Mike/Singh, Rohit/MoretoBelecky, William: Life on the Frontline, 2018.

61 ATCNews, Chinese tip off led to Singapore blood ivory seizure, 27.7.2019; https://cutt.ly/fCeVoPD.

62 Chinese customs officials seize over 9 tons of blood ivory during first 10 months of 2019, in: ATCNews, 5.12.2019; https://cutt.ly/pCeV8nZ.

63 Ubwani, Zephania: Poaching has gone down by 70 percent in Tanzania, in: The Citizen, 18.6.2019; https://cutt.ly/aCeBedY.

64 African Parks-Report: Garamba. A story of hope and resilience; https://cutt.ly/HCeBywc.

65 US-State Department Factsheet: The Lord's Resistance Army, Washington, 23.3.2012; https://bit.ly/3RvO2wC.

66 Schlindwein, Simone: Das mörderische WM-Finale, in: tageszeitung, 13.7.2010; https://bit.ly/3B5YQuy.

67 Schlindwein, Simone: USA greifen in Uganda ein, in: tageszeitung, 17.10.2011; https://bit.ly/3L2NFqZ.

68 The War in Somalia, in: The New America, https://bit.ly/3B8BunQ.

69 Zeugenaussage von Iain Douglas-Hamilton vor dem Ausschuss des US-Senats zur Außenpolitik: Ivory and Insecurity: The Global Implications of Poaching in Africa, Washington, 24.5.2012; https://cutt.ly/YCeBpDs.

70 Zeugenaussage von Iain Douglas Hamilton vor dem Ausschuss des US-Senats zur Außenpolitik, Washington 2012, im Archiv der Autorin.

71 Vgl. den Gesetzestext: H. R. 2494 (114th): Eliminate, Neutralize, and Disrupt Wildlife Trafficking Act of 2016, 23.9.2016; https://cutt.ly/ECeBfMl.

72 Kalron, Nir/Crosta, Andrea: Africa's White Gold of Jihad: Al Shabaab and Conflict Ivory, Elephant Advocacy League, 2011; https://cutt.ly/xCeBjI9.

73 Hammer, Joshua: The Fight Against Elephant Poachers Is Going Commando, in: Smithsonian Magazine, 2016; https://cutt.ly/5CeBcyN.

74 Glazer, Hilo: Heart of Darkness: Israeli Expedition Hunts Elephant Killers in Africa, in: Haaretz, 11.9.2013; https://cutt.ly/ECeBnlR.

75 Ebd.

76 E-Mails der Autorin an Kalrons private und offizielle E-Mail-Adresse bleiben unbeantwortet, 14.8.2019.

77 Interview mit Jean-Bernard Yarissem, Bangui, Zentralafrikanische Republik, 9.5.2014.

78 Glazer, Hilo: Heart of Darkness: Israeli Expedition Hunts Elephant Killers in Africa, in: Haaretz, 11.9.2013; https://cutt.ly/ECeBnlR.

79 Lang, Chris: How WWF and WCS came to hire a private security firm in Dzanga-Sangha, Central African Republic, in: Conservation Watch, 4.11.2016; https://cutt.ly/jCeBIKt.

80 Beschreibung des Projekts »Wildleaks« unter: Earth League International, The world's first environmental crime whistleblowing initiative; https://cutt.ly/bCeBJn8.

81 LinkedIn-Profil von Andrea Crosta; https://cutt.ly/7CeBCjJ.

82 WWF-Pressemitteilung: Peace has returned to Dzanga Sangha but the battle to conserve its wildlife goes on, 18.2.2015; https://cutt.ly/SCeBNVi.

83 White, Natasha: The »White Gold of Jihad«: violence, legitimisation and contestation in anti-poaching strategies, in: Journal of Political Ecology 1/2014; https://cutt.ly/iCeNrpy.

84 Crosta, Andrea/Sutherland, Kimberly: The White Gold of Jihad – Al Shabaab and the illegal Ivory trade, Elephant-Action-League 2016, S. 8; https://cutt.ly/DCeB5F2.

85 Cakaj, Ledio: Tusk Wars: Inside the LRA and the Bloody Business of Ivory, 26.10.2015, S. 12; https://cutt.ly/GCeNpHS.

86 Titeca, Kristof/Edmond, Patrick: Outside the Frame: Looking Beyond the Myth of Garamba's Ivory – Terrorism Nexus, in: Conservation and Society 3/2019, S. 258–269; https://cutt.ly/hCeNgu6.

87 UPDF in Kony hunt accused of rape, looting, in: The Observer, 2.3.2012; https://cutt.ly/sCeNzJf.

88 Hintergrundgespräch mit einem südsudanesischen Airforcepiloten, Kampala, Uganda, 29.1.2016.

89 Interview mit Kristof Titeca, Kampala, Uganda, 28.11.2018.

90 Ebd.

91 African Parks-Pressemitteilung: DRC's Garamba National Park Hails Hopeful Turning Point at 80th Year Anniversary Commemoration, 13.6. 2018; https://cutt.ly/oCeNmMv.

92 Flummerfelt, Robert: To Purge the Forest by Force: Organized violence against Batwa in Kahuzi-Biega National Park, 5.4.2022; https://cutt.ly/YCeNE9g.

93 Auskunft der UN-Expertengruppe zuständig für die DR Kongo per Telefon, 28.3.2022.

94 Duffy, Rosaleen: War by Conservation. In: Geoforum 2015, S. 238–248.

95 Telefoninterview mit Christopher Day, 18.7.2019.

96 Ebd.

97 Hintergrundgespräch mit Militärattaché der britischen Botschaft in Uganda, Kampala 12.2.2019

98 Pressemitteilung des britischen Verteidigungsministeriums DEFRA: Ministry of Defence expands counter-poaching training into two new parks in Malawi, London, 16.2.2018.

99 Game Rangers Association of Africa [Mitteilung]: The use of military and security personnel and tactics in the training of Africas Rangers; https://cutt.ly/CCeNArk.

100 Telefoninterview mit Francis Massé, 18.8.2019.

101 Childhood poaching experiences inspired Obwona's career, in: Sunday Monitor, 3.2.2019; https://cutt.ly/RCeNMJG.

102 Auszüge aus der Rede von Kongos Tourismusminister, Kinshasa, 21.7.2022; https://cutt.ly/MCeMwX6.

103 Massé, Francis/Lunstrum, Elizabeth: Accumulation by securitization: Commercial poaching, neoliberal conservation, and the creation of new wildlife frontiers, in: Geoforum März 2015, S. 227–237; https://cutt.ly/hCeNJbY.

104 Presseerklärung des US-Justizministeriums: Justice Department announces Indictment, arrests of Three Rebel Group Members for Brutal Murders of two American Tourists in Uganda, 3.3.2003; https://cutt.ly/3CeNCBZ.

105 Duffy, Rosaline: Waging War to Save Biodiversity – The Rise of Militarised Conservation, in: International Affairs 4/2014, S. 819–834; https://cutt.ly/sCeN5Bc.

106 Interview mit Dirk Niebel, Berlin, 5.6.2019.

107 Pressemitteilung BMZ: Biodiversität erhalten – lokale Entwicklung fördern – Frieden sichern: Bundesentwicklungsminister Dirk Niebel reist nach Namibia und Sambia, 17.5.2013, https://cutt.ly/YCe1aeF.

108 Venn, Lia: »Afrikanisches Weltwunder in Gefahr.«, in: Frankfurter Rundschau, 17.02.2011; https://cutt.ly/ACe1mn8.

109 Nabu-Pressemitteilung: Gute Nachricht für Zebras und Gnus – Serengeti bleibt nun doch von Highway verschont, Berlin, 24.6.2011; https://cutt.ly/8Ce1beP.

110 Vgl. Internetauftritt des Etosha-Nationalparks: https://www.etoshanationalpark.org/history.

111 Namibia: Hai//om-Klage wegen Vertreibung aus Etosha-Nationalpark vor Zulassung?, in: Namibiana, 27.1.2018; https://cutt.ly/TCe1T6m.

112 Projektvorschlag der Rheinmetall AG: Anti Poaching Concept – Rheinmetall International Engineering, April 2016, im Archiv der Autorin.

113 Interview mit Dirk Niebel, Berlin, 5.6.2019.

114 Jakob, Christian/Schlindwein, Simone: Diktatoren als Türsteher Europas, Berlin 2017.

115 Telefoninterview mit Christopher Day, 18.7.2019.

116 Projektvorschlag der Rheinmetall AG: Anti Poaching Concept – Rheinmetall International Engineering, April 2016; im Archiv der Autorin.

117 UWA: Elephant Conservation Action Plan for Uganda 2016–2016, Kampala 2016; im Archiv der Autorin.

118 Vgl. WWF, Wildlife Crime Technology Projects; https://cutt.ly/9Ce1S4T.

119 Interview mit Johannes Kirchgatter, Berlin, 8.5.2019.

120 E-Mail des BMZ-Presseteams: Ihre schriftliche Anfrage Nr. 3/336, 3.4.2019.

121 Vgl. Website der Ichikowitz-Stiftung; https://ichikowitzfoundation.com/index.php/conservation/.

IV Zäune und Territorien – »Leben am Rande der Welt«

1 Interview mit Matthias Kamanya, Katara, Uganda, 20.1.2019.
2 Tourism revenue hits Shs5.8 trillion, in: Daily Monitor, 20.9.2019; https://cutt.ly/1Ce1JY6.
3 Interview mit Januaro Twinomuhangi, Katara, Uganda, 20.1.2019.
4 Interview mit Richard Akureeba, Buhingo, Uganda, 20.1.2019.
5 Jumbe, Benjamin: Government okays life sentence for wildlife crime offenders, in: Daily Monitor, 27.2.2017; https://cutt.ly/PCe1XRa.
6 Interview mit Judith Amanya, Katara, Uganda, 21.1.2019.
7 Interview mit ausländischer UCF-Mitarbeiterin, Kampala, Uganda, 21.11.2018.
8 Puente, Maria: Prince William champions wildlife as he takes over conservation patronages from royal grandparents, in: USA-Today, 19.10.2020; https://cutt.ly/YCe1B9c.
9 Interview mit Edward Asalu, Queen-Elizabeth-Nationalpark, Uganda, 22.1.2019.
10 Hintergrundgespräch mit dem britischen Militärattaché, Kampala, Uganda, 12.2.2019.
11 Interview mit Edward Asalu, Queen-Elizabeth-Park, Uganda, 22.1.2019.
12 URA smashes million dollar ivory, pangolin smuggling racket, in: The Independent, 31.1.2019; https://cutt.ly/DCe18BC.
13 Amia, Pamela: UWA set to Erect Electric Fences in All Game Parks, in: Chimpreports, 21.9.2018; https://cutt.ly/RCeoeUa.
14 E-Mail von Space For Giants-Pressesprecher, 2.2.2019.
15 Interview mit Michael Keigwin, Kampala, Uganda, 26.11.2018.
16 Law, Tara: ›There's No Place to Run.‹ American Tourist Describes Kidnapping in Uganda, in: Time, 26.4.2019; https://cutt.ly/hCeou9w.
17 Uganda arrests suspected kidnappers, confirms payment of ransom, in: Africanews, 10.4.2019; https://cutt.ly/mCeosgN.
18 Tugume, Godfrey: 3 Lions Killed by electric fence, in: Chimpreports, 27.4.2022; https://cutt.ly/pCeojrF.
19 Interview mit Medard Akampurira, Nyakahita, Uganda, 20.1.2019.
20 Interview mit Jackson Maate, Nyakahita, Uganda, 20.1.2019.
21 Hintergrundgespräch mit der leitenden Polizeikommissarin des Bezirks, Uganda, 23.1.2019.
22 Alle Interviews geführt in Kyema, Uganda, 23.1.2019.

23 Museveni condemns killing of poachers, in: Daily Monitor, 22.9.2018 und Update 11.1.2021; https://bit.ly/3ehgFiy.

24 Ebd.

25 Richard Leakey: Kenyan conservationist dies aged 77, in: BBC, 3.1.2022; https://cutt.ly/QCeozML.

26 Hanks, John: Operation Lock and the War against Rhino-Poaching, Kapstadt 2015.

27 Tebele, Mpho: Masisis revokes »Shoot to kill policy«, in: Africa Sustainable Conservation News, 25.5.2018; https://cutt.ly/gCeobfV.

28 Chiu, Allyson: Nearly 90 elephants killed for tusks near Botswana wildlife sanctuary, group says. Government disputes claim, in: The Washington Post, 7.9.2018; https://wapo.st/3QZpzzw.

29 Lang, Chris: The strange story of Botswana's elephant massacre, in: Conservation Watch, 11.9.2018; https://cutt.ly/aCeoDXG.

30 EU-Pressemitteilung: EU support for Virunga National Park and cooperation with the Democratic Republic of Congo, 1.10.2014; https://cutt.ly/ICeoKJF.

31 E-Mail des EU-Presseteams, 9.6.2022.

32 Virunga-Geschäftsbericht: Virunga Foundation Trustees Report and Financial Statements for the year ended 31.12.2017; im Archiv der Autorin.

33 Kiley, Sam: Guns for Hire, 2006; https://cutt.ly/NCeo4oO.

34 Ebd.

35 Virunga-Website: Virunga National Park Fallen Ranger; https://cutt.ly/MCeo9jl.

36 Virunga-Geschäftsbericht: Virunga Foundation Trustees Report and Financial Statements for the year ended 31.12.2017; im Archiv der Autorin.

37 Schlindwein, Simone: Musik, Krieg und Frieden, in: tageszeitung, 15.2.2017; https://cutt.ly/bCe2wjJ

38 Kiley, Sam: Guns for Hire, Film, 2006.

39 Matata Ponyo, Augustin: Portant Création d'un Corps Chargé de la Sécurisation de Parcs Nationaux et Réserves Naturelles Apparentées, Dekret Nr. 15/012, 15.6.2015, Artikel Nr. 3; https://cutt.ly/3Ce2rXG.

40 Conservation: Le Corps PPN évalue la situation de la protection des parcs nationaux et réserves naturelles, in: Unesco-News, 8.11.2015; https://cutt.ly/6Ce2xvQ.

41 Matata Ponyo, Augustin: Portant Création d'un Corps Chargé de la Sécurisation de Parcs Nationaux et Réserves Naturelles Apparentées, Dekret Nr. 15/012, 15.6.2015, Artikel Nr. 3; https://cutt.ly/uCe2uSh.

42 Ebd.

43 Interview mit QRU-Ranger, Rumangabo, Kongo, 22.6.2019.

44 Schlindwein, Simone: Bauern, Bomben und Berggorillas, in: tageszeitung, 11.7.2019; https://cutt.ly/UCe2O7y.
45 Interview mit QRU-Ranger, Rumangabo, Kongo, 22.6.2019.
46 Schlindwein, Simone: Bauern, Bomben, Berggorillas, in: tageszeitung, 11.7.2019.
47 E-Mail des Virunga-Presseteams, 7.7.2019.
48 La cité de Vitshumbi n'est pas une propriété privée de l'ICCN, dixit Julien Paluku le 17 11 2018, in: YouTube-Video, 17.11.2018; https://cutt.ly/RCe2FUt.
49 Interview mit Maurice Kasereka, Vitshumbi, Kongo, 18.6.2019.
50 Virunga-Pressemitteilung: Virunga National Park Ranger, Kasereka Masumbuko Ezéchiel, killed in action; https://cutt.ly/SCe2JMY.
51 E-Mail des Virunga-Presseteams, 7.7.2019.
52 Interview mit Festus Munyihata, Kiwanja, Kongo, 18.6.2019.
53 Interview mit Abubaker Djamali, Kiwanja, Kongo, 18.6.2019.
54 Virunga-Facebookseite: Virunga's Hydroelectric Team, 27.1.2014; https://cutt.ly/LCe2ZJ6.
55 L'objectif du barrage de Matebe est de limiter la déforestation, selon l'ICCN, in: Radio Okapi, 17.12.2015; https://cutt.ly/SCe2Vz3.
56 Virunga-Geschäftsbericht: Virunga Foundation Trustees Report and Financial Statements for the year Ended 31. December 2017; im Archiv der Autorin.
57 Ebd.
58 Virunga-Pressemitteilung: Artillery attack on Virunga National Park's hydro-electric power worksite, 17.8.2022; https://cutt.ly/lCe2N3g.
59 Nsapu, Esther: Attacke contre une Centrale hydro-electrique dans le park de Virunga, in: La Libre Afrique, 17.12.2017; https://cutt.ly/hCe9q6D.
60 Interview mit François Katembo, Kiwanja, Kongo, 16.6.2019.
61 Vorfallliste: Virunga-Nationalpark, 29.09.2014, in: tageszeitung: Wann bilden Einzelfälle ein System?; https://cutt.ly/MCe23pG.
62 Interview mit Faustus Kalwahali, Kiwanja, Kongo, 19.6.2019.
63 Goma: WWF forme les acteurs judiciaires et sécuritaires sur la répression de crimes environnementaux, in: Radio Okapi, 28.9.2018; https://cutt.ly/JCe9yur.
64 Interview mit Christof Schenck, Frankfurt a. M., 9.4.2019.
65 Interview mit Moses Masino, Mugunga, Kongo, 16.6.2019.
66 Interview mit Leopold Kaliki, Mugunga, Kongo, 16.6.2019.
67 Pressemitteilung von Advocates sans Frontiers: The conditions of detention in DR Congo violate prisoners' rights, 12.1.2015; https://cutt.ly/7Ce9sq5.
68 Interview mit Mirindi Mushagalusa, Rutshuru, Kongo, 19.6.2019.

69 Ebd.
70 Interview mit Festus Munyihata, Kiwanja, Kongo, 18.6.2019.
71 Interview mit William Mulaja, Goma, Kongo, 22.6.2019.
72 Ebd.
73 E-Mail des Virunga-Presseteams, 7.7.2019.
74 Interview mit Daniel Kouchner, Goma, Kongo, 14.6.2019.
75 Hintergrundgespräch mit HRW-Mitarbeiter, Goma, Kongo, 14.6.2019.
76 Vgl. Bridgeway-Foundation, Tara-Candland-Biografie: https://www.bridgewayfoundation.org/leadership/.
77 Schlindwein, Simone: Wann bilden Einzelfälle ein System?, in: tageszeitung, 31.3.2020.
78 Antwort der Bundesregierung auf die Kleine Anfrage der Abgeordneten Eva-Maria Elisabeth Schreiber, Michel Brandt, Andrej Hunko, weiterer Abgeordneter und der Fraktion Die Linke: Deutschlands Finanzierung von Schutzgebieten im Kongobecken, in: Bundestags-Drucksache 19/540 19. 26.01.2018.
79 Interview mit Daniel Kouchner, Goma, Kongo, 14.6.2019.
80 Interview mit Abdoul Shamamba, Nzulo, Kongo, 15.6.2019.
81 E-Mail des Virunga-Presseteams, 7.7.2019.
82 Interview mit Miriam Nyamulemba, Mugunga, Kongo, 15.6.2019.
83 E-Mail des Virunga-Presseteams, 7.7.2019.
84 Interview mit Esperance Kabekatyo, Mugunga, Kongo, 15.6.2019.

V Die Verantwortung der Geber – Einzelfall oder System?

1 Telefoninterview mit Christoph Hoffmann, 14.7.2022.
2 Antwort der Bundesregierung auf die Kleine Anfrage der Abgeordneten Eva-Maria Elisabeth Schreiber, Michel Brandt, Andrej Hunko, weiterer Abgeordneter und der Fraktion Die Linke: Deutschlands Finanzierung von Schutzgebieten im Kongobecken, in: Bundestags-Drucksache 19/540 19, Berlin 26.01.2018.
3 Ebd.
4 Ebd.
5 Ebd.
6 Ebd.
7 CEPF Operational Manual— CEPF Program Overview. The Critical Ecosystem Partnership Fund (CEPF), 18.09.2007; https://www.cepf.net.
8 Warren, Tom/Baker, Kathie: WWF Funds Guards Who Have Tortured And Killed People, in: BuzzFeed, 4.3.2019; https://cutt.ly/2Ce9xzi.
9 RUFUK/APEM-Bericht: Graves Abus des Droits Humains Rapportés

dans et aus Autour du Parc National de la Salonga, Briefing, November 2018; im Archiv der Autorin.

10 KfW-Pressemitteilung: Stellungnahme zu den Vorwürfen betreffend den Nationalpark Salonga in der DR Kongo, 8.3.2019; https://cutt.ly/yCe9Qzp.

11 Antwort der Bundesregierung auf die Kleine Anfrage der Abgeordneten Eva-Maria Schreiber, Heike Hänsel, Żaklin Nastić, weiterer Abgeordneter und der Fraktion Die Linke, in: Bundestags-Drucksache 19/26330: Der Pillay-Report des World Wide Fund for Nature (WWF) II – Konsequenzen für die deutsche Schutzgebiets-Finanzierung in der Demokratischen Republik Kongo/Salonga-Nationalpark, 9.3.2021; S. 3.

12 KfW-Pressemitteilung: Stellungnahme zu den Vorwürfen betreffend den Nationalpark Salonga in der DR Kongo, 8.3.2019; https://cutt.ly/dCe6gGa.

13 WWF-Stellungnahme für den Ausschuss für wirtschaftliche Zusammenarbeit und Entwicklung, 30. Sitzung des Ausschusses am 10.4.2019, TOP 2, Berlin, 8.4.2019, S. 4.

14 Ebd.

15 Warren, Tom/Baker, Kathie/Engert, Marcus: Leaked Report: WWF-Backed Guards Raped Pregnant Women And Tortured Villagers At A Wildlife Park Funded By The US Government, in: BuzzFeed, 11.7.2019; https://cutt.ly/MCe6Yk4.

16 Telefoninterview mit Willy Elua, 13.8.2019.

17 Antwort der Bundesregierung auf die Kleine Anfrage der Abgeordneten Eva-Maria Schreiber, Heike Hänsel, Michel Brandt, Andrej Hunko, Dr. Alexander S. Neu, Helin Evrim Sommer, Kirsten Tackmann, Hubertus Zdebel und der Fraktion Die Linke: Aktuelle Entwicklungen in von Deutschland finanzierten Schutzgebieten in Afrika, Berlin, 12.03.2019.

18 Kleine Anfrage: Aktuelle Entwicklungen in von Deutschland finanzierten Schutzgebieten in Afrika; Analyse der Antwort der Bundesregierung + OTs von Eva-Maria Schreiber, 15.3.2019; im Archiv der Autorin.

19 WWF-Pressemitteilung: WWF im Bundestag: Herausforderungen in Naturschutz und Entwicklungszusammenarbeit, 10.4.2019; https://cutt.ly/oCe6Jj8:

20 Ebd.

21 Interview mit Christof Schenk, Frankfurt a.M., 9.4.2019.

22 Löning, Markus: Untersuchung der menschenrechtlichen Sorgfaltsprozesse beim WWF Deutschland, Berlin 2019, S. 36; https://cutt.ly/ZCe6Md4.

23 Ebd.

24 WWF-Pressemitteilung: Für Mensch und Natur – WWF Deutschland veröffentlicht externe Analyse und legt Maßnahmenpaket vor, 1.5.2019, https://cutt.ly/ZCe68R2:

25 Löning, Markus: Untersuchung der menschenrechtlichen Sorgfaltsprozesse beim WWF Deutschland 2019, S. 16.
26 KfW-Pressemitteilung: Stellungnahme zu den Vorwürfen betreffend den Nationalpark Salonga in der DR Kongo. 8.3.2019; https://cutt.ly/iCrqwL1.
27 E-Mail des BMZ-Presseteams, 2.10.2020.
28 Schriftliche Antworten von Eva Maria Schreiber, 28.9.2020.
29 WWF-Pressemitteilung: Chair appointed to lead independent review panel, 8.4.2019; https://cutt.ly/ZCe6SGc.
30 WWF-Pressemitteilung: Panel of Experts of the Independent Review Invites Submissions for the Investigative Stage of its Work, 16.8.2019; https://cutt.ly/8Ce6XAQ.
31 Embedded Human Rights in Nature Conservation: From Intent to Action, Report of the Independent Panel of Experts of the Independent Review of Allegations Raised in the Media Regarding Human Rights Violations in the Context of WWF's Conservation Work, 17.11.2020; S. 5.
32 Deutsches Institut für Menschenrechte: KfW's Human Rights Obligations in Conservation Work, The example of La Salonga National Park November 2020; https://cutt.ly/8CrqdYr.
33 E-Mail des BMZ-Presseteams, 2.10.2020.
34 Vgl. KfW-Internetseite: Beschwerden; https://cutt.ly/oCrqh6f.
35 Interview mit Ilka Herbinger, Berlin, 2.5.2019.
36 WWF-Leitfaden: Manual on Human Rights, Indigeneous Peoples Rights, and Good Practices Applicable during Anti-Poaching-Operations; im Archiv der Autorin.
37 Interview mit Ilka Herbinger, Berlin, 2.5.2019.
38 Embedded Human Rights in Nature Conservation: From Intent to Action, Report of the Independent Panel of Experts of the Independent Review of Allegations Raised in the Media Regarding Human Rights Violations in the Context of WWF's Conservation Work, 17.11.2020; S. 6.
39 Merlot, Julia: Deutschland stoppt Zahlungen für umstrittenes WWF-Projekt im Kongo, in: Spiegel Online, 24.7.2019, https://cutt.ly/7CrqzEh.
40 WWF-Pressemitteilung: Wie der WWF die Wahrung der Menschenrechte sicherstellt und Vorwürfe aufklärt, 10.7.2019, https://cutt.ly/dCrqvDT.
41 Telefoninterview mit Willy Elua, 16.8.2019.
42 Telefoninterview mit Blaize Mutodosi, 7.8.2019.
43 Ebd.
44 Ebd.
45 Telefoninterview mit Willy Elua, 16.8.2019.
46 Telefoninterview mit Blaize Mutodosi, 7.8.2019.
47 E-Mail des WWF-Pressesprechers, 15.8.2019.

48 E-Mail der GIZ-Pressesprecherin, 20.8.2019.

49 Antwort der Bundesregierung auf die Kleine Anfrage der Abgeordneten Eva-Maria Schreiber, Heike Hänsel, Żaklin Nastić, weiterer Abgeordneter und der Fraktion Die Linke, in: Bundestags-Drucksache 19/26330: Der Pillay-Report des World Wide Fund for Nature (WWF) II – Konsequenzen für die deutsche Schutzgebiets-Finanzierung in der Demokratischen Republik Kongo / Salonga-Nationalpark, 9.3.2021; S. 11.

50 APEM, Conservation: Un mort de plus dans la Salonga, WWF retire son soutien aux patrouilles, in: Newsblog, 13.12.2019; https://bit.ly/3AzVMqi.

51 WWF, Salonga: WWF setzt Unterstützung für Ranger-Patrouillen vorübergehend aus, 11.12.2019; https://bit.ly/3B254Ng.

52 Ebd. S. 4.

53 Einladungs-E-Mail der Deutschen Afrika Stiftung: »Naturschutz und Menschenrechte in Afrika – ein Widerspruch?«, Berlin, 28.3.2019.

54 Veranstaltungsmitschnitt: »Naturschutz und Menschenrechte in Afrika – ein Widerspruch«, Berlin, 5.6.2019, im Archiv der Autorin.

55 Ebd.

56 Ebd.

57 Hintergrundgespräch mit BMZ-Mitarbeitern, Berlin, 4.6.2019, und Hintergrundgespräch mit KfW-Mitarbeitern per Telefon, 29.5.2019.

58 Ebd.

59 KfW-Pressemitteilung: Stellungnahme zu den Vorwürfen betreffend den Nationalpark Salonga in der DR Kongo. 8.3.2019; https://bit.ly/3RemAmC.

60 E-Mail des KfW-Presseteams, 10.2.2020.

61 Interview mit De-Dieu Bya'ombe, Bukavu, Kongo, 5.2.2020.

62 Vertrag zwischen EU und WWF: Contract de Subvention no 2017/389-485 – Conservation et gestion participative de la aire protégée de Messok Dja et de sa périphérie. 2017, im Archiv der Autorin.

63 E-Mail des BMZ-Presseteams, 2.10.2020.

64 Protokoll Deutscher Bundestag: 19. Wahlperiode, 100. Sitzung. Berlin, 15.5.2019; S. 12 081.

65 BMZ: Antwort der Bundesregierung auf die Kleine Anfrage der Abgeordneten Cornelia Möhring, Ali Al-Dailami, Anke Domscheit-Berg, Andrej Hunko, Zaklin Nastic und der Fraktion Die Linke: Menschenrechtsverletzungen im Nationalpark Kahuzi-Biega in der Demokratischen Republik Kongo (DRC), in: Bundestags-Drucksache 20/3058, 9.8.2022; im Archiv der Autorin.

66 Telefoninterview mit Christoph Hoffmann, 14.7.2022.

67 Telefoninterview mit Michael Bader, 18.7.2022.

68 Deutsches Institut für Menschenrechte: KfW's Human Rights Obligations

in Conservation Work, The example of La Salonga National Park November 2020; https://bit.ly/3ACu4Jf.

69 Pressemitteilung der Bundesregierung: Präsident der DR Kongo in Berlin – Beziehungen gemeinsam weiterentwickeln, Berlin, 14.11.2019; https://bit.ly/3CSr2TU.

70 Mitschrift der Pressekonferenz von Bundeskanzlerin Merkel und dem Präsidenten der Demokratischen Republik Kongo, Félix Antoine Tshisekedi im Bundeskanzleramt, Berlin, 15.11.2019; https://bit.ly/3CK1bNX.

71 Virunga-Pressemitteilung: Virunga National Park Ranger, Rachel Masika Baraka, killed in action, in: Virunga-News, 13.5.2018; https://bit.ly/3ADNE7V/.

72 Interview mit Chrispin Mvano, Goma, Kongo, 13.6.2019.

73 Ebd.

74 Interview mit William Mulaja, Goma, Kongo, 22.6.2019.

75 Virunga-Pressemitteilung: In memoriam: deadliest attack on Virunga staff in Park's recent history brings total ranger deaths to 175, in: Virunga-News; 10.4.2018; https://bit.ly/3Tx6Xsc.

76 Virunga-Pressemitteilung: Six killed in attack on Virunga National Park, in: Virunga-News, 9.4.2018; https://bit.ly/3wL7EEF.

77 HRW-Pressemitteilung: DR Congo: Kidnappings Skyrocket in East – Create Special Police Unit to Address Threat, 16.12.2015; https://bit.ly/3AY5bZY.

78 HRW-Pressemitteilung: Kidnappings, Killings in DR Congo's Virunga National Park – Armed Groups Pose Growing Dangers for Tourists, Rangers, and Residents, 15.5.2018; https://bit.ly/2wI8WDG.

79 Schlindwein, Simone: Botschaftermord bleibt mysteriös, in: tageszeitung, 22.2.2022; https://bit.ly/3CMxoEE.

80 Virunga-Pressemitteilung: Tourism update on Virunga National Park, Mai 2018; https://bit.ly/3Rrd7bt.

81 Cosma Wilungula: »Il y a plus de 500 touristes qui venaient de passer au parc des Virunga sains et saufs«, in: Radio Okapi, 13.3.2019; https://bit.ly/3RiXxia.

82 Hintergrundgespräch mit Camp-Manager, Kibumba, Kongo, 21.6.2019.

83 WHO-Pressemitteilung: North Kivu/Ituri, Democratic Republic of the Congo, August 2018 – June 2020; https://bit.ly/3Rmu9bo.

84 Pressemitteilung der EU-Vertretung in der DR Kongo: a Délégation de l'Union européenne en RDC a remis le prix Schuman de la catégorie »Biodiversité, climat et énergie« à Innocent Mburanumwe, Conservateur en chef, Directeur adjoint et Chef du secteur Sud du Parc National des Virunga, in: Facebook, 17.5.2019; https://bit.ly/3R2h8Uj.

85 Worral, Simon: A Prince Battles to Save Gorillas Amid Brutal Conflict, in: National Geographic, 11.6.2015; https://on.natgeo.com/3R9bbor.
86 Interview mit Claude Karamba, Rumangabo, Kongo, 21.6.2019.
87 Interview mit Denise Serubongo, Goma, Kongo, 14.6.2019.
88 Ebd.
89 Klageschrift der Anwaltskanzlei Cabinet Kalinda: Plainte à charge de Monsieur le Conservateur Mburanumwe Nzabonimpa Innocent, N° 037/CAB/KAL/SM/D1001/19, 10.6.2019; im Archiv der Autorin.
90 Interview mit William Mulaja, Goma, Kongo, 22.6.2019.
91 Interview mit Aimable Gafurura, Rumangabo, Kongo, 21.6.2019.
92 Interviews mit Frauen in Rumangabo, Kongo, 21.6.2019.
93 Misser, François: RDC – Parc de Virunga – adjoint d'Emmanuel de Mérode en prison, in: La Libre Afrique, 22.2.2019; https://bit.ly/3CKsffZ.
94 Interview mit QRU-Ranger, Rumangabo, Kongo, 21.6.2019.
95 Telefongespräche mit den Frauen und den Journalisten des lokalen Radiosenders in Rumangabo, 29.6.2022.
96 WhatsApp-Nachrichten von Aimable Gafurura, 29.6.2019.
97 Hintergrundgespräch mit der UN-Menschenrechtsabteilung der Monusco, Goma, Kongo, 16.6.2019.
98 Klageschrift des Gerichts in Goma gegen Aimable Gafurura, 22.6.2019; im Archiv der Autorin.
99 Schlindwein, Simone: Angst vor der Presse, in: tageszeitung, 30.6.2019; https://bit.ly/3pYzPwg.
100 Telefoninterview mit der Mutter von Denise Serubongo, 29.6.2019.
101 Schriftliche Stellungnahme von Denise Serubongo, Rumangabo 25.6.2019, im Archiv der Autorin.
102 CIDDOPE-Pressemitteilung: »Poursuivez largement en justice Mr. MBURANUMWE NZABONIMPA de l'ICCN pour tentative de meurtre et autres exactions«, Goma, 27.6.2019; im Archiv der Autorin.
103 WhatsApp-Nachricht von Aimable Gafurura, 28.6.2019.
104 E-Mail des EU-Presseteams, 5.8.2022.
105 E-Mail des EU-Presseteams, 12.8.2022.
106 E-Mail des KfW-Presseteams, 10.2.2020.
107 Flummerfelt, Robert: To Purge the Forest by Force: Organized violence against Batwa in Kahuzi-Biéga National Park, 5.4.2022; https://bit.ly/3AZT2Uk.
108 Telefoninterview mit Robert Flummerfelt, 29.3.2022.
109 Flummerfelt, Robert: To Purge the Forest by Force: Organized violence against Batwa in Kahuzi-Biéga National Park, 5.4.2022.

110 E-Mail des BMZ-Presseteams: Anfrage der taz an das BMZ vom 28.03.22, 5.4.2022.

111 E-Mail des KfW-Presseteam: Biodiversität DR Kongo – Anfrage von Frau Simone Schlindwein vom 28. März 2022, 4.4.2022.

112 UN-Sicherheitsrat: Letter dated 10 June 2022 from the Group of Experts extended pursuant to Security Council resolution 2582 (2021) addressed to the President of the Security Council, S/2022/479, 14.6.2022.

113 E-Mail der Autorin gesendet an die WCS-Presseabteilung, bleiben unbeantwortet, 29.1.2020; 20.6.2022.

114 Schreiben des BMZ an das Mitglied des Deutschen Bundestages Herrn Uwe Kekeritz: Ihre schriftliche Frage Nr. 6/385 vom 28.06.2021, Berlin 5.7.2021; im Archiv der Autorin.

115 E-Mail des BMZ-Presseteams, 2.10.2020.

116 E-Mail des KfW-Presseteams: Biodiversität DR Kongo – Anfrage von Frau Simone Schlindwein, 3.12.2021.

117 BMZ: Antwort der Bundesregierung auf die Kleine Anfrage der Abgeordneten Cornelia Möhring, Ali Al-Dailami, Anke Domscheit-Berg, Andrej Hunko, Zaklin Nastic und der Fraktion Die Linke: Menschenrechtsverletzungen im Nationalpark Kahuzi-Biéga in der Demokratischen Republik Kongo (DRC), in: Bundestags-Drucksache 20/3058, 9.8.2022; im Archiv der Autorin.

118 Vgl. Informationen über die Zahl der Toten, Entführten und Zahl der Milizen auf der Internetseite des Kivu Security Tracker; https://kivusecurity.org/.

119 Simba, Leon: Viel Krieg, wenig Recht, in: tageszeitung, 29.8.2021; https://bit.ly/3cwUlRg.

120 Schlindwein, Simone: Die Handschrift des IS, in: tageszeitung, 26.10.2021; https://bit.ly/3Rl5eEC.

121 Schlindwein, Simone: Vereint gegen »negative Kräfte«, in: tageszeitung, 9.6.2022; https://bit.ly/3RsxRzT.

122 Schlindwein, Simone: Massaker an Gorillaschützern, in: tageszeitung, 26.4.2020; https://bit.ly/3q38oRC.

123 Ebd.

124 Fotos vom Tatort im Archiv der Autorin.

125 Nord-Kivu : 13 écogardes et 4 civils tués dans une attaque au Parc national des Virunga, in: Radio Okapi, 24.4.2020; https://bit.ly/3AZ1raz.

126 Virunga-Pressemitteilung: Updated Statement from Virunga National Park on recent attack, in: Virunga-News, 24.4.2020; https://bit.ly/3pYBdPb.

127 Nord-Kivu : 13 écogardes et 4 civils tués dans une attaque au Parc national des Virunga, in: Radio Okapi, 24.4.2020; https://bit.ly/3Ky7Tse.

128 Telefoninterview mit Chrispin Mvano, 13.7.2022.

129 CIDDOPE-Pressemitteilung: N/Réf.: 003/CIDDHOPE/PAT/20SITUATION: Groupement Binza, Province du Nord Kivu, 7.2.2020; im Archiv der Autorin.

130 UN-Sicherheitsrat: Letter dated 10 June 2021 from the Group of Experts on the Democratic Republic of the Congo addressed to the President of the Security Council, 10.6.2021, § 79.

131 Ebd.

132 Ebd.

133 Tweet von @goma24news: La société #Virunga Energie basée à #Rumangabo, vient d'évacuer vers #Goma son personnel non essentiel qui travaille à la centrale hydroélectrique de #Matebe. Les #FARDC Sont complètement démoralisé et ont fuit sur tout le front Dans Le #Bweza et #Kibanda, 5.7.2022; https://bit.ly/3cu7VVL.

134 Virunga-Pressemitteilung: Artillery attack on Virunga National Park's hydro-electric power worksite, 17.8.2022; https://bit.ly/3CLfBxt.

135 Twitter-Thread: @wembi_steve; #RDC: Manifestation des agents et cadres de l'ICCN. Ils réclament le départ imminent du DG ai Olivier Mushiete qui a un »bilan de honte« très médiocre, in: twitter, 22.8.2022; https://bit.ly/3AAFw8n.

136 M23-Pressemitteilung: The M23 Response to the ICCN baseless accusations, 17.8.2022; im Archiv der Autorin.

137 UN-Sicherheitsrat: Letter dated 10 June 2021 from the Group of Experts on the Democratic Republic of the Congo addressed to the President of the Security Council, S/2021/560, 10.6.2021; § 39–40.

138 Ebd.

139 Antwort des BMZ an Uwe Kekeritz: Ihre schriftliche Frage Nr. 6/385 vom 28.06.2021, Berlin, 5.7.2021; im Archiv der Autorin.

140 Several ICCN officials were suspended on suspicion of embezzlement, in: Agence Afrique, 9.8.2021; https://bit.ly/3Q5pZ6d/.

141 RDC: suspendu pour mauvaise gestion, le DG de l'ICCN démissionne, in: La Prunelle RDC, 25.8.2021; https://bit.ly/3TtU8z1.

142 WWF-Pressemitteilung: DRC's Salonga National Park removed from the List of World Heritage in Danger; https://bit.ly/3TudkN7.

143 Salonga National Park: Announcement: ICCN and WWF have signed a new partnership agreement for the Salonga National Park, 19.11.2021; https://bit.ly/3cwsuAW.

144 Ebd.

145 Ebd.

146 Telefoninterview mit Robert Flummerfelt, 25.3.2022.

147 E-Mail der Minority Rights Group an ICCN-Direktor Cosma Wilungula und Parkchef De Dieu Bya'ombe; 29.7.2021, in: Annex I. Minority Rights Group Correspondence with PNKB and its Donors, Flummerfelt, Robert: To Purge the Forest by Force: Organized violence against Batwa in Kahuzi-Biéga National Park, 5.4.2022, S. 70.

148 E-Mail von De-Dieu Bya'ombe an Lara Dominguez: De Demande urgente concernant les violations des droits humains perpetrees contre le Batwa dans le parc national de Kahuzi Biéga, 10.8.2021, in: Annex I. Minority Rights Group Correspondence with PNKB and its Donors, Flummerfelt, Robert: To Purge the Forest by Force: Organized violence against Batwa in Kahuzi-Biéga National Park, 5.4.2022, S. 70.

149 E-Mail des BMZ-Presseteams: Anfrage der taz an das BMZ vom 28.03.22, 5.4.2022.

150 Kahuzi-Biéga-Website; Visite de l'Ambassadeur d'Allemagne en RDC au Parc de Kahuzi Biéga, 4.8.2012; https://bit.ly/3AZY6rM.

151 E-Mail des GIZ-Presseteams: AW: Ihre Presseanfrage: Ostkongo Kahuzi Biéga Nationalpark, 5.4.2022.

152 E-Mail des Pressereferats des Auswärtigen Amtes, 18.7.2022.

153 BMZ: Antwort der Bundesregierung auf die Kleine Anfrage der Abgeordneten Cornelia Möhring, Ali Al-Dailami, Anke Domscheit-Berg, Andrej Hunko, Zaklin Nastic und der Fraktion Die Linke: Menschenrechtsverletzungen im Nationalpark Kahuzi-Biega in der Demokratischen Republik Kongo (DRC), in: Bundestags-Drucksache 20/3058, 9.8.2022; im Archiv der Autorin.

154 E-Mail der Minority Rights Group an De-Dieu Bya'ombe: Rapports d'attaques à l'intérieur du PNKB – 12–13 November 2021, 23.11.2021, in: Annex I. Minority Rights Group Correspondence with PNKB and its Donors, Flummerfelt, Robert: To Purge the Forest by Force: Organized violence against Batwa in Kahuzi-Biéga National Park, 5.4.2022, S. 70.

155 E-Mail des KfW-Presseteams: Biodiversität DR Kongo – Anfrage von Frau Simone Schlindwein vom 3. Dezember 2021, 13.12.2021.

156 Flummerfelt, Robert: To Purge the Forest by Force: Organized violence against Batwa in Kahuzi-Biéga National Park, 5.4.2022, S. 70.

157 E-Mail von Colin Luoma, Minority Rights Group: Re: Report Purge the Forest, 30.3.2022.

158 BMZ-Pressemitteilung: Vorwürfe über Menschenrechtsverletzungen an der indigenen Bevölkerung im Nationalpark Kahuzi-Biéga müssen aufgeklärt werden, 6.4.2022.

159 E-Mail des KfW-Presseteams: Biodiversität DR Kongo – Anfrage von Frau Simone Schlindwein vom 28. März 2022, 4.4.2022.

160 BMZ-Pressemitteilung: Vorwürfe über Menschenrechtsverletzungen an der indigenen Bevölkerung im Nationalpark Kahuzi-Biéga müssen aufgeklärt werden, 6.4.2022.

161 BMZ: Antwort der Bundesregierung auf die Kleine Anfrage der Abgeordneten Cornelia Möhring, Ali Al-Dailami, Anke Domscheit-Berg, Andrej Hunko, Zaklin Nastic und der Fraktion Die Linke: Menschenrechtsverletzungen im Nationalpark Kahuzi-Biega in der Demokratischen Republik Kongo (DRC), in: Bundestags-Drucksache 20/3058, 9.8.2022; im Archiv der Autorin.

162 Telefonat mit Batwa-Vertreter, 29.3.2022.

163 BMZ: Antwort der Bundesregierung auf die Kleine Anfrage der Abgeordneten Cornelia Möhring, Ali Al-Dailami, Anke Domscheit-Berg, Andrej Hunko, Zaklin Nastic und der Fraktion Die Linke: Menschenrechtsverletzungen im Nationalpark Kahuzi-Biega in der Demokratischen Republik Kongo (DRC), in: Bundestags-Drucksache 20/3058, 9.8.2022; im Archiv der Autorin.

164 Flummerfelt, Robert: To Purge the Forest by Force: Organized violence against Batwa in Kahuzi-Biéga National Park, 5.4.2022, in: Annex II. Stakeholder Responses, S. 78 ff.

165 Telefoninterview mit Robert Flummerfelt, 20.6.2022.

166 E-Mail des KfW-Presseteams, 22.6.2022.

167 BMZ: Antwort der Bundesregierung auf die Kleine Anfrage der Abgeordneten Cornelia Möhring, Ali Al-Dailami, Anke Domscheit-Berg, Andrej Hunko, Zaklin Nastic und der Fraktion Die Linke: Menschenrechtsverletzungen im Nationalpark Kahuzi-Biega in der Demokratischen Republik Kongo (DRC), in: Bundestags-Drucksache 20/3058, 9.8.2022; im Archiv der Autorin.

168 Telefoninterview mit Flummerfelts Kollegen, 21.6.2022.

169 ICCN-Bericht: Rapport de la Commission d'enquête relative au allégations de violations par le personnel de l'ICCN au Parc National de Kahuzi Biéga, Mai 2022; https://bit.ly/3CO4pQD.

170 Audioaufnahme der Gespräche mit Kalemie Mutwa, Muyange, 15.4.2022; im Archiv der Autorin.

171 Audioaufnahme des Gesprächs mit Gonzola Majafa, Buhoyi, 16.4.2022; im Archiv der Autorin.

172 Telefoninterview mit Gonzola Majafa, 21.6.2022.

173 Screenshots und Übersetzungen sämtlicher Nachrichten im Archiv der Autorin.

174 BMZ: Antwort der Bundesregierung auf die Kleine Anfrage der Abgeordneten Cornelia Möhring, Ali Al-Dailami, Anke Domscheit-Berg, Andrej

Hunko, Zaklin Nastic und der Fraktion Die Linke: Menschenrechtsverletzungen im Nationalpark Kahuzi-Biega in der Demokratischen Republik Kongo (DRC), in: Bundestags-Drucksache 20/3058, 9.8.2022; im Archiv der Autorin.

175 Flummerfelt, Robert: On the Reasons for my Formal Withdrawal from »Mixed and Independent« Commission. 18.5.2022; im Archiv der Autorin.

176 ICCN-Presseerklärung, 6.4.2022; im Archiv der Autorin.

177 ICCN-Bericht: Rapport de la Commission d'enquête relative au allégations de violations par le personnel de l'ICCN au Parc National de Kahuzi Biéga. Mai 2022.

178 Online-Interview mit Jochen Flasbarth, 14.7.2022.

179 E-Mail des BMZ-Presseteams, 22.6.2022.

180 BMZ: Antwort der Bundesregierung auf die Kleine Anfrage der Abgeordneten Cornelia Möhring, Ali Al-Dailami, Anke Domscheit-Berg, Andrej Hunko, Zaklin Nastic und der Fraktion Die Linke: Menschenrechtsverletzungen im Nationalpark Kahuzi-Biega in der Demokratischen Republik Kongo (DRC), in: Bundestags-Drucksache 20/3058, 9.8.2022; im Archiv der Autorin.

181 Tweet der tschechischen Botschaft im Kongo: Les directeurs du @prague_zoo et de l'ICCN @IccnRdc @MiroslavBobek et @MushieteOlivier ont signé un accord de coopération. La biodiversité rare de la #RDC représente toujours un secteur important de la coopération bilatérale entre nos pays. @TchequieAfrique. 17.6.2022; https://bit.ly/3TuVJo5.

182 Hromková, Dominika/Dragoun, Radek: Strážci parku v Kongu vraždili domorodce, tvrdí zpráva. Pražská zoo stopla spolupráci, in: Aktualne, 12.7.2022; https://bit.ly/3KCoMPS.

183 Dekret Nummer: 023CAB/VPM-Min/EDD/EBM/TSB-PDK/02/2022 des Ministeriums für Umwelt und Nachhaltige Entwicklung, gezeichnet am 16.12.2022, im Archiv der Autorin.

184 Johnson, Dominic: »Unmoral und Inkompetenz«, in: tageszeitung, 19.8.2022; shorturl.at/dkDN6.

185 Telefongespräche mit den Dorfvorstehern, 21.6.2022.

186 Telefoninterview mit Gonzola Majafa, 21.6.2022.

187 BMZ: Antwort der Bundesregierung auf die Kleine Anfrage der Abgeordneten Cornelia Möhring, Ali Al-Dailami, Anke Domscheit-Berg, Andrej Hunko, Zaklin Nastic und der Fraktion Die Linke: Menschenrechtsverletzungen im Nationalpark Kahuzi-Biega in der Demokratischen Republik Kongo (DRC), in: Bundestags-Drucksache 20/3058, 9.8.2022; im Archiv der Autorin.

188 Online-Interview mit Jochen Flasbarth, 14.7.2022.

189 Telefoninterview mit Christoph Hoffmann, 14.7.2022.

Fazit: Afrikanische Ansätze – »Das Haus, in dem wir leben«

1 Interview mit Jérôme Tanzi, Kiwanja, Kongo, 18.6.2019.

2 Ebd.

3 Ebd.

4 Mbaria, John/Ogada, Mordecai: The Big Conservation Lie, Auburn 2017.

5 Telefoninterview mit Samuel Nguiffo, 7.7.2022.

6 Diaz, Sanda u. a.: Summary for policymakers of the global assessment report on biodiversity and ecosystem services of the Intergovernmental Science-Policy Platform on Biodiversity and Ecosystem Services, New York, 6.5.2019; https://bit.ly/3TG5b8r.

7 Survival International Presserklärung: First congress to decolonize conservation ends with a call to place people at the heart of conservation, 3.9.2021; https://bit.ly/3eoTRNC.

8 Nkurunziza, Michel: VIDEO: Nyandungu Eco-Park opened as conservation summit kicks off, in: The New Times, 18.7.2022; https://bit.ly/3TGkoGp.

9 Nkurunziza, Michel: Rwanda hosts inaugural Africa congress on protected areas, in: The New Times, 18.7.2022; https://bit.ly/3TDlG5f.

Weiterführende Literatur

Brockington, Dan/Duffy, Rosaleen (2010): Capitalism and conservation: the production and reproduction of biodiversity conservation, in: Antipode 42/2010, S. 469–484.

Bronkhorst, Kevin Van (2016): Waging War for Wildlife: Green Militarization in Sub-Saharan Anti-poaching Strategies, Leiden.

Büscher, Bram/Dressler, Wolfgang/Fletcher, Robert (2014): Nature Inc. Environmental conservation in the neoliberal age, Tuscon.

Büscher, Bram/Ramutsindela, Maano (2015): Green Violence: Rhino Poaching and the War to Save Southern Africa's Peace Parks, in: African Affairs 458/2015, S. 1–22.

Cylke, Owen (2012): The Militarization of Africa's Animal Poachers, in: The Atlantic, 31.7.2012, unter: www.theatlantic.com/international/archive/2012/07/the-militarization-of-africas-animal-poachers/260534/.

Duffy, Rosaleen u. a. (2015): The militarization of anti-poaching: undermining long term goals?, in: Environmental Conservation 4/2015, S. 345–348.

Duffy, Rosaleen (2014): Waging a War to Save Biodiversity: the Rise of Militarized Conservation, in: International Affairs 4/2014, S. 819–834.

Duffy, Rosaleen (2022): Security and Conservation: The Politics of the Illegal Wildlife Trade, Yale.

Duffy, Rosaleen (2022): Crime, Security, and Illegal Wildlife Trade: Political Ecologies of International Conservation, in: Global Environmental Politics 22/2022, S. 23–44.

Elliott, Lorraine (2015): The Securitization of Transnational Environmental Crime and the Militarization of Conservation, in: dies./Schaedla, William H. (Hrsg.): Handbook of Transnational Environmental Crime 4/2015, S. 68 ff.

Garland, Elizabeth (2008): The elephant in the room: confronting the colonial character of wildlife conservation in Africa, in: African Studies Review 3/2008, S. 51–74.

Gettleman, Jeffrey (2012): Elephants dying in epic frenzy as ivory fuels wars and profits, in: The New York Times, 3.9.2012, unter: www.nytimes.com/2012/09/04/world/africa/africas-elephants-are-being-slaughtered-in-poaching-frenzy.html.

Gissibl, Bernhard (2016): The Nature of German Imperialism – Conservation and the Politics of Wildlife in Colonial East Africa, New York.

Haenlein, Cathy (Hrsg.) (2016): Poaching, Wildlife Trafficking, and Security in Africa: Myths and Realities, in: Whitehall Paper 86, Routledge.

Hammer, Joshua (2016): The Fight Against Elephants is Going Commando, in: Smithsonian Magazine, Juni/2016, unter: www.smithsonianmag.com/science-nature/fight-against-elephant-poaching-going-commando-180959071/.

Henk, Dan (2010): Biodiversity and the Military in Botswana, in: Armed Forces & Society 32/2010, S. 273–291.

Holmes, George (2013): Exploring the relationship between local support and the success of protected Areas, in: Conservation and Society 11/2013, S. 72–82.

Huismann Wilfried (2012): Schwarzbuch WWF. Dunkle Geschäfte im Zeichen des Panda, Gütersloh.

Lunstrum, Elizabeth (2014): Green Militarization: Anti-Poaching Efforts and the Spatial Contours of Kruger National Park, in: Annals of the Association of American Geographers 10/2014, S. 1–17.

Lunstrum, Elizabeth (2017): Feed Them to the Lions: Conservation Violence Goes Online, in: Geoforum 79/2017, S. 134–143.

Lunstrum, Elizabeth (2018): Capitalism, Wealth, and Conservation in the Age of Security: The Vitalization of the State, in: Annals of the American Association of Geographers 2018, S. 1–16.

Lunstrum, Elizabeth/Ybarra, Megan (2018): Deploying Difference: Security Threat Narratives and State. Displacement from Protected Areas, in: Conservation and Society 2/2018, S. 114–124.

Maguire, Thomas/Haenlein Cathy (2015): An Illusion of Complicity: Terrorism and the Illegal Ivory Trade in East Africa, RUSI Occasional Papers 2015.

Mbaria, John/Ogada, Mordecai (2017): The Big Conservation Lie, Auburn.

Marijnen, Esther (2017): The «green militarization» of development aid: the European Commission and the Virunga National Park, DR Congo, in: Third World Quarterly 38/2017, S. 1566–1582.

Marijnen, Esther/Verweijen, Judith (2016): Selling green militarization: The discursive (re)production of militarized conservation in the Virunga National Park, Democratic Republic of the Congo, in: Geoforum 75/2016, S. 274–285.

Marijnen, Esther (2018): Public authority and conservation in areas of armed conflict: Virunga National Park as a «state within a state» in eastern Congo, in: Development and Change 3/2018, S. 790–814.

Massé, Francis/Lunstrum, Elizabeth (2016): Accumulation by securitization: Commercial poaching, neoliberal conservation, and the creation of new wildlife frontiers, in: Geoforum 69/2016, S. 227–237.

Massé, Francis (2019): Anti-poaching's politics of (in)visibility: representing nature and conservation amidst a poaching crisis, in: Geoforum 98/2019, S. 1–14.

Massé, Francis (2020): Conservation Law Enforcement: Policing Protected Areas, in: Annals of the Association of American Geographers, 110/2020, S. 758–773.

Massé, Francis (2022): Police power in green: Furthering political ecologies of the state, in: Political Geography 97/2022.

Shaw, Mark/Rademeyer, Julian (2016): A Flawed War: Rethinking »Green Militarisation« in the Kruger National Park, in: Politikon 2/2016, S. 173–192.

Somerville, Keith (2016): Ivory – Power and Poaching in Africa, London.

Steinhart, Edward (2006): Black Poachers, White Hunters – A social History of Hunting in Colonial Kenya, Ohio.

Verweijen, Judith/Marijnen, Esther (2018): The counterinsurgency/conservation nexus: guerrilla livelihoods and the dynamics of conflict and violence in the Virunga National Park, Democratic Republic of the Congo, in: The Journal of Peasant Studies 2/2018, S. 300–320.

White, Natasha (2014): The »White Gold of Jihad«: violence, legitimisation and contestation in anti-poaching strategies, in: Journal of Political Ecology 1/2014, S. 452–474.

Dank

Allen Interviewpartner:innen und Hilfeleistenden bei der Recherche:

Andreas Grünwald, ehemaliger wissenschaftlicher Mitarbeiter von Eva-Maria Schreiber, MdB (Die Linke)
Arnaoud Labrousse, Researcher
Birte Rohles, Wissenschaftliche Mitarbeiterin von Cornelia Möhring, MdB (Die Linke)
Blaize Mutodosi, APEM
Carlos Schuler, Coco Lodge
Catherine Long, Forest Peoples Programme
Charis Pöthig, stellv. Pressesprecherin der KfW-Bankengruppe
Chris Lang, Conservation Watch
Chrispin Mvano, Journalist, Goma
Christof Schenck, ZGF Frankfurt
Christopher Day, Politikwissenschaftler
Cornelia Möhring, MdB (Die Linke)
Daniel Kouchner, HRW, Goma
Deborah Düring, MdB (Die Grünen)
De-Dieu Bya'ombe, Kahuzi-Biéga-Nationalpark
Devin Holterman, Politikwissenschaftler
Dirk Niebel, Rheinmetall AG
Dr. Christoph Hoffmann, MdB (FDP), stv. Vorsitzender des Ausschusses für wirtschaftliche Zusammenarbeit und Entwicklung
Eduard Asalu, Queen-Elizabeth-Nationalpark
Emmanuel de Mérode, Virunga-Nationalpark
Esther Marijnen, Politikwissenschaftlerin
Eva-Maria Schreiber, MdB (Die Linke), Obfrau im Ausschuss für wirtschaftliche Zusammenarbeit und Entwicklung
Festus Munyihata, CREDDHO, Kiwanja
Fiore Longo, Survival International, Paris
Francis Massé, BioSec
Gesine Ames, Ökumenisches Netz Zentralafrika
Gonzola Majafa, Batwa-Chef Buyoi
Howard Buffet, Buffet Stiftung
Ilka Herbinger, WWF Deutschland
Immo Fischer, WWF Deutschland

Ines Thomssen, wissenschaftliche Mitarbeiterin von Deborah Döring, MdB (Die Grünen)
Jakob Kießling, wissenschaftlicher Mitarbeiter von Jan-Niclas Gesenhues, MdB (Die Grünen)
Jakob Kießling, Wissenschaftlicher Mitarbeiter von Jan-Niclas Gesenhues, MdB (Die Grünen)
Jan-Niclas Gesenhues, MdB (Die Grünen), umweltpolitischer Sprecher der Fraktion
Jérôme Tanzi, FODE
Jochen Flasbarth, Staatssekretär im Bundesministerium für Wirtschaftliche Zusammenarbeit
Johannes Kirchgatter, WWF Deutschland
Judith Verweijen, Politikwissenschaftlerin
Kalimba Mbuwa, Batwa-Chef Kalehe
Katie Baker, BuzzFeed
Kristof Titeca, Politikwissenschaftler
Lassana Kone, Forest Peoples Programme
Linda Poppe, Survival International Deutschland
Marcus Engert, BuzzFeed Deutschland
Marilena Körner, Mitarbeiterin von Christoph Hoffmann, MdB (FDP)
Maz Robertson, Uganda Conservation Foundation, Kampala
Michael Bader, ECCHR, Berlin
Michael Keigwin, Uganda Conservation Foundation, Kampala
Mike Pflanz, Space for Giants, Kenia
Mordecai Ogada, Ökologe, Kenia
Natalus Makuta, CREDDHO, Vitshumbi
Pacifique Mukamba, CAMV, Bukavu
Papy Mulume, Researcher, Bukavu
Patrick Schukalla, Politikwissenschaftler
Rebeca Sandoval, EAGLE, Kampala
Robert Flummerfelt, Minority Rights Group
Samuel Nguiffo, Center for Environment and Development
Simon Counsell, RFUK
Susie Watts, CITES
Timo Müller, HRW, Goma
Uwe Kekeritz, ehemaliges MdB (Die Grünen)
Yannick Ndoinyo, Maasai-Chef, Tansania

Förderung

Fleiß und Mut e.V. – Kartographen-Stipendium
Stiftung Mercator
Körber-Stiftung
Netzwerk Recherche
Olin gGmbH
taz Recherchefonds Ausland e.V.

Den Mitwirkenden am Rechercheprojekt »Die Grüne Armee«, das Grundlage dieses Buches ist: https://taz.de/Schwerpunkt-Gruene-Armee/!t5605400/

Svenja Bednarczyk
Daniél Kretschmar
Martin Rank (Grafik)
Dominic Johnson (Redaktion)